지역사회교정론

박철현

박영사

머리말

2017년 내가 처음으로 우리 대학에 지역사회교정론 강좌를 개설했을 때, 가장 난감한 것은 이 과목에 대한 적절한 교재를 찾기가 어려운 점이었다. 국내에서도 보호관찰론 등의 형태로 몇 종의 교재들이 출간되어 있으나, 이 교재들은 대부분 보호관찰의 실무를 중점적으로 다룬 교재라는 한계가 있었다. 보호관찰을 뛰어넘어 지역사회교정이라는 보다 큰 흐름에서 이 분야를 이론적, 실무적으로 다루는 교재가 없다는 점이 매우 아쉬웠다.

그래서 출판사와 협의하여 100달러가 넘는 미국의 원서를 교재로 수입하여 저렴하다고 할 수 있는 4만원이라는 가격에 30권 정도를 교내서점에 들여왔다. 그러나 우리 학생들에게 미국의 원서는 너무나 부담스러운 넘기가 힘든 장벽이었고, 결과적으로 작년인 2022년에서야 이 30권을 모두 소진할 수 있었다. 이렇게 오랜 세월이 걸린 이유는 한국의 책 가격에 비해 4만원이 비싸서 학생들이 구입하지 않은 것은 물론 아니었고, 학생들이 영어를 읽을 자신이 없었기 때문이었다. 그래서 나는 본의 아니게 교재개발을 하게 되었다.

아마도 한국에서는 1~2개 정도밖에 없는 교정학과가 아니면 이 과목이 개설된 곳이 거의 없을 것이다. 그러나 내가 소속된 경찰행정학과의 학생들이 경찰뿐만 아니라 교정, 법원, 검찰 등의 여러 형사사법 분야로 진출하는 것이 바람직하다고 생각되어, 나는 교정학이나 지역사회교정론 과목을 맡아서 강의해 왔고, 몇 년 전에는 미국의 교정학 책을 번역하기도 하였다. 이런 취지에서 보호관찰직을 소개하고 이들의 업무에 대한 전문지식을 갖게 만드는 것이 학생들의 미래를 위해서 바람직하다는 생각에 이 과목을 신설하고 결과적으로 교재까지 만들게 되었다.

워낙 국내에서는 이 분야에 대해 체계적으로 소개하는 책을 찾기 어려워, 책을 만드는 과정에서 소수의 미국 교재들을 많이 참고하였다. 또한 여러 전문적인 논문들을 섭렵하여 보다 깊이 있는 내용의 교재를 내고 싶었으나, 내가 가진 지식과 시간의 한계로 인해 그렇게 하지 못하였다. 이런 점에서 이 책의 한계는 명확하지만, 그래도 국내에서 지역사회교정을 체계적으로 다룬 첫 교재가 아닐까 하는 마음에 약간의 위안도 얻는다.

이 책은 시대적 흐름을 반영하여 지역사회교정의 다양한 프로그램들과 그 쟁점들을 소개하고, 이들과 관련된 다양한 동영상자료를 소개하고 있다. 아직은 우리에게 생소한 많은 지역사회감시 프로그램들과 그 쟁점에 대해 제대로 이해하기 위해서, 이러한 자료들을 수업에 유용하게 활용할 수 있을 것이다. 책 속에는 이처럼 많은 서구, 특히 미국의 제도들이 많이 소개되어 있지만, 상대적으로 한국의 제도들이 차지하는 분량이 적다. 이것은 한국의 보호관찰에서 주로 맡고 있는 이 지역사회교정 프로그램이 국내에 너무나 적다는 데서 기인한다. 예를 들어 보호관찰의 준수사항을 어겨 보호관찰이 취소될 위기에 있는 감시대상자들에 대해 한국에서 활용할 수 있는 선택지는 구두경고가 아니면 보호관찰의 취소라는 매우 제한된 대응만이 가능하다. 그러나 미국에서는 너무나 다양한 지역사회의 주거형 또는 비주거형 프로그램들이 감시대상자의 위반의 수준에 따라서 매우 다양하게 적용될 수 있다. 따라서 이 책에서 소개하고 있는 다양한 외국의 지역사회감시 프로그램들은 향후 한국의 보호관찰제도의 발전을 위해 많은 참고가 될 것이며, 이 점에서 이 책은 한국의 지역사회감시의 발전을 위해 작은 밑거름이 될 수 있을 것이다.

이 책은 경찰행정학과나 교정학과에서 지역사회교정론이나 교정학 등의 주교재 또는 부교재로 활용할 수 있겠지만, 사회복지학과에서 개설되는 교정복지론의 교재로도 활용할 수 있을 것이다. 아무쪼록 이 책이 다양한 방면에서 유용하게 활용되기를 기대한다.

마지막으로 이 책이 출간되기까지 도움을 주신 분들을 잊을 수 없다. 특히 보호관찰에서 일하고 있는 제자인 안연지, 전현화는 원고를 읽고 현 보호관찰의 실무와 맞지 않는 오류를 지적해 주었다. 그리고 본문에도 포함된 가석방 예측도구를 함께 만든 석사 제자 손다래 또한 책의 완성도를 높이는 데 도움을 주었다. 그리고 경기도여성가족재단의 정혜원박사 또한 원고를 읽고 소중한 의견을 보내주었다. 그리고 어려운 출판환경에서 선뜻 출판을 맡아주신 박영사의 안종만 회장님과 안상준 대표님께 감사드린다. 또한 책의 세련된 구성과 가시성을 높여준 편집실의 배근하 선생께도 감사드린다. 만약 이 책이 독자들이 읽는 데 약간의 도움이 되고 크게 거슬리는 점이 없다면, 이분들의 도움 덕분이라고 말씀드리고 싶다.

2023년 철쭉이 흐드러진 봄에

박 철 현(stallman@deu.ac.kr)

차례

제3장 가석방

제4장 판결 전 지역사회감시와 양형

제5장　지역사회감시 대상자의 위험성에 따른 관리

제6장　특수범죄자의 지역사회교정

제7장　지역사회감시의 준수사항, 변경, 취소

제8장　주거형 지역사회감시 프로그램

| 제9장 | 비주거형 지역사회감시 프로그램 | 🌐 |

| 제10장 | 회복적 사법 프로그램 | 🌐 |

| 제11장 | 소년사법에서의 보호관찰과 가석방 | 🌐 |

제1장

교정의 이념, 양형, 그리고 지역사회교정

Community Correction Theory

제1장

교정의 이념, 양형, 그리고 지역사회교정

제1절 지역사회교정이란 무엇인가?

　　교정(correction)은 판결을 받는 과정에 있거나 받은 범죄자를 관리하는 시설이나 서비스 프로그램의 총합을 의미한다. 이런 교정은 교도소 등의 시설 내에서 행해질 수도 있고, 지역사회에서도 실현될 수도 있다. 과거에는 재판을 받은 범죄자에 대한 교정을 대부분 교도소, 구치소, 감호소 등의 시설 내에서 시행해 왔으나, 최근에는 사회 내에서 이런 범죄자들을 교정하려는 노력들이 점점 증가하고 있다. 지역사회교정(community-based correction)은 이런 교정의 하위분야로서, 지역사회 내에 존재하는, 주로 민간시설에서 범죄자들을 처우하는 것을 말한다. 교정의 개념과 유사하게, 지역사회교정은 지역사회에 존재하는 범죄자를 처우하는 시설, 서비스, 프로그램 등을 모두 포괄하는 개념이다.

　　이런 지역사회교정에는 매우 다양한 프로그램들이 존재한다. 지역사회교정 프로그램은 대상자에게 다른 일반인과 크게 다를 것이 없는 높은 수준의 자유를 주는 벌금에서부터 시작하여 대상자의 행동을 극도로 제한하는 병영훈련과 같은 제한적인 프로그램에 이르기까지 다양하다. 이런 지역사회교정 프로그램들을 대상자의 행동에 대한 제한의 정도에 따라서 나열하면 다음의 그림과 같다. 이 중 벌금(fines)이나 수수료(fees), 몰수(forfeiture)는 유죄가 확정된 범죄자에 대해 금전적으로 형을 집행하는 방법으로, 가장 제한이 적은 프로그램이고, 이러한 제한은 외래치료(outpatient treatment)나 음주운전자에 대한 시동잠금장치(ignition interlock), 보호관찰(probation), 사회봉사(community service), 피해자/가해자 중재(victim/offender mediation), 가택구금(home confinement), 주간보고센터(day reporting center), 집중감시 보호관찰(intensive supervision probation)과 같은 비주거형 지역사회교정 프로그램에서 순차적으로 조금씩 증가한다. 그리고 중간처우소(halfway house)나 외부통근센터(work release), 치료공동체(therapeutic community), 그리고 병영훈련(boot camp)과 같은 주거형 프로그램은 그 제한의 정도가 매우 높다. 이처럼 시설 내 교정이 일률적으로 제한의 정도가 매우 높은 것에 비해, 지역사회교정 프로그램들은 제한의 정도가 천차만별로 다양하게 나타나는 것이 특징 중의 하나이다.

지역사회교정이 담당하는 대상자들은 대부분 유죄가 확정된 범죄자들이지만,

[그림 1-1] 대상자에 대한 제한의 정도에 따른 다양한 지역사회교정 프로그램

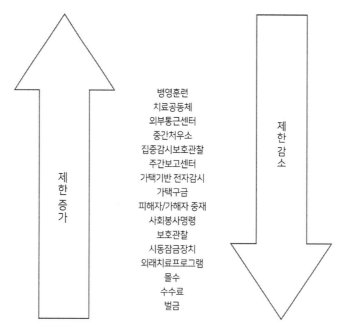

병영훈련
치료공동체
외부통근센터
중간처우소
집중감시보호관찰
주간보고센터
가택기반 전자감시
가택구금
피해자/가해자 중재
사회봉사명령
보호관찰
시동잠금장치
외래치료프로그램
몰수
수수료
벌금

제한증가

제한감소

출처: Alarid, 2017:6

경우에 따라서는 그렇지 않은 경우도 존재한다. 예를 들어 재판 전에 보석(bail)으로 석방된 사람들에 대한 (전자감시 등을 통한) 감시프로그램은 아직 형이 확정되지 않은 사람들을 대상으로 행해진다. 그 외에도 보호관찰관이 담당하는 중요한 업무 중의 하나인 판결 전 보고서(presentence report)도 재판 전의 피고인을 대상으로 작성하게 된다. 이처럼 지역사회교정이 개입하는 영역은 생각보다 훨씬 넓다.

제2절 지역사회교정의 필요성

얼핏 생각하면, 지역사회교정은 시설 내 교정에 비해서 보다 최근에 발전한 것으로 오해하기 쉽다. 그러나 근대적 형태의 교도소가 설립되기 전부터 사회 내의 교정사회사업가들이 운영하던 유사한 형태의 민영교도소가 존재했으며, 보호관찰의 시작 또한 재판 전의 피고인들을 수용하여 일을 시킨 것에서 출발한다는 점을 고려하면, 지역사회교정의 역사가 그리 짧지 않다는 것을 알 수 있다. 그러나 근대국가의 성립과 함께 형벌의 집행권을 주로 국가가 독점하게 되면서, 민간이 참여하는 지역사회교정은 위축되었던 것이 사실이다. 그러나 최근 들어서 점점 시설 내 교정의 비중이 줄어들고, 지역사회교정의 비중이 점점 늘어나고 있다. 이런 움직임의 이면에는 다음과 같은 몇 가지 요인들이 그 원인이 되어 왔다.

첫째, 1970년대 시작된 시설 내 교정프로그램의 효과에 대한 회의적 시각이다. 특히 마틴슨과 로버트의 연구(Martinson and Robert, 1974)는 그동안 별다른 의문없이 시행되고 있었던 다양한 시설 내의 다양한 교정프로그램들이 재범예방에 아무런 효과가 없다고 보고함으로써, 시설 내 교정에 대한 회의를 불러일으켰다.

둘째, 1950－60년대를 통하여 범죄학에서 사회유대이론(social bond theory)과 낙인이론(labeling theory) 등의 새로운 이론의 등장은 사람들이 사회의 전통적인 제도들과 맺고 있는 유대가 범죄를 억제하는데 중요한 요인이 된다는 점을 알 수 있게 하였으며, 교도소에 범죄자들을 수용한다는 것이 범죄를 억제한다기보다는 오히려 범죄를 더욱 심화시킬 수 있다는 점을 자각하게 하였다. 특히 범죄자를 시설 내에 가두어 사회의 유대를 끊고, 지역사회에서 범죄자라는 낙인을 증진시키고, 나아가 교정시설에서 범죄를 더욱 학습하여 범죄성향을 진전시켜 사회로 출소하는 것은 범죄의 예방을 위해 바람직하지 않은 정책으로 생각되었다.

셋째, 교도소 과밀화(prison overcrowding)와 범죄자 인권에 대한 관심의 증가이다. 세계적으로 보수주의로의 회귀와 여기에 힘입은 강경대응정책(zero-tolerance)은 교도소 인구를 크게 증가시켰고 이것은 재소자의 소송과 법원의 개입을 초래하였다. 이 과정에서 가능한 하나의 선택지로 이용된 것이 집중감시보호관찰이나 가택구금, 전자감시와 같은 프로그램이었고, 이것은 결과적으로 지역사회프로그램의 증가를 가져왔다. 또한 이러한 지역사회교정 프로그램은 시설 내 교정 프로그램에 비해서 범죄자에 대한 보다 인도주의적인 처우이기도 했다.

넷째, 지역사회교정 프로그램의 비용효율성이다. 여기에 대해서는 논쟁의 여지는 있으나, 일반적으로 범죄자를 교도소에 수용하는 것에 비해서 지역사회에서 처우하는 것은 국민의 세금을 절약할 수 있다. 교도소에서 먹고, 자고, 입는 것을 모두 정부가 부담하는 것에 비해서, 이들을 전자감시를 통해 가택구금을 한다면, 이 대부분의 것을 본인이 부담하기 때문에 납세자의 부담을 줄일 수 있다. 물론 형사사법의 그물망 확대(net-widening)를 통해 지역사회교정 프로그램이 없었다면 개입하지 않았을 대상자에게 새롭게 개입하여 오히려 더 많은 세금을 쓰게 될 수도 있지만, 이것은 운영의 문제일 뿐 지역사회교정 프로그램이 고유하게 가진 문제는 아니다.

다섯째, 과학기술의 발전으로 인해 과거에 교도소 내에 범죄자들을 가두어서 얻을 수 있는 안전수준이 지역사회 내에서 범죄자들을 처우하고도 가능해졌다. 특히 GPS를 통한 전자감시의 발전으로 인해 범죄자들에게 더 많은 자유를 주면서도, 효과적인 감시가 가능하게 되었다. 교도소에 가두는 것에 비해서 더 적은 비용으로 동일한 수준의 사회안전이 가능하다면, 지역사회교정 프로그램을 채택하는 것은 당연한 선택일 것이다.

무엇이 교정의 목적이고 본질인지에 대해 단 하나만의 의견만이 존재하는 것은 아니기 때문에, 교정에서 어떤 가치들이 중요하며 어떤 가치들이 힘을 잃고 있으며, 그리고 어떤 새로운 가치들이 힘을 얻고 있는지를 검토하는 것은 매우 중요하다. 또한 교정에서 어떤 이념이 채택되는지에 따라서 양형(sentencing)과 교정프로그램이 크게 영향을 받는다. 일반적으로 교정의 이념으로 들 수 있는 것으로는 다음의 몇 가지가 있다.

첫째, 억제(deterrence)이념으로서, 이것은 범죄자를 처벌하여 그 처벌의 불편함으로 인해 범죄자나 다른 일반인이 범죄를 하지 않도록 하려는 것을 말한다. 따라서 이 모델을 따르면, 수용자들을 최대한 교도소에서 불편하게 만들어서 다시는 교도소에 들어오고 싶지 않도록 만들어야 한다. 따라서 이 경우에 양형정책은 중형주의나 무관용정책으로 나아가게 된다. 교도소에서는 규율과 원칙을 강조하며, 가급적 법원은 관용적이라고 생각되는 보호관찰과 같은 지역사회형을 선고하지 않을 것이다.

둘째, 사회복귀(rehabilitation)이념으로서, 범죄자를 법을 준수하는 인간으로 치료개선해야 된다는 입장이다. 이 모델은 범죄가 치료가능한 원인에 의해 발생하고, 이것을 치료하면 범죄문제는 해결가능하다고 가정한다. 예를 들어 범죄는 사회부적응, 부적절한 태도나 대인관계에 의해서 발생하기 때문에, 범죄자들이 이 부족한 부분을 개선하고 이들이 잘 적응하도록 도울 수 있다면 범죄는 사라질 것이라고 보는 것이다. 따라서 범죄자의 형기는 범죄행위보다는 범죄자를 치료하는 데 필요한 시간이어야 하며, 만약 선고된 형기에 비해 더 빨리 치료되면 부정기형(indeterminant sentencing)이나 가석방(parole)을 통해 사회로 복귀시켜야 된다고 생각하는 모델이다.

셋째, 재통합(reintegration model)이념으로서, 범죄는 범죄를 만들어 낸 바로 그 사회에서 해결되어야 하며, 범죄자를 사회에 재통합시키기 위해서는 시설에 가두기보다는 지역사회와의 의미 있는 접촉과 결속을 끊지 않는 것이 중요하다고 보는 모델이다. 이 모델이 채택될 때, 양형은 시설 내 교정보다는 사회 내 교정을 할 수 있는 보호관찰이나 벌금 등의 다양한 지역사회형을 더 많이 선고할 것이다.

최근 대두되고 있는 회복적 사법(restorative justice)은 이러한 재통합의 이념에 충실한 움직임이다. 회복적 사법운동은 전통적인 처벌이 범죄자에게 낙인을 부여하는 것에 불과하기 때문에, 이들의 재범을 줄이기 힘들다고 지적한다. 반면에 범죄자와 지역사회의 유대를 그대로 유지하면서, 범죄가 일어나기 전의 상태로 되돌리면서 범죄자를 부끄러워하도록 만들 때 재범을 줄일 수 있다고 주장한다.

넷째, 무력화(incapacitation)이념으로서, 물리적으로 범죄자를 시설에 구금함으로써 범죄를 할 수 없도록 만드는 것이 교정의 이념이라고 생각하는 모델이다. 이 모델은 범죄자의 사회복귀를 목표로 하지 않고, 범죄자로부터 사회를 보호하려는 입장을 띤다. 이 모델이 채택될 때, 양형은 위험한 범죄자를 오랫동안 시설에 가두기 위해, 장기형을 더 많이 선고하며 지역사회형을 자제하게 될 것이다. 현재의 치료감호제도나 과거의 보호감호제도는 이 모델에 기초하고 있다고 할 수 있다.

다섯째, 정의모델(Just Desert)로서, 이것은 범죄자에게 가해지는 처벌은 해당 범죄의 사회적 해악이나 범죄의 경중에 상응한 것이어야 한다고 생각하는 모델이다. 현재 미국에서 가장 중요한 교정의 모델로 인정되고 있는 이 모델에 따르면, 법 앞에 모든 범죄자는 평등해야 하며, 유사한 죄를 지은 유사한 전과의 범죄자는 유사한 형벌을 받아야 한다. 실제로 이 모델을 채택한 미국에서 가석방이나 부정기형을 폐지하고 있으며, 양형에서도 양형지침의 광범위한 도입을 통하여 평등한 양형을 실현하기 위해 노력하고 있다.

제4절 교정의 이념과 지역사회교정

지역사회교정 또한 교정의 한 하위영역이기 때문에, 지금까지 살펴본 교정의 이념을 실현할 수 있어야 한다. 지역사회교정은 다음과 같은 몇 가지 측면에서 시설 내 교정과 마찬가지로 교정의 목적에 잘 부합할 수가 있다(Alarid, 2017:14-17).

첫째, 지역사회교정은 대상자를 위험성의 정도에 따라서 분류하여 적절한 감시를 함으로써 범죄자를 무력화(incapacitation)하고 시민의 안전을 보호할 수 있다. 이를 위해서는 보호관찰관과 같은 지역사회 감시관들이 시민의 안전에 대한 책임감을 갖고 대상자를 잘 감시하여야 하며, 만약에 대상자들이 준수사항을 위반하면 엄격한 태도를 통해 취소와 구인 등의 조치를 신속히 취할 수 있어야 한다.

둘째, 지역사회교정은 지역사회의 풍부한 자원을 적절히 이용하여 효과가 있는 프로그램을 통해 대상자들을 효과적으로 사회복귀(rehabilitation)시킬 수 있어야 한다. 이를 위해서는 지역사회 감시관들이 대상자들로 하여금 자신의 생각과 행동을 바꿀 의사를 가지도록 하여야 하며, 만약에 그런 자세가 없는 대상자들을 철저히 가려내어 보다 보안수준이 높은 시설로 보낼 수 있어야 한다.

셋째, 지역사회교정은 회복적 사법을 통하여 보다 근본적인 피해를 범죄가 일어나기 전의 상태로 복구하고, 범죄자가 여전히 지역사회의 한 일원으로 지내며 자신의 행동에 대해 부끄러움을 갖도록 만들어 이들을 사회에 재통합(reintegration)해야 한다. 이처럼 지역사회교정은 시설 내 교정이 가지지 못한 효율적인 회복적 사법을 실행할 수 있는 큰 잠재력을 갖고 있다. 실제로 회복적 사법에서 주장하는 화해, 중재, 집단회합, 멘토링 등은 거의 배타적으로 지역사회교정에서만 실현할 수 있는 것들이다.

넷째, 지역사회교정은 범죄자에 대해 지역사회에서 수치심을 갖게 함으로써 범죄를 억제(deterrence)할 수 있다. 예를 들어 지역사회에서의 성범죄자에 대한 고지편지, 범죄사실을 기록한 자동차 범퍼 스티커, 범죄자의 거주 사실을 알리는 대문 표지판 등을 통해 범죄자에게 수치를 줄 수 있고, 결국 이것은 범죄를 억제할 수 있다.

1970년대에 마틴슨과 로버트(Martinson and Robert, 1974)가 당시 시행되던 대부분의 교정 프로그램이 재범예방에 아무런 효과가 없다는 평가결과를 발표했을 때, 아무도 효과가 있는 정책만을 가려서 시행하려는 증거기반교정(evidence-based correction)이 오늘날처럼 주목을 받을지는 몰랐을 것이다. 미국과 같은 선진국들은 이미 증거법(Evidence Based Policymaking Act, 2018)을 통해 효과 있는 정책에만 예산을 지원하도록 강제하고 있다. 효과 없는 정책을 관료적으로 오랫동안 시행해온 교정 분야에서 이러한 증거기반의 정책은 매우 중요하다고 할 수 있다.

이것은 지역사회교정에서도 다르지 않다. 시설 내에서 시행되는 프로그램의 수나 유형에 비해, 지역사회교정의 프로그램은 너무나 다양한 사람들이 참여하고, 너무나 다양한 사람들을 대상으로 시행되며, 너무나 다양한 내용의 프로그램들이 넘쳐난다. 이런 점에서 이 다양한 프로그램의 옥석을 가려줄 증거기반정책은 지역사회교정에서 더 중요하다. 이를 위해서는 이미 시행된 다양한 지역사회교정 프로그램에 대해 항상 그 효과에 대한 평가가 뒤따라야 할 것이다. 이를 위해서는 새로운 지역사회프로그램을 시작할 때부터 효과평가에 대한 계획과, 일선에서 각 프로그램의 효과에 대한 자료수집계획이 갖추어져 있어야 한다.

이러한 효과연구들은 가급적 랜덤화된 실험설계나, 아니면 최소한 유사실험 설계의 연구디자인을 갖추어야 한다. 왜냐하면 이 정도의 연구설계가 증거기반정책에서 받아들일 수 있는 최소한의 증거수준에 부합하기 때문이다. 그런데 교정에서 시행되는 프로그램들의 목표는 다양할 수가 있다. 예를 들어 어떤 프로그램이 대상자의 태도를 변화시켰다면 그것은 성공적일 수 있다. 그러나 형사사법 분야에서 증거기반정책에서 받아들일 수 있는 유일하면서도 최소한으로 받아들일 수 있는 기준은 재범율의 감소이다. 이러한 엄격한 기준을 유지하는 것은 재범 감소의 효과가 없으면서 효과가 있다고 주장하는 질 낮은 프로그램을 가려낼 수 있게 만들 것이다.[1]

---

1 증거기반 형사정책에 대한 보다 자세한 논의는 박철현(2014)을 참조.

제2장

보호관찰과 지역사회감시 모델

제2장

보호관찰과 지역사회감시 모델

이 장에서는 보호관찰이 어떤 철학적인 근거를 갖고 역사적으로 성장해왔는지, 그리고 현대사회에서 보호관찰이 어떻게 시행되고 있는지, 그리고 보호관찰이 근거하고 있는 지역사회감시모델은 어떻게 변해왔는지를 살펴본다.

제1절 ## 보호관찰이란 무엇인가?

보호관찰은 유죄가 확정된 범죄자들을 구금하지 않거나 또는 형 집행의 일부를 면제해주는 대신에 행하는 대안적, 조건부 형벌이다. 따라서 보호관찰 대상자에게는 다양한 준수사항(conditions)이 부과되며, 그들은 이러한 준수사항을 지키겠다는 약속이 부과된다. 만약 이 준수사항을 위반하게 되면 다양한 제재가 뒤따를 수가 있으며, 가장 극단적인 제재는 법원이 보호관찰을 성실히 이행하는 조건으로 면제되었던 구금형을 다시 선고하여 이들을 구금하는 것이다. 그러나 보호관찰 대상자가 준수사항을 위반하지 않으며, 선고된 보호관찰의 기간 동안 특별한 문제를 일으키지 않는다면 이미 선고된 구금형이 보통 면제된다. 보호관찰 대상자는 구금되지 않고 생업에 종사할 수 있다는 점에서 새로운 반성의 기회가 주어진 것이며, 이런 점에서 보호관찰은 구금형에 비해 보다 인도주의적인 대안적 형벌이라고 할 수 있다.

성인의 경우 보호관찰은 보통 구금형의 전부나 일부 면제를 조건으로 부과되기 때문에, 다이버전(diversion, 또는 전환처우)을 통해서 보호관찰처분을 받게 된다. 따라서 검찰 단계에서의 기소유예, 법원 단계에서의 선고유예, 집행유예, 교정단계에서의 가석방 등은 보호관찰을 필요적으로 개시하게 만드는 제도들이다. 예를 들어 법원에서 피고인에게 "징역 2년에 집행유예 3년을 선고"하였을 때, 피고인은 구금형 2년을 면제받는 대신에 석방되어, 보호관찰관의 감시하에 각종 준수사항을 지키면서 3년을 준수사항을 잘 지키면서 생활하였을 때 구금형 2년의 집행을 면제받게 된다. 이처럼 보호관찰은 범죄자를 지역사회에서 처우하면서 사회복귀를 추구하는 핵심적인 제도라는 점에서, 다양한 교정의 이념 중 사회복귀와 재통합의 이념에 가장 잘 부합하는 제도라고 할 수 있다.

보호관찰은 위와 같이 법원에서의 지역사회형의 선고를 통하여 개시되지만, 행정적인 판단을 통해서도 개시될 수 있다. 예를 들어 우리나라에서 법원의 선고유예, 집행유예 그리고 보호관찰형은 보호관찰을 개시하게 만드는 중요한 통로이지만, 검찰의 기소유예, 교도소의 가석방, 보호감호소의 가출소, 소년원의 임시퇴원 등을 통해서도 보호관찰은 필요적으로 개시된다. 또한 보호관찰은 성인에게도 시행되지만, 소년사법제도에서도 매우 중요한 제도로 시행되고 있다. 이처럼 보호관찰이 다양한 통로를 통해서 개시되고, 다양한 대상자들에게 광범위하게 시행되고 있다는 점은 보호관찰이 가진 장점과 잠재력을 잘 보여주는 것이라고 할 수 있다.

1. 보호관찰의 역사

　보호관찰이 시작되게 된 계기는 당시의 지나치게 가혹한 형벌제도를 지양하기 위한 것이었다. 당시의 주된 형벌로는 낙인찍기, 채찍질, 신체절단, 교수형 등의 매우 가혹한 신체형들이었고, 실제로 16세기 영국에서 사형에 처해질 수 있는 범죄는 무려 200가지가 넘었다. 이런 가혹한 처벌을 지양하기 위해 보호관찰의 전 단계라고 할 수 있는 벌금, 보증금을 통한 보석, 선고취소,[1] 선고유예 등의 제도가 나타났다. 이 중에서 선고유예(suspended sentence)는 현대의 보호관찰과 가장 유사했다(Alarid, 2017:23).

　이처럼 보호관찰제도는, 형법의 기능과 범죄자를 어떻게 다루어야 하는지에 대한 서구의 철학자들의 주장의 한 연장선상이라고 할 수 있다. 그들은 가혹한 형벌을 과하는 형법의 목적을 전제군주의 심기를 괴롭히는 범죄자들에 대한 복수에 있다고 생각했다. 18세기의 계몽주의 사상가들은 당시의 가혹했던 형사사법제도를 고쳐서, 자신들의 인본주의 정신에 맞게 개혁하려고 하였는데, 이탈리아의 베까리아(C. Beccaria)가 그 대표적인 인물이었다. 그는 자백을 위한 고문금지, 공개재판, 피고인의 항변권, 그리고 교도소 환경에 대한 개선 등을 주장했다. 그의 주장은 러시아와 영국의 식민지였던 미국에도 급속히 펴져나갔다. 미국은 독립 이후 가혹했던 영국형법은 버리고, 광범위한 변신을 했는데, 그 중요한 변화는 첫째, 범죄자를 인본주의에 기초해서 보기 시작하였고, 둘째, 형법의 초점과 목표를 수정하였는데, 미국독립 이전에는 범죄자를 가혹한 처벌을 필요악으로 보았지만, 독립 이후에는 인간은 기본적으로 악하지 않다고 생각하기 시작했다. 그 결과 형벌제도에 대한 개혁의 움직임이 나타났고, 이 과정에서 모든 범죄자를 구금하는 것이 과연 맞는 것인지에 대한 회의가 생겨났다. 이런 생각은 결국 마사추세츠(Massachusetts)주에서 소년보호관찰제도를 만들어내게 하였다(Latessa and Allen,

---

1 지나치게 가혹한 형벌일 경우 유죄선고 자체를 취소하는 제도.

2003:94-95).

마사추세츠주에는 이미 1800년대에 선고유예와 유사한 제도가 있었는데, 이것은 판사가 피고인을 봐줄 만한 사유가 있을 때 선고를 유예하고, 만약 새로운 범죄를 저지르지 않는다면 그것을 취소해주는 제도였는데, 이것을 보호관찰(probation)이라고 불렀다. 이 당시는 무제한의 유예기간이 가능했지만, 1984년부터 특정 기간을 감시하는 현대적인 보호관찰이 미국에서 법적 근거를 갖게 되었다. 이 제도는 처음에는 소년을 대상으로 시행하였지만, 1901년에 뉴욕주에서 최초로 성인에게까지 확대되었다(Alarid, 2017:23-24).

이렇게 보호관찰이 법적 근거를 갖고 시행되기 오래 전부터 보호관찰 또는 유사제도들이 시행되고 있었다. 보호관찰제도의 발전에 기여를 한 사람으로는 미국의 존 오거스터스, 영국의 매튜 데이븐포트 힐 등이 있는데, 이 중 존 오거스터스(John Augustus, 1784-1859)는 보호관찰의 아버지라고 불린다. 그는 근대의 교정사회사업가였는데, 여러 개의 숙소를 가진 구두공장을 운영하였다. 그는 워싱턴 금욕협회 회원으로서, 알코올남용자들에 대한 가혹한 처벌에 반대하고, 이들에 대한 보다 인도적인 대우를 지지했던 사람이었다. 그는 초범자들을 위해 법원에 보석금을 지불하고 데려와서, 자신의 공장에서 일을 시키면서 나쁜 습관을 버리도록 도와주었다. 그는 미국의 여러 독지가들로부터 기부금을 받아서 범죄자 1인당 30달러를 지불하고 법정에 출두할 것을 약속하는 보석을 주선하였는데, 그는 생전에 1,946명의 대상자들에게 총 2,418달러의 벌금과 법정수수료를 지불하였고, 보석을 위해 99,464달러를 지불했다. 후세의 사람들은 그를 '최초의 보호관찰관' 또는 '보호관찰의 아버지'라고 부르게 되었다(Alarid, 2017:24-26). 이 초기 선구자의 활약으로 인해 미국에서 보호관찰은 급속도로 퍼져나갔는데, 마사추세츠주가 보호관찰제도를 도입한 후 25년 정도 후인 1900년에서 1915년 사이에 미국 대부분의 주는 소년과 성인에 대한 보호관찰제도를 도입하였다(Latessa and Allen, 2003:96).

매튜 데이븐포트 힐(Matthew Davenport Hill, 1792-1872)은 영국에서 보호관찰을 처음으로 만든 사회운동가였다. 그는 변호사로 일하면서, 단 하루 동안만 구금형을 받는 청소년들을 많다는 것을 알고, 보호관찰재단을 설립하여 청소년들의 선도를 위해 노력했다. 그가 치안판사(Justice of the peace)가 되자, 소년들을 교도소에 가두지 않고(선고유예) 감시인의 감시하에 개선을 도모하는 보호관찰제도를 본격적으로 시행하였다(Alarid, 2017:26).

　　보호관찰이 좋은 취지의 제도이며 미국의 주차원에서 활발히 시행되기는 했지만, 이것이 미연방 차원에서 법적 근거를 갖는 데는 오랜 기간이 필요하였다. 미연방 차원에서 보호관찰제도는 이것을 탐탁치 않게 여긴 판사들의 저항으로 인해서, 입법에는 매우 오랜 기간이 소요되었다. 이것은 1909년에서 1925년 사이에 보호관찰제도에 대한 입법안이 무려 34번이나 부결된 것만 봐도 잘 알 수 있다. 그러나 1925년에 마사추세츠주의 주지사 출신이었던 쿨리지(Coolidge)가 보호관찰제도를 통과시킴으로써, 1930년에 연방보호관찰제도가 시행되고, 지역사회감시관(가석방담당관과 보호관찰관)이 가석방자와 보호관찰대상자를 담당하게 되어 보호관찰관이 급속히 증가하게 되었다. 그리고 1984년에는 연방에서 가석방이 폐지되고, 모든 출소자가 보호관찰을 받도록 하였다(Alarid, 2017:27).

　　한국의 경우 미국 대부분의 주가 보호관찰제도를 도입한 지 약 80년 후인 1989년에 소년법을 개정하고 전국에 12개 보호관찰소와 6개 지소를 개소하여 소년범에 대해 보호관찰을 최초로 실시하였다. 이후 성인에게도 보호관찰을 확대하여 성폭력범죄자(1994), 성인 형사범죄자(1997), 가정폭력가해자(1998)에게 보호관찰이 적용되었다. 그 이후 수강명령제도, 사회봉사명령제도, 전자감시 등의 다양한 프로그램을 도입하여 보호관찰소의 관할하에 두었다.

　　미국의 경우 한국과는 달리 보호관찰이 매우 광범위하게 사용되고 있기 때문에, 보호관찰처분을 할 수 있는 범죄자보다는, 보호관찰처분을 부과할 수 없는 범죄자 유형이 법으로 규정되어 있다. 주와 연방에 관계 없이, 미국에서 보호관찰을 부여할 수 없는 범죄자는 종신형이 선고될 수 있는 모든 폭력범죄자, 무장강도, 강간 또는 기타 성범죄자, 총기를 사용한 범죄자, 또는 누범자로 규정되어 있다(Latessa and Smith, 2015:52).

2. 보호관찰의 장점

　　보호관찰의 일반적인 목적은 경미한 범죄자를 사회에 재통합하고, 지역사회를 범죄자로부터 보호하고, 사회정의를 증진시키며, 그리고 범죄자를 개선할 수 있는 준수사항을 부과하는 것이다. 이런 목적을 위해 시행하는 보호관찰제도는 다음과 같은 여러 가지 장점을 갖고 있다(Latessa and Smith, 2015:52).

첫째, 보호관찰제도는 지역사회의 자원을 사용하여 범죄자들이 살아가야 할 지역사회의 감시하에 그들의 문제를 해결함으로써, 범죄자들을 사회에 재통합할 수 있다.

둘째, 구금형에 비하여 예산을 절약할 수 있다.

셋째, 구금을 지양함으로써, 구금형이 갖고 있는 범죄자들의 범죄문제를 더 악화시키는 문제를 회피할 수 있다.

넷째, 범죄자의 가족들에게 정부의 복지혜택을 계속 받을 수 있도록 한다.

다섯째, 범죄자들의 행동을 수정하는데 (구금형에 비해) 더 효과적이다.

여섯째, 선택적 무력화를 하는데 (무력화하지 않는 사람들에게) 이용하기 좋은 양형선택지가 된다.

이러한 보호관찰제도의 장점은 대체로 구금형에 비해 사회재통합가능성이 높음을 보여준다. 범죄자들을 교도소에 가두는 구금형은 범죄자들간의 악풍감염의 소지가 높아, 오히려 범죄기술을 전수하는 학교가 될 가능성이 높은 데 비해 보호관찰은 이런 염려가 적다. 그리고 구금형에 비해 보호관찰은 대상자가 집에서 먹고, 자고, 입는 것을 본인의 비용으로 해결하므로 납세자에게 이득이 된다. 또한 범죄자가 돈을 벌어 가족을 부양할 수도 있고, 자신의 수감으로 인한 가족에 대한 복지혜택의 중단도 걱정하지 않아도 된다. 그리고 시설에서 범죄자를 아무리 치료하고 수정한다고 하더라도, 이들이 자유로운 사회에 나가서 이런 효과를 유지한다는 보장이 없다. 결국 범죄자에 대한 치료나 행동수정은 이들이 접하고 살아가야할 지역사회와 지역사회의 주민들과 접하는 환경에서 더 효과적인 것이다. 마지막으로 효과적인 범죄대책의 한 수단인, 만성적인 범죄자를 오래 구금하여 이들이 범하는 대부분의 범죄를 줄이자는 선택적 무력화를 채택할 때, 비만성적인 초범자들을 교도소에서 내보낼 수 있는 훌륭한 선택지가 될 수 있다.

보호관찰제도는 그 역사가 오래되고 세계의 대부분의 국가들이 오늘날 시행하고 있으므로, 다양한 형태로 시행되고 있다. 여기에서는 보호관찰이 다양하게 시행되는 방식을 보호관찰의 목적, 보호관찰관의 소속, 그리고 대상자에 따라서 보호관찰이 어떠한 형태로 시행되고 있는지를 살펴본다.

1. 보호관찰의 목적에 따른 시행방식

보호관찰이 앞서 살펴본 바와 같이 다양한 목적을 갖고 있는 것은 사실이지만, 이것이 어떤 목적을 위해 주로 이용되는지는 보호관찰의 시행방식을 분류하는 하나의 기준이 될 수 있다. 보호관찰이 표방하는 목적에 따라서 보호관찰이 시행되는 방식은 조금씩 다를 수 있다.

첫째, 가혹한 형벌을 완화하기 위해서 보호관찰을 이용하는 방식이 있다. 이경우 다이버젼의 목적에 충실하기 위해 대상자들을 처벌보다는 치료나 행동수정을 위한 프로그램의 시행에 더 초점을 맞추게 된다.

둘째, 보호관찰을 하나의 처벌로 이용하는 방식이 있다. 이 경우 보호관찰 대상자들에 대한 감시를 더욱 철저히 하고, 이들이 준수사항을 위반하는지에 대해 밀착 감시하여, 만약 이들이 준수사항을 위반하는 경우에 보호관찰처분을 취소하고, 이들을 다시 교도소로 보내는 데 초점을 맞추게 된다.

셋째, 보호관찰을 재판 전 감시의 한 형태로 초기에 이용하는 방식이 있다. 한국에서는 보석 대상자에 대한 별다른 감시체계가 마련되어 있지 않았으나, 최근에 전자보석제도를 만들어 전자감시를 통해 재판전 감시를 하기 시작했다. 만약 보석대상자가 보석금만으로 부족하거나 도주 또는 재판 불출석 가능성이 있다면, 전자감시 등의 기법을 통해 재판 전에 보호관찰을 통해 보석 대상자를 감시하는 것이 가능하다.

2. 보호관찰관의 소속에 따른 시행방식

보호관찰관이 어디에 소속되어 일하는지는 보호관찰의 시행방식을 분류하는 또 다른 기준이 될 수 있다. 미국에서 보호관찰관의 소속유형은 이들이 법원에 소속되어 있는 경우와 행정부에 소속되어 있는 경우의 두 가지 유형이 존재한다(Alarid, 2017:31-33).

첫째, 보호관찰관이 법원에 소속되어 있는 사법형 보호관찰(judicial probation)이다. 특히 보호관찰관이 재판 전 감시의 형태로 처음 시행되었던 마사추세츠주와 같은 경우에는 주로 보호관찰관이 법원 소속으로 존재하는 것이 자연스럽다. 현재 미국에서는 성인보호관찰의 경우 11개 주에서 보호관찰관이 사법부에 소속되어 있다.

둘째, 보호관찰관이 행정부에 소속되어 있는 행정형 보호관찰(executive pro-bation)이다. 비교적 보호관찰을 늦게 시행한 지역에서는 보호관찰관이 행정부에 소속되는 것이 자연스럽다. 현재 성인 보호관찰의 경우 33개주가 행정부 소속으로 보호관찰관을 두고 있다(나머지는 혼합형임). 한국의 경우도 법무부 소속으로 보호관찰소가 존재하고, 따라서 보호관찰관이 행정부 소속이다.

미국의 경우 보호관찰관이 주(state) 단위에서 시행하는 경우와 카운티(county) 단위에서 시행하는 두 가지 경우가 있는데, 대부분의 경우는 주 단위에서 보호관찰을 시행하고 있다. 카운티 단위에서 시행하는 마사추세츠나 버몬트주와 같은 경우에는 카운티 판사가 보호관찰관을 지명하게 된다(Alarid, 2017:31).

3. 대상자에 따른 보호관찰의 시행방식

보호관찰관이 어떤 보호관찰 대상자들을 관리하는지에 따라 보호관찰의 시행방식을 분류할 수도 있다. 보호관찰의 대상은 연령에 따라 초기에는 소년들을 대상으로 하였으나, 점점 성인에 대해서도 보호관찰의 영역이 넓어져 왔다. 성인을 다루는 법원과 소년을 다루는 법원이 분리되어 있는 것처럼, 보호관찰도 그럴 수 있다(Alarid, 2017:31-33).

첫째, 성인과 소년을 함께 통합 관리하는 보호관찰(combined probation)이다. 이것은 하나의 보호관찰 조직(보호관찰소)에서 성인과 소년을 모두 관리하는 방식이다. 현재 미국의 경우 전체의 절반 정도가 여기에 해당하며, 한국도 여기에 속한다.

둘째, 성인과 소년을 분리하는 보호관찰(separate probation)이다. 이것은 성인 보호관찰을 담당하는 조직과 소년보호관찰을 담당하는 조직을 분리하는 방식이다. 그러나 이렇게 분리하여 관리하는 경우도 처우프로그램 등은 함께 운영하는 경우가 많다.

미국에서는 가석방자와 순수한 보호관찰대상자들의 감시를 분리하는 경우도 있는데, 전자는 교정국 소속의 가석방담당관이 감시를 하며 후자는 보호관찰관이 감시를 한다. 현재 미국에서 가석방과 보호관찰 대상자의 감시가 분리된 경우는 16개 주이며, 통합관리를 하는 경우는 30개 주로 다수를 차지한다(Alarid, 2017: 31-33).

제4절 지역사회 감시모델의 시대적 변화

지역사회 감시모델은 바람직한 보호관찰의 방향성에 대한 철학적 입장이라고 할 수 있는데, 이것은 시대에 따라서 다음과 같이 조금씩 변화해 왔다(Alarid, 2017:33-36).

첫째, 케이스워크 모델(casework model, 1900-1970)로서, 이것은 보호관찰관이 대상자에게 다양한 도움을 주면서, 상담과 행동치료를 통해 치료적 관계를 맺는 것이다. 이 모델에서 보호관찰관은 자신을 케이스워커, 사회복지사, "변화를 위한 활동가"로 생각하는 경향이 있다.

둘째, 중개모델(brokerage of services model, 1971-1981)로서, 이것은 보호관찰관의 중개를 통하여 다양한 지역사회의 전문적인 서비스를 보다 빠르게, 그리고 효과적으로 제공하는 모델이다. 이 모델에서 보호관찰관은 자신을 서비스 브로커로 인식하는 경향이 있다. 지역사회자원관리팀모델(community resource management team model)은 이 중개모델에 속하는 한 하위유형으로서, 자신의 전문분야를 개발하여 한 분야의 전문가가 되고, 한두 개의 분야의 지역사회 전문기관과 연결을 해주는 모델이다. 예를 들어 보호관찰관은 약물중독, 직업훈련, 여성범죄자 등의 각 전문분야 중 하나의 전문가가 되어 자신이 이들을 맡고, 나머지는 지역사회의 전문가들에 대상자를 맡길 수 있다.

셋째, 정의모델(Justice model, 1982−2000)로서, 이것은 보호관찰을 구금의 대안이 아닌 범죄자가 범한 범죄에 상응하는 처벌 그 자체로 보는 입장이다. 이 모델에서 보호관찰의 상담, 감시 등은 재범감소에 거의 영향을 미치지 않는다고 생각되며, 대신에 대상자가 피해자에 대한 배상을 잘 하는지에 대한 감시와, 부과된 준수사항 이행에 대한 철저한 감시를 중요시 한다.

넷째, 이웃기반 감시모델(neighborhood−based supervision model, 2001−현재)로서, 이것은 보통 우편번호에 따라서 보호관찰관에게 업무가 배당되고, 보호관찰관은 이 작은 지역에 대해 매우 세세히 알 것이 요구된다. 이 모델에서 보호관찰관은 지역사회의 주민들과 밀접히 소통하고 이해함으로써, 대상자에게 불법적인 기회를 만들어내는 지역이나 환경뿐만 아니라 합법적 기회를 식별할 수 있게 되어, 범죄문제의 해결을 위해 보다 근본적이면서도 효율적인 서비스를 제공할 수 있다.

다섯째, 범죄욕구기반 감시모델(criminogenic need−based supervision model, 2012−현재)로서, 보호관찰관이 이전의 정의모델에서 주로 갖는 감시자의 역할에서 벗어나서, 치료자와 감시자의 이중적인 역할에서 대상자와 의미 있으면서도 전문적인 관계를 유지하는 모델이다.

제5절 | 한국의 보호관찰제도

1. 한국 보호관찰제도의 역사

한국에서 보호관찰이 처음으로 도입된 것은 1988년 개정된 <소년법>에 보호관찰이 규정된 것이 그 시초라고 할 수 있다. 이 법에 근거하여 그 다음 해인 1989년에 전국에 22개의 보호관찰기관이 만들어지고, 소년범에 대해 보호관찰을 처음으로 시행하게 되었다. 그 후 일부 성폭력사범에 대한 보호관찰이 실시되었으나, 성인 형사범 전체로 보호관찰이 확대된 것은 1997년에 이르러서였다. 그 이후 여러 특별법이 만들어지면서 가정폭력범(1998), 성매매사범(2004)으로 보호관찰이 확대되었다. 2003년에는 위험성이 높은 보호관찰대상자들을 대상으로 하는 집중감시보호관찰(intensive supervision probation)이 처음으로 시작되어, 보호관찰의 외연이 점점 넓어졌다. 2013년에는 형 집행이 종료된 만기출소자에게도 보호관찰을 부과할 수 있게 되어 그 적용범위가 매우 넓어졌다.

그 이후에는 지역사회감시의 새로운 기법으로 2008년에 처음으로 도입된 전자감시제도를 보호관찰소에서 맡게 됨으로써, 이와 관련한 새로운 제도들이 많이 생겨났다. 예를 들어 처음에 특정 성폭력범에 한정하던 전자감시를 살인범(2010), 강도범(2014), 판결 전의 보석대상자와 가석방자(각 2020)로 지속적으로 그 감시대상자의 유형이 넓어졌다. 이처럼 보호관찰이 맡는 업무와 대상자가 늘어난 것은, 결국 시설 내 교정이 축소되고 지역사회교정의 확대되는 전 세계적인 추세에 보조를 맞춘 것이다.

2. 현행법상 보호관찰의 대상자와 기간

한국에서 보호관찰의 대상이 되는 경우는 다양한 법에 의해서 규정되어 있는데, <보호관찰 등에 관한 법률> 제3조에는 다음과 같이 근거법과 그 기간이 요

[표 2-1] 연도별 주요 보호관찰제도의 시행

연도	보호관찰 제도
1989	• 전국 22개 보호관찰기관 개청하여 소년범에 대해 최초로 실시 • 소년범 판결전조사 시행
1994	• 성폭력사범에 대해 보호관찰 실시
1995	• 보호관찰법과 갱생보호법을 통합하여 <보호관찰 등에 관한 법률> 제정 • 보호관찰소 선도조건부 기소유예제도 신설 • 한국갱생보호공단 설립
1997	• 성인 형사범 전체에 대해 보호관찰 확대
1998	• 가정폭력사범에 대해 보호관찰 실시
2001	• 준수사항 위반 대상자에 대한 지명수배제도 도입
2003	• 집중보호관찰제도 시행
2004	• 성매매사범에 대해 보호관찰 실시
2005	• 성구매자 재범방지교육(존스쿨) 시행 • 화상전화 감독 시스템 시행 • 사회봉사명령 소외계층 주거환경 개선사업 시행
2008	• 외출제한명령 음성감독 시행 • 특정 성폭력범죄자 전자감시제도 시행 • 성인범에 판결전 조사 확대 • 수강명령 전문프로그램 개발
2009	• 한국갱생보호공단을 한국법무보호복지공단으로 개칭 • 벌금미납자 사회봉사명령 제도 시행 • 성인 형사범에 대한 판결전조사, 보호소년에 대한 결정전 조사에 대한 법적 근거 마련 • 위험성이 높은 보호관찰 대상자에게 특별준수사항 신설
2010	• 전자감시 대상자를 살인범에 대해 확대
2011	• 성충동 약물치료(화학적 거세) 시행
2013	• 형집행 종료 후 보호관찰제도 시행
2014	• 전자감시 대상자를 강도범에 대해 확대
2016	• 치료명령제도 시행
2019	• 1대1 전자감시제도 시행
2020	• 전자보석제도 시행 • 모든 가석방자에게 전자감독 적용 확대

출처: 범죄예방정책국 홈페이지(2023.1.17일 검색).

약되어 있다. 이것을 보면 선고유예, 집행유예, 가석방, 임시퇴원, 소년법상의 보호관찰 등이 모두 보호관찰을 받도록 규정되어 있는 것을 알 수 있다. 선고유예의 경우 1년 동안 보호관찰을 받으며, 보호관찰조건부 집행유예를 받은 경우에는 실제 구금형의 유예기간 내에서 법원이 기간을 결정한다. 가석방이 된 경우는 남은 형기 동안 보호관찰 대상이 되며, 남은 형기가 모호한 무기형의 경우 10년간 보호관찰을 받게 된다. 이것은 보호관찰조건부 가석방 또는 임시퇴원이 된 경우도 동일하다. 그리고 소년법상의 장기와 단기 보호관찰처분을 받은 경우는 각각 2년과 1년 동안 보호관찰을 받는 것이 원칙이다.

[표 2-2] 현행법상 보호관찰의 대상자와 기간

처분	근거 조항	보호관찰 기간
선고유예	「형법」 제59조	1년
보호관찰조건부 집행유예	「형법」 제62조	유예기간 내에서 법원이 결정
가석방	「형법」 제73조	남은 형기, 무기형은 10년
보호관찰조건부 가석방 또는 임시퇴원	「형법」 제25조	남은 형기, 무기형은 10년
단기 및 장기 보호관찰	「소년법」 제32조	각 1년과 2년
기타	기타 법	각각 다름

이렇게 각 개별 법에 따라서 보호관찰 대상자가 되는 경로를 요약하면 다음의 그림과 같다. 이 그림에 따르면, 검찰 단계에서 바로 보호관찰선도조건부 기소유예를 받는 경우 가장 빨리 보호관찰 대상자가 되며, 일단 법원의 재판에 넘겨진 경우는 법원에서 선고유예나 집행유예 등의 처분을 통해 보호관찰 대상자가 되며, 실형을 받은 경우는 교도소나 치료감호소에서 가석방이나 가종료된 경우에 다시 보호관찰 대상자가 되는 것을 알 수 있다. 그리고 법원 소년부에서 재판을 받아 단기 및 장기 보호관찰 처분을 받거나, 소년원에서 가퇴원한 경우 보호관찰 대상이 된다.

[그림 2-1] 보호관찰의 대상자가 되는 경로

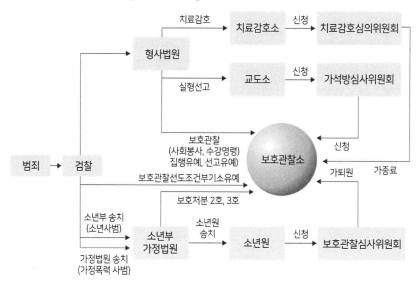

출처: 범죄예방정책국 홈페이지.

3. 보호관찰의 개시 절차

보호관찰을 부과받은 자는 반드시 주거지를 관할하는 보호관찰소에 신고 후 보호관찰을 받아야 한다. 보호관찰 대상자는 개시일로부터 10일 이내에 관할 보호관찰소에 출석하여 본인의 주거·직업·생활계획 기타 필요한 사항 등을 신고서에 기재하여 신고하여야 한다(소년인 경우 반드시 보호자 동반). 또한 동시에 보호관찰 대상자는 첫 신고시 준수사항이 기재된 서약서에 서명날인을 하여 함께 제출하여야 한다(부록1. 보호관찰 신고서 및 서약서 참조). 이 신고서에는 자세한 형벌이나 처분 사항, 주소, 연락처, 직업, 학력, 종료, 취미, 가족관계, 경제상태, 비행력, 신체특징, 공범이나 친구관계, 거주하는 집의 약도 등을 자세히 기재하도록 되어 있다. 또한 서약서에는 보호관찰 대상자가 지켜야 할 일반적인 준수사항에 서명하도록 되어 있으며, 법원 및 심사위원회는 여기에 더하여 본인의 특성 등을 고려하여 특별히 준수하여야 할 사항을 추가할 수 있다.

이렇게 보호관찰소에 대상자가 신고를 하면, 보호관찰소에서는 담당 보호관찰관이나 범죄예방위원을 배정하게 되며, 이들은 대상자가 재범을 하지 않고 건전하게 사회에 복귀하도록 촉진코자 준수사항을 적절히 이행하는지 감시하며, 행동 및 환경 등을 관찰하여 필요시 대상자가 자립과 개선을 위해 숙소나 취업알선, 직업훈련기회 제공 등의 원호활동을 하기도 한다.

제3장

가석방

Community Correction Theory

가석방

이 장에서는 지역사회감시의 큰 두 가지 대상인 보호관찰과 가석방 중에서 가석방에 대해서 살펴본다. 가석방은 넓은 의미에서 '가석방 조건부 보호관찰'이므로 보호관찰에 속한다고 할 수 있지만, 일반 보호관찰에 비해서 상이한 특성과 경로를 통하므로 따로 논의할 필요가 있다. 가석방(parole)은 지역사회에서의 감시와 문제를 일으킬 시 교도소에 다시 수용될 것을 조건으로 교도소에서 형기를 축소하여 일찍 석방하는 것을 말한다. 가석방은 범죄자에 대한 시혜적인 조치로 사용될 뿐만 아니라 교도소의 과밀화를 완화하는 수단으로 사용되며, 교도소에서 재소자를 통제하는 중요한 수단으로 사용되기도 한다.

가석방이라는 용어는 프랑스의 가석방인 빠올드나(parole d'honneur) 또는 명예선서(word of honor)에서 유래한 것으로, 재소자가 성실하게 자신의 형기를 복역하고 교도소에서 규율을 잘 지킬 때, 사회에서 법을 잘 지키겠다고 하는 명예로운 선서에 따라서 일찍 사회로 내보낸다는 것을 의미한다(Allen et al. 2020:505). 따라서 재소자가 자신의 형기를 완전히 다 마친 것은 아니기 때문에, 자연스럽게 지역사회감시의 출발점이 된다.

보호관찰제도와 함께 가석방 또한 서구의 선진국들에서 시작된 것이므로, 초기 가석방제도의 발전에는 서구의 교정분야 선구자들의 공헌이 중요하게 작용하였다. 이 절에서는 영국의 식민지로의 죄수이송과 그 과정에서 발전한 가석방제도에 공헌한 초기 인물들에 대해 살펴본다.

가석방제도가 처음으로 시작된 것은 스페인의 한 교도소였다. 이 교도소의 소장이었던 마누엘 몬테시노스(Manuel Montesinos)는 1985년에 조건부 석방제도를 시작했는데, 재소자의 좋은 행동과 개선의지를 보여줌으로써 자신의 형기의 1/3까지 감형이 가능하도록 만들었다. 그는 군대식 규율, 직업훈련, 그리고 교육프로그램을 도입하여 출소자의 재범율을 줄였지만, 당시로서는 너무나 급진적이라고 생각되어 중간에 해고되는 불운을 겪었다. 또한 1840년대의 프랑스의 많은 교정개혁가들은 이 제도를 지지하였고, 이미 언급한 바와 같이 프랑스의 가석방제도는 현대의 가석방(parole)이라는 용어의 기원이 되었다(Alarid, 2017:44). 이러한 가석방에 대한 노력들이 시대적으로 앞선 것은 사실이지만, 현재 가석방의 아버지로서 인정되는 사람은 알렉산더 마코노키(Alexander Maconochie)이다.

서양의 중세시기에 범죄자를 추방하는 처벌은 봉건영주의 보호를 철회하는 것을 의미하였고, 이렇게 추방된 범죄자는 맹수나 추위의 먹잇감이 되었다. 이러한 범죄자에 대한 처벌로서의 추방은 영국에서 다시 범죄자에 대한 중요한 처벌로 되살아났는데, 이것은 그들의 식민지에 건설한 교도소로 죄수를 이송하는 것이었다.

이러한 죄수이송(transprotation)은 1597년부터 시작되어, 처음에는 북미의 영국식민지였던 미국으로 이송하였는데, 업자에게 죄수 1명당 계산하여 금전을 제공하고, 업자는 가장 높은 가격을 부르는 사람에게 죄수를 하인으로 판매하였다. 1766년 미국이 독립한 후에는, 호주 북동쪽의 노폭섬과 호주 본토로 죄수를 이송하기 시작였는데, 노폭섬은 호주 동부해안에서 1,600km 떨어진 교정섬이었다. 마코노키는 이 노폭섬에 건설된 교도소의 소장으로 취임하여 몇 가지 개혁을 진행했다. 이 섬에서 죄수들은 엄격한 구금에서 벗어나 집단작업을 하고 심지어 교도소 밖에서 일을 하기도 하였다. 이것은 1811년 마코노키가 고안한 석방권(ticket-of-leave)을 통해 가능해졌는데, 여기서 죄수들은 일정 기간을 복역한 후 석방권을 받을 자격을 부여받았다. 예를 들어 7년을 복역하면, 4년 후 석방권을 받을 수 있었고 이것은 현대의 가석방의 효시로 여겨진다(Alarid, 2017:45; Allen et al. 2020:505 – 506).

1864년 월터 크로프턴(Walter Crofton)은 아일랜드의 교정국장이 되어 마코노키가 만든 새 제도를 공부하고, 마코노키가 1837년 고안했던 점수제(mark system)[1]를 채택하였다. 그가 고안한 아일랜드제도(Irish system)의 세 가지 특징은 엄격한 구금, 부정기형,[2] 석방권이었는데, 재소자는 작업과 교육에서의 좋은 행동과 성취에 따라서 얻은 점수로 분류되었고, 이에 따라 점점 구금을 완화시켜 현대의 가석방과 유사한 조건하에서 석방되었다. 아일랜드의 석방권은 마코노키의 것과 달리 밀착감시와 통제가 부과되었고, 현재와 유사한 가석방조건이 부여되었다(Alarid, 2017:47).

제2절 교정에서의 가석방의 역할

재소자가 교도소에서 출소할 수 있는 방법은 형기종료, 가석방, 사면, 형집행정지 등의 여러 가지가 있다. 그러나 이 중에서 가장 일반적인 유형은 형기종료로 만기 출소하는 것과 가석방으로 형기를 줄여서 출소하는 두 가지의 유형이 대부분을 차지한다. 여러 가지 이유로 현대의 교정에서 가석방 비율이 점점 증가하고 있는 것은 사실이다. 교정에서 가석방의 역할은 다음의 몇 가지로 나누어 볼 수 있다.

첫째, 가장 현실적인 목표로서, 교정관리의 중요한 수단이 된다. 재소자들의 가장 큰 희망이 가석방되어 가족에게 돌아가는 것이라는 점을 감안할 때, 가석방은 교정관리를 위해 재소자들이 교도소의 규율을 잘 지키고, 교정프로그램과 작

---

1 노동에 의해 자신의 책임점수를 소각하면 상위계급으로 진급하고, 궁극적으로 가석방이 가능하도록 만든 제도.
2 형기를 고정하지 않는 양형방법. 이 장의 제3절을 참조.

업에 열심히 참여하게 하며, 그리고 교도관의 지시를 잘 따르도록 만드는 중요한 수단이 된다. 사실상 대부분의 자유가 제한된 재소자의 입장에서 이런 가석방의 희망까지 없다면, 재소자들을 통제하기가 거의 불가능해질지도 모른다.

둘째, 가석방은 더욱 효과적인 사회복귀를 촉진한다. 시설 내 교정의 한계는 그 동안의 연구결과를 볼 때 명확하다. 심지어 범죄동기나 범죄수법을 배우는 학교로 작용할 수도 있기 때문에, 가석방을 통해 지역사회에서 처우하는 것이 사회복귀를 위해서나 자신이 범죄로 인해 끼친 피해의 복구를 위해서도 더 유리하다. 예를 들어 지역사회 외부통근센터에 거주하면서 노동을 통해 자신이 피해자에게 끼친 피해에 대해 배상하는 것은 시설 내에서보다 지역사회에서 훨씬 유리하다. 또한 이런 활동은 지역사회로의 자연스러운 재진입에 크게 도움이 된다.

셋째, 가석방은 교도소 과밀화를 해소하는 가장 쉽고도 중요한 수단이 된다. 교도소 과밀화가 정치적 보수주의나 경제위기 등의 어떤 원인에서 기인하는지에 관계없이, 교도소 인구를 줄이는 수단으로 가석방은 과밀화를 해소하는 훌륭한 뒷문 정책(backdoor strategic)으로 작용한다.

넷째, 가석방은 말기암 환자나 매우 오랫동안의 치료를 필요로 하거나, 또는 영구적으로 운동능력을 잃은 재소자를 위해 온정을 발휘하는 수단이 된다. 이러한 의료가석방(medical parole)은 교도소가 부담해야 하는 중환자의 의료비를 가족의 부담으로 돌려, 더 나은 치료를 받을 수 있도록 하는 인도주의적인 수단이다. 이런 의료가석방의 한 하위유형인 온정가석방(compassionate release)은 선고 당시에 합리적으로 예측할 수 없었던 예외적인 의료적 또는 비의료적 조건이 발생한 경우에 사용할 수 있는 수단이다(Alarid, 2017:52−54).

다섯째, 궁극적으로 가석방은 교도소의 구금비용을 절약한다. 가석방자가 바로 자신의 집으로 돌아갈 때, 먹고, 자고 입는 모든 비용의 가석방자의 몫이다. 또한 다양한 형태의 중간처우소(halfway house)에 거주한다고 하더라도, 그 비용은 가석방자가 노동을 해서 벌어들인 돈으로 상당량의 비용을 부담한다. 이런 점에서 교도소에 구금하는 것에 비해 재소자를 가석방시키는 것은 납세자의 세금을 절약한다.

양형(sentencing)이란 유죄가 확정된 범죄자에 대한 형의 종류와 형량을 정하는 것을 말한다. 양형제도는 나라마다 모두 다르며, 그 나라가 채택한 교정이념에 따라서도 달라진다. 예를 들어 정의모델(Just Desert)을 채택한 국가는 개별 범죄자의 사회복귀나 재범방지를 위한 양형보다는 보다 형평성 있는 양형제도를 채택한다. 반면에 사회복귀를 교정이념으로 채택한 나라는 개별 범죄자의 개선과 사회에서의 적응에 도움이 되는 양형제도를 채택한다. 또한 이런 나라에서는 부정기형과 (재량적인) 가석방을 폭넓게 활용하며, 교도소에서는 개별화된 교정처우를 위해 교육, 훈련, 상담 등의 교정프로그램을 많이 활용한다. 이처럼 양형제도는 교정제도를 이해하기 위한 출발점이 된다.

양형에는 크게 두 가지의 형량선고방식이 있다. 하나는 정기형(determinant sentencing)으로, 이것은 법원에서 형을 선고할 때 고정된 형량을 선고하는 것이다. 예를 들어 "징역 2년에 처한다"라는 것은 형량이 2년으로 고정되어 있고, 이 형량은 교정행정에서의 재량에 의해서 수정될 수 없다. 반면에 부정기형(indeterminant sentencing)은 형량이 고정되어 있지 않고 보통 최장기간의 형기만이 고정된다. 예를 들어 부정기형제도를 만든 뉴욕의 엘마이라(Elmira) 소년원에서는 "최대 5년, 개선이 필요할 때까지"(Allen et al. 2020:506)라고 선고되었다. 다시 말해서 부정기형제도하에서는 교정행정의 재량에 의해 광범위하게 형량을 조정할 수가 있는 것이다.

1. 정기형과 필요적 석방

미국의 경우 지역에 따라 정기형을 채택한 주와 부정기형을 채택한 주의 두 가지로 나뉘어지며, 여기에 따라서 석방제도 또한 달라진다. 보통 정기형을 채택한 주는 선시제도(good time system)에 따라서 교도소에서의 좋은 행동을 하면 크레딧을 얻을 수 있고, 이렇게 얻은 크레딧을 합산하면 자신이 줄일 수 있는 형기가 된다. 이 크레딧은 교도소에서의 노동, 규율적인 행동 등으로 거의 자동적으로 얻게 되는 것에서부터, 교도소에서의 교정사고 방지에 공을 세운 경우 등에 의해 과외로 얻게 되는 크레딧까지 다양하다. 이처럼 정기형을 채택한 지역에서 형기를 줄이는 방법은 법으로 규정된 선시(good time)에 의해서만 가능하다.

보통 정기형을 채택한 경우, 법으로 규정된 최소한의 복역기간(보통 전체 형기의 2/3)을 채운 후에 개별 재소자가 획득한 선시 크레딧(good time credit)을 통해 자신의 형기를 줄여서 석방될 수 있다. 이것은 교도관이나 가석방심사위원의 판단에 의해서가 아니라, 법에 규정된 방식에 따라서 자동적으로 결정되는 것이다. 이런 방식의 석방을 필요적 석방(mandatory release)이라고 하며, 보통 정기형과 짝지어진다. 미국에서 정기형과 필요적 석방을 채택한 주는 전체 출소형태의 절반에 해당하는 48%이다(Alarid, 2017:43).

이러한 필요적 석방은 형벌의 형평성을 중시하는 제도라고 할 수 있는데, 이 경우 보통 객관화된 가석방을 위한 가이드라인을 두게 된다. 현출위험점수(Salient Factor Score)라고 불리기도 하는 이 가이드라인은 가석방 대상자들이 출소 후에 재범의 위험이 얼마나 큰지를, 통계적 분석을 통해서 만들어진 객관적인 지표로 구성되어 있다.

2. 부정기형과 재량적 석방

미국에서 부정기형을 채택한 지역은 최소한의 복역기간이 지나면 가석방위원회의 심사대상이 되고, 가석방위원회는 비교적 넓은 재량을 갖고 가석방심사 대상자들을 심사하게 된다. 이 경우 석방은 가석방위원회의 재량에 의해서 결정되는데, 이것을 재량적 석방(discretionary release)이라고 한다. 보통 가석방이라고 하면 이 재량적 석방을 의미하는데, 필요적 석방으로 출소한 사람들도 모두 함께 가석방담당관(parole officers)의 감시를 받으므로 넓은 의미에서 모두 가석방이라고 할 수 있다.

미국에서 재량적 석방은 전체 출소유형 중 29%로 아직도 상당 비율을 차지하고 있으며, 나머지 23%는 형기종료 석방이다(Alarid, 2017:43). 그러나 이런 재량적 석방은 과거에 비해 많이 줄어든 것인데, 1966년에 재량적 석방에 의해 출소된 사람은 전체의 61%에 달했지만, 1990년 39%, 2009년 28%의 추세로 줄어들고 있다. 이처럼 재량적 석방이 줄어드는 것은 사회복귀에 기초한 프로그램들이 재범예방에 효과가 없음이 밝혀진데다가, 이후 정의모델이 득세하면서 가석방에 부정적인 분위기가 형성된 것이 그 주요 원인이었다. 예를 들어 양형에서의 진실운동(Truth-in-sentencing movement)은 가석방을 하기 전에, 의무적으로 복역해야 하는 최소형기를 더 늘임으로써, 가석방에서의 재량을 제한했다(Allen et al. 2020:507). 그 결과 1999년에는 50개 주 중에서 27개주가 가석방에 필요한 최소한의 복역기간을 적어도 총 형기의 85% 이상으로 규정하였다(Latessa and Smith, 2015:24).

미국에서 정기형제도를 채택한 주는 전체의 34%이며, 부정기형을 채택한 경우는 전체의 21%로 적다. 나머지는 혼합형이라고 할 수 있는데 전체의 45%이다. 한국의 경우는 형사법원에서 정기형제도를 채택하고 있지만, 석방에서는 가석방위원회의 심사를 거치는 재량적 석방제도를 채택하고 있는 혼합형이라고 할 수 있다. 다만 소년법원에서는 전통적으로 부정기형 제도를 채택하고 있는데, 한국의 소년법원에서는 형을 선고할 때, "단기 1년 장기 2년"과 같은 형태로 장기와 단기를 모두 선고하여 그 사이에 어느 시점이든, 소년범이 개선되었다고 생각될 때 재량적으로 석방할 수 있다.

미국에서는 필요적 석방이 늘고 재량적 석방이 점점 줄어들고 있지만, 여전히 재량적 석방을 옹호하는 다음과 같은 입장이 있다(Alarid, 2017:50).

첫째, 재량적 석방제도에서는 교정치료프로그램에 재소자들이 참가하도록 유인으로 가석방을 충분히 활용할 수 있다.

둘째, 재량적 석방제도에서도 가석방자 결정 시 불완전한 재범예측은 객관적 평가도구를 통해서 충분히 개선될 수 있다.

셋째, 재량적 석방제도에서는 가석방 결정회의에 피해자가 참석하여 의견을 제시할 수 있는 기회가 있다.

넷째, 재량적 가석방을 폐지하는 것이 재소자가 그들의 모든 형기를 교도소에서 복역하는 것을 의미하는 것은 아니다. 다른 통로를 통해서 여전히 많은 재소자가 출소할 수 있고, 이것 또한 시민의 안전을 위협할 수 있다.

이처럼 여전히 재량적 석방을 옹호하는 입장이 있고, 석방 시에 객관적 평가 도구를 이용할 수 있다고 주장하지만, 객관적 가석방 위험성 평가도구를 이용하는 것은 가석방에서의 재량을 없애는 것이고, 이것을 만약 가석방위원회가 참고만 한다면 위험성 평가의 의미는 퇴색될 것이다.

제4절 가석방의 결정

1. 가석방 결정에 영향을 미치는 요인들

그러면 어떤 사람을 가석방시킬 것인지를 결정하는 단계에서 영향을 미치는 요인들은 어떤 것이 있을까? 도슨(Dawson, 1966)은 가석방 결정에서 영향을 미치는 요인들을 다음의 세 가지로 분류하였다(Latessa and Allen, 2003:211-215에서 재인용).

첫째, 재범확률로서, 이것은 가석방심사 자체가 대상자의 재범확률을 예측하는 과정이라고 해도 과언이 아닐 정도이기 때문에 가장 중요한 요인이라고 할 수 있다.

둘째, 높은 재범확률에도 불구하고 가석방을 허용하게 만드는 요인들이 있다. 예를 들어 대상자가 중한 범죄를 저지르지 않을 것으로 생각될 때는 재범확률이 높게 평가되더라도 가석방을 허용하기 쉽다. 약물이나 알코올남용자는 피해자 없는 범죄이기 때문에 재범확률이 높음에도 가석방을 허용하기 쉽게 만든다. 또한 말기암이나 에이즈 등의 불치병에 걸렸을 때는 다양한 이유로 온정가석방을 할 수 있다. 또한 장기간 복역한 경우, 특히 어릴 때 들어와서 오랜 기간을 복역한 경우 가석방을 허용할 가능성이 높다.

셋째, 반대로 낮은 재범확률에도 불구하고 가석방을 거부하게 만드는 요인들이 있다. 예를 들어 재소자가 가끔 폭력적인 행동을 한 경우나, 지역사회의 태도와 가치가 대상자의 가석방에 부정적일 때는 가석방이 보통 거부된다. 살인범의 재범확률은 일반적으로 매우 낮지만, 살인범에 대한 지역사회의 태도는 매우 부정적이다. 따라서 살인범은 쉽게 가석방되지 않는다. 그리고 교도소 내에서의 규칙과 규제를 잘 지키지 않을 때나, 재소자의 학업성취(ex, 고졸 검정고시)가 임박할 때는 보통 가석방이 허가되지 않는다.

2. 가석방 위험성 예측

가석방 대상자가 사회로 나갈 때 그들이 갖는 재범의 가능성을 예측하는 것은 가석방을 결정할 때 가장 기본적인 것이다. 이것은 필요적 석방이나 재량적 석방에 관계없이 중요한 것인데, 필요적 석방의 경우 보통 객관화된 통계적 예측표로 만들어진 가석방 가이드라인을 사용하는 데 비해서, 재량적 석방은 보통 경험 많고, 전문적인 가석방심사위원들의 직관에 의존하게 된다. 이것의 차이는 전자에서는 보통 가석방자의 결정이 객관화된 위험성점수에 의해 기계적으로 결정되지만, 후자는 이런 객관화된 지표를 이용할 수도 있지만, 보통 가석방심사위원들의 재량이 더 많이 작용한다.

객관적인 통계적 위험성 예측의 장점은 다음의 몇 가지로 나눌 수 있다.

첫째, 가석방심사위원들의 직관적 예측은 자신의 판단이 틀릴 수 있다는 걱정이 있고, 따라서 가석방을 결정하는데 보통 보수적인 결정을 한다. 결과적으로 이런 직관적 예측은 가석방 대상자의 위험성을 필요 이상으로 높게 평가하여 교정예산을 낭비하게 된다.

둘째, 지금까지의 평가결과에 따르면, 일반적으로 직관적 예측에 비해 통계적 예측이 보다 정확하다. 특히 범죄예측에서 가장 큰 어려움이자 문제점으로 지적되는 잘못된 긍정(false positive)[3]의 규모에서 통계적 예측이 더 양호한 것으로 알려져 있다.

셋째, 객관적 예측은 자료의 집적이 가능하기 때문에, 점점 더 정확한 예측도

---

3 재범을 할 것이라고 예측했는데, 실제로는 하지 않는 것. 자세한 내용은 이 책의 5장 2절을 참조.

구를 만들어갈 수도 있으며, 여러 가지 다른 정책을 위한 기초자료를 제공할 수 있다.

다섯째, 교정 실무에서 장기간의 경험을 쌓지 않아도 쉽게 재범예측을 할 수 있다.

이러한 여러 장점 때문에, 현대 교정에서 객관적인 가석방 위험성 예측도구들이 활발히 사용되고 있는 것이다. 여기에서는 국내외의 몇 가지 가석방 위험성 예측표들을 소개한다.

1) 미 연방 가석방 위험성 예측표

미 연방의 가석방위원회는 1974년에 가석방 결정을 위한 가이드라인을 개발했는데, 이 가이드라인은 호프만과 아델버그(Hoffman and Adelberg, 1980)가 만든 위험성 예측을 위한 현출요인점수(salient factor score)에 기초한다. 이 현출요인점수는 연방뿐만 아니라 주 단위에서도 가석방자의 위험성을 예측하기 위해 많이 사용하는 것이다. 이 점수표에서 가석방자의 위험성을 평가하는 항목은 이전의 유죄판결 횟수(성인 또는 청소년), 이전의 30일 이상의 구금경험(성인 또는 청소년), 현재 범행시 연령/이전의 구금경험, 최근 3년간 구금되지 않고 자유로웠던 기간, 현재 보호관찰/가석방/가택구금/도주자 신분, 그리고 헤로인/아편 중독 여부로 구성되어 있다. 각 항목별로 부여된 점수가 있고 이들을 합산한 총점이 낮을수록 위험성이 높은 것으로 여겨진다.

이렇게 계산된 현출요인점수는 해당 범죄의 심각성 수준에 따라서, 가석방을 허가하기 전 복역해야 하는 최소한의 복역기간에 반영되는데, 다음 표에서 예를 들면, 900달러의 사기범죄이고 현출요인점수의 총합이 5점인 성인의 경우, 미결구금 기간을 포함하여 최소 12개월에서 16개월을 복역한 후 가석방의 자격이 주어진다. 이것은 결국 현출요인점수에서 계산되는 재범의 위험성과 현 범죄의 심각성에 따라 가석방이 될 수 있는 시점이 결정된다는 것을 보여준다.

[그림 3-1] 현출요인점수(81년판)

A. 이전의 유죄판결 횟수(성인 또는 청소년)

   없음 .... = 3
   한 번 .... = 2
   2~3번 .... = 1
   4번 이상 .... = 0

B. 이전의 30일 이상의 구금경험(성인 또는 청소년)

   없음 .... = 2
   1~2번 .... = 1
   3번 이상 .... = 0

C. 현재 범행시 연령/이전의 구금경험

   현재 범행연령
   26세 이상 .... = 2*
   20~25세 .... = 1*
   19세 이하 .... = 0
   * 예외: 만약 5번 이상의 30일 이상의 구금경험이 있다면, 이것을 0점으로 처리
                          .... = 0

D. 최근 3년간 구금되지 않고 자유로웠던 기간

   최근 3년 동안 30일 이상의 구금경험이 없음 .... = 1
   그 외 .... = 0

E. 현재 보호관찰/가석방/가택구금/도주자 신분

   현재 또는 범행 당시에 보호관찰, 가석방, 가택구금, 또는 도주자 신분이 아님 .... = 1
   그 외 .... = 0

F. 헤로인/아편 중독

   헤로인이나 아편 중독 상태 아님 .... = 1
   그 외 .... = 0

총점 ....

출처: Latessa and Allen, 2003:226.

[표 3-1] 가석방을 허가하기 전 복역해야 할 최소 기간

범죄의 심각성	대상자	가석방 전에 복역해야 할 최소 개월수 (현출요인점수, 1981)			
		매우 좋음 (10-8)	좋음 (7-6)	나쁨 (5-4)	매우 나쁨 (3-0)
1등급(낮은 심각성) 소량의 대마초 소지 및 1,000달러 이하 절도	성인	6	6-9	9-12	12-16
	청소년	6	6-9	9-12	12-16
2등급(약간 낮은 심각성) 10,000달러 이하 탈세, 불법이민, 1,000달러 이하의 횡령, 사기, 위조	성인	8	8-12	12-16	16-22
	청소년	8	8-12	12-16	16-20
3등급(약간의 심각성) 뇌물수수, 50파운드 이하 판매용도의 대마초 소지, 불법무기소지, 10,000~50,000달러 탈세, 1,000~19,999달러의 재산범죄, 타고 다니기 위한 차량절도	성인	10-14	14-18	18-24	24-32
	청소년	8-12	12-16	16-20	20-26
4등급(높은 심각성) 위조, 50~1,999파운드의 판매용도의 대마초 소지, 판매용도의 차량절도, 20,000~100,000달러의 재산범죄	성인	14-20	20-26	26-34	34-44
	청소년	12-26	16-20	20-26	26-32
5등급(매우 높은 심각성) 강도, 은행강도, 2,000파운드 이상의 판매용도의 대마초 소지, 100,000달러 미만의 중독성 마약 소지, 100,000~500,000달러의 재산범죄	성인	24-36	36-48	48-60	60-72
	청소년	20-26	26-32	32-40	40-48
6등급(최대1 심각성) 폭발물 폭파, 중강도, 무기사용 중범죄, 100,000달러 이상의 중독성 마약 소지	성인	40-52	52-64	64-78	78-100
	청소년	30-40	40-50	50-60	60-76
7등급(최대2 심각성) 비행기 납치, 스파이, 유괴살인	성인	52-80	64-92	78-110	100-148
	청소년	40-64	50-74	60-68	16-110
8등급(최대3 심각성)	성인	100	120	150	180
	청소년	80	100	120	150

출처: Latessa and Allen, 2003:227-228; Abadinsky, 2000:234 참조.

2) 오하이오 가석방 위험성 예측표

앞서 살펴본 현출요인점수에 기초한 가석방 가이드라인이 연방과 주 수준에서 광범위하게 사용되어 왔지만, 최근에 가석방자의 위험성을 예측하기 위해 많

이 사용하는 신시네티대학 교수들(Latessa et al., 2009)이 만든 오하이오 재진입 위험성 예측표(Ohio Risk Assessment System－Reentry Tool, ORAS－RT)를 소개한다. 이 예측표는 범죄경력, 사회유대, 범죄적 태도와 행동패턴의 세 가지 영역으로 나뉘어져 있으며, 각각의 영역별로도 재범의 위험성을 별도로 제공한다.

　　[그림 3－2]에서 우선 범죄경력 영역의 항목들을 살펴보면, 18세 이전 가장 심각한 체포유형, 처음으로 체포되거나 체포대상이 된 연령, 이전의 청소년시설 수감경력, 현재 범죄가 약물과 관련됨, 이전의 성인 중범죄 유죄판결 횟수, 이전의 성인교도소 수감횟수, 성인 시설에서 수감 중 문제된 폭행경력, 성인 보호관찰 감시 중 도주경력이 예측요인으로 포함된다. 다음으로 사회유대 영역의 예측요인으로는 학교에서의 정학이나 퇴학경력, 체포 당시 고용되어 일함, 다른 일자리를 얻기 전에 일자리를 그만 둔 경력, 혼인상태가 있다. 범죄적 태도와 행동패턴 영역의 예측요인으로는 범죄적 자부심, 과거를 극복하는 것이 가능하다고 믿음, 친밀한 타자에 대해 화를 자주 냄, 싸움을 피함, 문제해결능력, 다른 사람의 불행에 동정을 표하는 정도, "맞기 전에 먼저 때려야 한다"고 믿음이 포함된다.

　　이 표의 마지막 부분에는 평가점수별로 위험성이 제시되며, 이것은 남성과 여성별로 나누어서 다르게 제시된다. 예를 들어 남성의 경우 총점이 0－9점 사이이면 위험성이 낮고 실패확률이 21% 정도로 예측되며, 총점이 10－15점이면 위험성이 중간 정도이며 실패율이 50%로 예상된다. 그리고 총점이 16점 이상이면 위험성이 높고, 실패확률은 64%로 예상된다. 그리고 영역별로 범죄경력 점수만을 갖고 위험성을 예상하면, 이 영역의 총점이 5점이면 중간 정도의 위험성을 가지며 실패확률은 45%로 예상된다.

　　그리고 이 평가시스템의 결과로 산출된 위험성 평가를 경험 많은 전문가가 뒤집을 수도 있는데, 이 경우에는 그 사유를 체크하고 적도록 되어 있다. 이러한 사유로는 낮은 지능, 신체장애, 읽고 쓰는 능력 부족, 정신건강문제, 프로그램에서 변화나 참여의지가 없음, 언어문제, 부양자녀문제, 교통문제, 민족문제, 문화적 장벽, 학대경험, 그리고 대인관계불안 등이며, 이러한 사유가 있으면 추가적인 검사와 평가가 필요하다.

[그림 3-2] 오하이오 재진입 위험성 평가표

오하이오 재진입 위험성 평가표(ORAS-RT)

이름: _____   평가일자: _____

대상자 번호: _____   평가자: _____

평가 당시 연령

    0=24+

    1=18-23   [   ]

---

1. 범죄 경력

    1.1 18세 이전 가장 심각한 체포유형   [   ]

        0=없음

        1=있음, 경범죄

        2=있음, 중범죄

    1.2 처음으로 체포되거나 체포대상이 된 연령   [   ]

        0=26세 이상

        1=16~25세

        2=15세 이하

    1.3 이전의 청소년시설 수감경력   [   ]

        0=없음

        1=있음

    1.4 현재 범죄가 약물과 관련됨   [   ]

        0=아님

        1=예

    1.5 이전의 성인 중범죄 유죄판결 횟수   [   ]

        0=없음

        1=1번

        2=2번 이상

    1.6 이전의 성인교도소 수감횟수   [   ]

        0=없음

        1=1번

        2=2번 이상

    1.7 성인 시설에서 수감 중 문제된 폭행경력   [   ]

        0=없음

        1=있음

    1.8 성인 보호관찰 감시 중 도주경력   [   ]

        0=없음

        1=있음

                               범죄경력 총점 : [   ]

---

2. 사회유대

2.1 학교에서의 정학이나 퇴학경력   ☐
    0=없음
    1=있음

2.2 체포 당시 고용되어 일함   ☐
    0=예
    1=아니오

2.3 다른 일자리를 얻기 전에 일자리를 그만 둔 경력   ☐
    0=없음
    1=있음

2.4 혼인상태   ☐
    0=혼인 또는 동거
    1=미혼, 별거, 이혼

사회유대 총점: ☐

3. 범죄적 태도와 행동패턴

3.1 범죄적 자부심   ☐
    0=범죄행동에 자부심 없음
    1=범죄행동에 약간의 자부심 있음
    2=범죄행동에 큰 자부심 있음

3.2 과거를 극복하는 것이 가능하다고 믿음   ☐
    0=예
    1=아니오

3.3 친밀한 타자에 대해 화를 자주 냄   ☐
    0=아니오
    1=예

3.4 싸움을 피함   ☐
    0=예
    1=가끔
    2=거의 피하지 않음

3.5 문제해결능력   ☐
    0=좋음
    1=나쁨

3.6 다른 사람의 불행에 동정을 표하는 정도   ☐
    0=동정함
    1=약간 동정함
    2=거의 동정하지 않음

3.7 "맞기 전에 먼저 때려야 한다"고 믿음   ☐
    0=아니오
    1=가끔
    2=예

범죄적 태도와 행동패턴 총점: ☐

전체 총점: ☐

남성용 위험성 범주			여성용 위험성 범주		
점수	평가	실패율	점수	평가	실패율
0-9	낮음	21%	0-10	낮음	6.5%
10-15	보통	50%	11-14	보통	44%
16+	높음	64%	15+	높음	56%

영역별 수준

1. 범죄경력

점수	실패율
낮음(0-3)	23%
보통(4-6)	45%
높음(7-12)	65%

3. 범죄적 태도와 행동패턴

점수	실패율
낮음(0-2)	30%
보통(3-5)	51%
높음(6-11)	68%

2. 사회유대

점수	실패율
낮음(0-3)	32%
보통(4-5)	45%
높음(6-7)	62%

전문가 거부의견:

거부의 이유
(거부의견은 단지 범죄에 근거하지 않아야 함)

고려해야 할 다른 영역. 해당되는 모든 것을 체크:
_____ 낮은 지능*
_____ 신체장애
_____ 읽고 쓰는 능력 부족*
_____ 정신건강문제*
_____ 프로그램에서 변화나 참여의지가 없음*
_____ 언어문제
_____ 부양자녀문제
_____ 교통문제
_____ 민족문제
_____ 문화적 장벽
_____ 학대경험
_____ 대인관계불안
_____ 기타(   )

* 만약 이 항목들이 체크되면, 위험수준을 결정하기 위해 추가적인 평가를 할 것을 강력히 권함.

출처: Latessa et al., 2009:60-62.

3) 법무부의 교정재범예측지표

국내에서는 본격적인 가석방 위험성 예측도구가 거의 개발되어 있지 않고, 가석방위원들의 직관적 예측을 통하여 가석방자를 선발하고 있는 것이 현실이다. 그러나 최근에는 객관적인 재범 위험성을 측정하는 모델을 만들고, 이것을 직관적인 가석방 심사에서 참고하려는 움직임이 있다. 법무부에서 2012년 개발한 교정재범예측지표(CO-REPI)는 가석방 위험성을 예측하기 위한 도구는 아니지만, 가석방 도구들이 대상자들의 재범위험성을 예측한다는 점을 감안하면, 가석방에도 충분히 활용할 수 있는 도구라고 할 수 있다. 실제로 법무부는 이 예측지표의 개발을 통해 1-5등급의 위험등급으로 분류하여 교정처우 프로그램을 적용하며, 향후에는 가석방 등 출소자들의 재복역 가능성 예측에도 활용할 예정이라고 밝혔다 (법무부, 2012).

다음에 제시된 이 법무부의 교정재범예측지표는 23가지의 항목을 통해 재범위험성을 예측하는데, 여기에 포함된 지표는 성별, 범죄유형, 피해자와의 관계, 정신상태, 징벌횟수, 이전의 전체 형기, 유사범죄 횟수, 최초 범죄연령, 재범기간, 이전 범죄 출소시 연령대, 집행유예 취소횟수, 동거횟수, 학교에서의 처벌경험, 범죄 당시의 직업지위, 입소 전 경제상태, 입소 전 거주상태, 정신병 치료경력, 학력 등이 포함되며, 여기에 다시 추가적인 평가나 검사 등을 통해서 출소 후 재범환경, 공권력에 대한 태도, 특정요인별 재범가능성, 교정심리검사의 비행성향, 교정심리검사 포기성향이 추가된다. 이 지표를 통하여 5개의 재수용 위험등급이 분류되는데, REPI-1 등급은 총점이 6점 이하, REPI-2 등급은 7~10점, REPI-3 등급은 11~16점, REPI-4 등급은 17~21점, 그리고 가장 위험성이 높은 REPI-5 등급은 22점 이상으로 분류된다(윤정숙 외, 2021:20).

그러나 다른 척도에 비해 상대적으로 많은 지표로 구성되어 있으며, 추가적인 검사결과 등이 필요하기 때문에 실무에서 적용하기에 번거로울 것으로 생각된다. 특히 이것을 가석방에 참고할 수는 있지만, 가석방을 위한 명확한 기준을 제시하지는 않고 있어 그 한계가 있다고 할 수 있다. 또한 더 중요한 것으로 (이 예측표를 만드는 과정에 대한 보고서가 공개되어 있지 않기 때문에) 이것이 통계적인 분석을 통해 만든 것인지도 의심스럽다는 것이다. 이것은 결국 재범을 예측하는데 이 많은 지표들이 모두 효과가 있는 것인지 의심을 갖게 한다. 최근 이 교정재범예측지표에 대한 평가연구(윤정숙 외, 2021:68-69)에 따르면, 이 표에 포함된 23개 지표 중에서 14개 지표만이 재범여부에 유의미한 효과를 가진 것으로 나타난 것도 결국 이러한 문제와 관계가 없지 않다. 결국 이런 문제는 평가도구의 간결성 또는 검약성 문제로 귀결된다. 14개의 지표로 유사한 결과를 예측할 수 있다면 굳이 23개 지표를 어렵게 조사할 필요가 없지 않겠는가? 그러나 이런 몇 가지 문제점에도 불구하고, 이것은 우리 교정에서 시도된 가석방에 대한 증거기반의 교정을 위한 거의 최초의 시도라는 점에서 높이 평가할 만하다.

[그림 3-3] 교정재범예측지표(CO-REPI)

수용기관		수용자번호		성명	
생년월일(나이)		현재죄명		범죄(수용)횟수	
기결입소일		형명형기		형기종료일	

번호	문항	0	1	2	3
1	성별	여자	남자		
2	죄명	기타 범죄	절도, 주거침입 공무집행방해	마약류, 성폭력	환각물질흡입
3	피해자	아는 사람/ 해당 없음	모르는 사람		
4	범죄 시 정신상태	정상	음주, 약물복용, 마약류 투약 등 비정상		
5	본건 및 과거 징벌횟수	없음	1회	2회	3회 이상
6	이전범죄 전체 형기	없음~3년 미만	3년~5년 미만	5년~10년 미만	10년 이상
7	동일·유사죄명 경력횟수	0회	1회	2회 이상	
8	최초 형확정 연령대 (본범 포함)	30대 이상	20대	10대	
9	재범기간	없음, 3년 이상	6월~3년 미만	6월 미만	
10	이전범죄 출소연령대	없음, 20대 이하	30대	40대	50대 이상
11	집행유예 취소/ 실효횟수	0회	1회	2회 이상	

48

12	동거횟수	0~1회	2회	3회 이상	
13	학창시절(18세 이하) 처벌 경험	없음	있음		
14	범죄시 직업	일용근로자 외의 직업	일용근로자	무직	
15	입소전 경제상태	①~④번	⑤ 매우 어려움		
16	입소전 거주상태	그 외 거주지	주택외 시설	노숙, 보호시설	
17	정신병원 치료경력 (필요성)	없음	있음		
18	학력	고등학교 이상	중졸 이하		
19	출소 후 재범환경	3.8~5점	3.1~3.7점	2.4~3점	0~2.3점
20	공권력에 대한 태도	3.6~5점	3.2~3.5점	2.8~3.1점	0~2.7점
21	특정요인별 재범가능성	3.8~5점	3.3~3.7점	2.8~3.2점	0~2.7점
22	교정심리검사 비행성향	45점 이하	46~47점	48~52점	53점 이상
23	교정심리검사 포기성향	41점 이하	42~44점	45~51점	52점 이상
신입심사	20 . . .	총점		재수용위험등급	REPI-
부정기심사	20 . . .	총점		재수용위험등급	REPI-
부정기심사	20 . . .	총점		재수용위험등급	REPI-

출처: 법무부, 2012.

4) 손다래·박철현의 가석방 위험성 척도

국내에서 가석방 위험성 척도가 만들어지지 않고 있는 것은, 정부에서 출소자에 대한 정보와 이들의 재범현황에 대한 자료를 공개하거나 연구를 위해 제공하지 않기 때문이다. 특히 최근 들어 개인정보에 대한 보호의식이 높아짐에 따라, 이러한 연구들은 더욱 어려워지고 있다. 앞서 언급한 교정재범예측지표도 법무부의 공무원들을 중심으로 연구가 이루어진 것이다. 그 마저도 부처간의 장벽이 높아 협조가 잘 이루어지지 않는다. 결과적으로 이 연구도 출소한 사람들의 재범이 아닌 교정시설에의 재입소를 기준으로 회고적으로 연구가 이루어진 한계가 있다. 이처럼 재범연구를 위한 기존의 재범연구자료의 가치는 점점 더 그 희소성이 증가하고 있다.

[표 3-2] 남성범죄자 가석방 위험성 예측표

재범예측 문항		해당사항		배점(Score)
		답변	체크란	
1. 범행 전 동거인을 포함한 배우자 유무		예		0
		아니오		36
2. 첫 음주 당시 연령		20세 이하		34
		21세 이상		0
3. 출소 시 연령		36세 이하		39
		37세 이상		0
4. 전과 범수		초범		0
		재범		44
		3범 이상		58
5. 전과유형	절도 전과	없음		0
		있음		28
	폭력 전과	없음		0
		있음		37
합계				
판정	가석방	0-146		
	기각	146 +		

출처: 손다래·박철현, 2019.

손다래와 박철현의 연구(2019)는 1988년에 전국 교도소에서 출소한 출소자들 (N=988)의 재범여부를 1993년과 1994년에 실시한 경찰의 범죄경력조회를 통해 재범여부와 기간을 파악한 자료를 이용하였다. 이들은 생존분석(survival analysis)을 통해 각 예측항목을 선정하고 이들의 가중치를 결정하여 가석방의 위험성을 예측 하였다. 이 예측표는 64.5%의 예측 정확도를 갖고 있으며, 잘못된 긍정(false pos-itive)의 비율은 17.8%이다. 이 정도는 아직 실무에 바로 사용하기에는 무리는 있으나, 통계적 분석에 기초한 국내 최초의 가석방 위험성 예측표라는 의미가 있으며, 탐색적으로 가석방위원회의 심사 전에 위험성별로 범죄자를 간단히 분류하는 정도로 이용하는 것은 무리가 없어 보인다.

제4장

판결 전 지역사회감시와 양형

Community Correction Theory

판결 전 지역사회감시와 양형

　형사재판을 할 때 피고인의 지위는 일반적으로 구속상태와 불구속 상태로 나뉘어진다. 형사소송법의 기본 원칙상 불구속 상태에서 재판을 하는 것이 원칙이지만, 현실적으로 상당수의 형사피고인은 구치소에 미결구금된 상태로 재판을 받게 된다. 그러나 아직 유죄가 입증되지 않은 피고인을 구속시키는 것은 피고인의 재판에도 불리한 사유로 작용할 뿐만 아니라, 피고인의 인권을 침해할 수 있다. 따라서 피고인을 구속한 상태로 재판을 받게 하는 것은 매우 제한적으로 사용되어야 하는 것이다.

　판결 전 지역사회감시는 기본적으로 피고인이 불구속 상태에서 재판을 받을 때 사용되는 것이다. 그러나 현실적으로 예산의 제약으로 인해 모든 불구속 피고인을 감시할 수는 없고, 보통 특정의 도주위험이 있는 경우로 한정된다. 그런데 피고인이 도주나 증거인멸의 위험이 있다는 이유로 구속이 된 경우에도 항상 구속 상태에서 재판을 받지는 않는다. 예를 들어 구속영장이 취소되거나, 구속기간이 끝난 후에 구속영장의 갱신이 이루어지지 않은 경우 등에서는 다시 불구속 상태에서 재판을 받을 수도 있다.

　이처럼 구속영장이 발부되어, 구인과 구금이 된 피고인의 경우에도 보석을 신청함으로써 다시 한 번 구속이 필요하다는 검사의 의견과 다툴 수 있다. 보석(bail)이란 보증석방의 줄임말로 피고인이 재판에 출석하겠다는 보증을 제시하고 이것을 법원이 받아들일 때 다시 불구속 상태로 풀려나는 것을 말한다. 피고인이 재판에 출석하겠다는 약속을 보증하는 방법은 여러 가지가 있지만, 현대의 형사사법절차에서는 보통 보증금의 납부를 통해서 보석이 이루어진다. 구속영장 자체가 법원에서 발부되고, 이 구속영장을 발부하는 중요한 이유가 도주나 증거인멸의 위험이라는 점을 감안하면, 다시 법원이 보석을 통해 도주나 증거인멸의 위험이 없다고 보석을 하는 결정을 내리는 것이 어떤 면에서는 아이러니일 수 있다. 그러나 보석 보증금을 통해서 추가적인 보증방안을 마련했고, 또한 인신을 구속한다는 것이 피고인에 대한 심각한 인권침해가 될 수 있다는 점에서, 신중을 기하겠다는 현대 형사사법제도의 의도를 엿볼 수 있다.

이후에서는 판결 전 지역사회 감시제도의 역사, 보석의 유형, 보석결정에서의 위험성 예측을 살펴보고, 이어서 보호관찰관이 판결 전에 작성하는 판결전보고서와 현대사회의 재판에서 널리 사용되는 양형지침에 대해 살펴본다.

제1절 판결 전 지역사회감시의 목적

판결 전 지역사회감시를 하는 목적은 크게 다음의 여섯 가지로 나누어볼 수 있다(McCarthy and McCarthy, 1997:69 – 70).

첫째, 석방된 사람들의 비율을 높이는 것이다(increased release rates). 현대 형사절차상의 피고인에 대한 무죄추정의 원칙에 따라서 더 많은 사람들이 불구속 수사를 받는 것은 바람직한 것이라고 할 수 있다. 원래 재판에 출석하겠다는 간단한 피고인의 서약(release on recognizance, ROR)을 통해서 석방하는 것이 원칙이지만, 피고인이 이러한 서약을 통한 석방에 적절한 사람으로 여겨지지 않을 때, 보통 법원은 판결 전 지역사회감시 대상자의 행동에 대한 제약과 여러 가지 준수사항을 부과하여 석방되는 피고인의 비율을 더 늘일 수 있다.

둘째, 가능한 한 신속히 피고인들을 구금상태에서 석방하는 것이다(speedy operations). 피고인들이 석방되기 전까지의 기간을 줄이는 것은 피고인과 그 가족들의 고통을 최소화하고, 구금비용을 줄여 준다.

셋째, 공정한 사법(equal justice)으로, 이것은 피고인의 부나 또는 재판출석과 관련이 없는 다른 요인들에 기초해서 피고인들을 차별하는 것을 최소화하기 위한 것이다. 다시 말해서 가난한 사람들도 부유한 사람들과 비교해서 판결 전에 석방될 동일한 기회를 제공하기 위한 것이다.

넷째, 판결 전 감시프로그램은, 전통적인 보석에 비해서, 재판에 출석하지 않을 확률이 더 낮거나 최소한 유사해야 한다(low failure-to-appear rate). 이 목적은 오늘날까지도 판결 전 지역사회감시의 가장 주된 목적이다.

다섯째, 지역사회의 보호(protection of community)로서, 판결 전 지역사회감시 프로그램은 감시대상자의 추가적인 범죄를 예방하거나 줄일 수 있어야 한다. 이 것은 보통 판결전 지역사회감시 대상자에 대한 지역사회감시와 행동에 대한 준수사항의 부과로 가능해진다.

여섯째, 최소의 비용으로 최대의 효과를 내는 것이다(minimum economic costs with maximum benefit). 판결 전 지역사회감시 프로그램은 앞서 언급한 공정한 사법에도 기여하지만, 이 납세자의 세금을 절약하는 기능은 점점 더 중요한 목적이 되어가고 있다.

제2절 판결 전 지역사회감시의 역사적 발전

1. 영국과 미국의 보석제도의 발전

판결 전 지역사회감시는 중세 시기에 영국에서 최초로 시작되었다. 이 당시에는 범죄자가 잡혔을 때, 주기적으로 방문하는 순회판사의 재판을 기다리기 위해 오랜 시간을 기다려야 했었다. 따라서 유치장이나 구치소에 구금된 범죄자들은 비위생적이고 질병에 걸리기 쉬운 열악한 환경에서 오랜 시간을 보내야 했다.

지역의 보안관들은 이런 피고인을 관리할 책임이 있었고, 그들은 이런 간수의 역할을 하기 싫어해 이들은 다른 사람에게로 보내고 싶어했다. 이를 위해 지역보안관들이 선호했던 한 방법은, 해당 피고인을 기꺼이 도와줄 수 있는 친구, 친척 또는 직원에게 그의 보호를 넘기는 방법이었고, 이들은 스스로 보증인으로서, 또는 보증금을 내고 순회판사가 올 때까지 그를 보호할 책임을 졌다. 만약 피고가 재판에 출석하지 않으면, 보안관이 보증인을 구금하거나 보증금을 압류했고, 후에 이것은 보석으로 불렸다. 지역 보안관들은 초기에 이 보석제도를 남용하여, 사욕을 채우기 위해 단지 보증금을 낼 수 있는 사람들은 풀어주고, 그렇지 못한 사람들은 구금을 하는 형태로 이용되었다. 이를 시정하기 위해 1275년에는 보석이 가능한 범죄유형을 법으로 규정하게 되었고, 보석의 권한은 지역보안관에서 치안판사에게로 이관되었다. 또한 1689년 영국의 권리장전은 합리적 수준을 초과하는 보석금을 요구할 수 없도록 명시하였다(McCarthy and McCarthy, 1997: 70-71).

미국 또한 과도한 보석금을 요구하지 못하게 규정하였고, 18세기 말까지 보석은 사형이 불가한 모든 범죄피고인에게 이용이 가능했다. 그러나 이후 사형에 처할 수 있는 범죄의 수가 급격히 줄어들게 되었고, 결과적으로 판사들은 높은 재량권을 가지고 보석을 허용할 수 있었다. 인구가 증가하자 보석대상자를 지역사회에서 감시하기 위해 친구나 친척을 이용하는 것이 점점 불가능해지자, 전문적으로 보증금을 내주는 업자들이 생겨나게 되었다. 이들은 친구나 친척과 같이 감시를 하지 않으면서, 피고인이 재판에 참석하지 않으면 부담해야 하는 보증금을 부담하였는데, 이것은 피고인에게 다시 돌려주지 않는 이용 수수료를 받음으로써 가능했다. 이러한 상업적인 보증업자의 등장은 보석제도를 크게 변화시켰는데, 판사들은 더 이상 보석을 결정하는데 거의 권한을 갖지 못한 반면, 상업적인 보증업자는 자유롭게 피고인이 출석하지 않을 위험성에 대해 판단했고, 결과적으로 보석의 권한은 사실상 상업적인 보증업자들이 갖게 되었다(McCarthy and McCarthy, 1997:71).

그러나 대부분의 범죄자들은 보석금을 지불할 능력이 되지 않아 단지 가난하기 때문에 구치소에 수감되는 사람들이 많아졌고, 이것은 1966년 미 연방의 보석개혁법을 낳았다. 이 법은 보석금을 지불할 능력이 없는 사람들에 대해 적당한 보석금액과, 보석금 외의 다른 이용할 수 있는 대안을 규정하였다. 이 법은 또한 적당한 석방유형을 결정할 때 법관이 고려해야할 요인들에 대해 규정하는데, 그것은 기소된 범죄의 내용, 증거의 경중, 피고인의 가족유대, 고용상황, 재정상태, 인성, 정신상태, 지역의 거주기간, 범죄경력, 그리고 법원 출석횟수로 구성되어 있다. 이 보석개혁 조치는 성공적으로 정착하여, 20년 내에 200개 이상의 도시에서 유사 프로그램이 만들어질 정도로 성공을 거두었다(Alarid, 2017:60; McCarthy and McCarthy, 1997:71).

1984년에는 두 번째 보석개혁법을 시행하였는데, 이 개혁을 통하여 법원에서 보석을 결정할 때 재판에 출석하지 않을 가능성뿐만 아니라, 지역사회의 안전을 고려하도록 개선하였다. 또한 재판 전 구금해야할 특정 범주의 범죄자를 규정하였는데, 그것은 사형이나 종신형 선고가 가능한 폭력범죄자, 주요 약물범죄자, 특정의 심각한 범죄경력을 가진 중범죄자를 포함한다. 또한 이 법은 피고인이 재판에 출석하지 않을 것으로 추정할 수 있는 반박가능한 조건을 규정하였는데, 최대 10년 선고가 가능한 약물 중범죄자, 폭행이나 약물거래 과정에서 무기를 사용한 범죄자, 이전의 5년 이내에 판결 전 석방 중 특정 중범죄로 유죄판결을 받은 범죄자가 해당된다.

2. 한국의 보석제도

한국의 경우 1954년 현재의 형사소송법을 제정하면서 보석 관련 조항이 만들어졌고, 현재까지 큰 변화 없이 이어져 내려오고 있다. 우리 형사소송법 95조에는 보석을 허가하지 않을 수 있는 경우를 여섯 가지로 규정하고 있는데 그것은 다음과 같다. 이 중 2와 6은 각각 1973년과 1995년에 추가된 것이다.

> 제95조(필요적 보석) 보석의 청구가 있는 때에는 다음 이외의 경우에는 보석을 허가하여야 한다.
> 1. 피고인이 사형, 무기 또는 장기 10년이 넘는 징역이나 금고에 해당하는 죄를 범한 때
> 2. 피고인이 누범에 해당하거나 상습범인 죄를 범한 때

3. 피고인이 죄증을 인멸하거나 인멸할 염려가 있다고 믿을 만한 충분한 이유가 있는 때
4. 피고인이 도망하거나 도망할 염려가 있다고 믿을 만한 충분한 이유가 있는 때
5. 피고인의 주거가 분명하지 아니한 때
6. 피고인이 피해자, 당해 사건의 재판에 필요한 사실을 알고 있다고 인정되는 자 또는 그 친족의 생명·신체나 재산에 해를 가하거나 가할 염려가 있다고 믿을만한 충분한 이유가 있는 때

이 조항은 보석을 허용하지 않는 사유로서, 중형이 예상되거나 도주의 우려가 있거나(1, 2, 4, 5), 증거를 인멸할 위험이 있거나(3), 피해자에 대한 보복의 위험이 있는 경우에 보석을 허용하지 않을 수 있다고 규정한다. 그러나 동법 96조에는 이런 사유가 있더라도 판사가 '상당한 이유'가 있는 때에는 (임의적) 보석을 허용할 수 있다고 규정하고 있다. 다시 말해서 '상당한 이유'에 대해 아무런 설명이 없기 때문에, 판사의 주관대로 보석을 허용할 수 있도록 되어 있다. 다만 보석을 결정하기 전에 검사의 의견을 듣는 정도는 규정(97조)하고 있지만, 이 의견은 단지 참고사항일 뿐이다. 이처럼 한국의 보석제도는 지나치게 판사들에게 권한이 집중되어 있는 문제점이 있으며, 보석금을 마련하지 못하는 빈곤한 피고인들에 대한 아무런 제도적 구제장치가 없다. 또한 객관적인 형태의 보석을 결정하는 가이드라인도 마련되어 있지 않으며, 결과적으로 판사의 재량이 지나치게 높다.

또한 보석을 허가하는 경우에는 보석금 외에는 출석을 보장하는 어떤 형태의 장치도 없었기 때문에, 보석대상자에 대한 지역사회감시가 전혀 이루어지지 않았다고 할 수 있다. 그러나 2020년 8월 개정 시행된 <전자장치 부착 등에 관한 법률>에 전자보석제도가 새로 규정되어, 최초로 판결 전 지역사회감시 대상자에 대한 감시가 시행되었다. 이 전자보석제도는 불구속 재판을 확대하고, 피고인의 출석을 보증하기 위해 감시를 철저히 하며, 교정시설의 과밀화를 완화하고 예산을 절감하기 위해 시행된 것으로,[1] 본격적인 판결 전 지역사회감시의 시작이라는 의의가 크다.

---

1 법무부 홈페이지 2023년 1월 20일 검색. URL "https://www.moj.go.kr/moj/2653/subview.do"

보석은 지금까지 살펴본 바와 같이 매우 오랜 역사를 갖고 있고, 보석을 허가하는 형태도 매우 다양하다. 일반적으로 보석의 유형은 크게 다음의 네 가지로 나뉘어 진다(Alarid, 2017:63-64).

첫째, 불확실한 보증금(unsecured bond)으로서, 이것은 피고인이 법정에 보석을 위해 아무런 금액을 지불하지 않지만, 불출석할 경우 정해진 전체금액을 납부해야 하는 제도이다. 그러나 정해진 금액의 납부가 보장되지 않기 때문에 불확실한 보증이라고 할 수 있다.

둘째, 서약하의 석방(release on recognizance, ROR)으로서, 피고인이 출석할 것을 문서로 서명하지만, 불출석하더라도 법원에 아무런 금액을 지불하지 않는 제도이다. 이것 또한 출석을 보증하기 어렵기 때문에 불확실한 보증에 해당한다.

셋째, 현금/재산 담보(cash/property collateral)로서, 이것은 피고인이 법원에 현금이나 재산담보물을 보증금으로 지불하고, 재판에 출석 후 돌려받는 제도이다. 만약 피고인이 재판에 출석하지 않을 시 이 보증금은 몰수하게 된다. 이것은 피고인에게 재판에 출석하지 않을 시 큰 부담으로 작용하게 되므로, 확실한 보증에 해당한다. 그러나 한편으로 매우 부유한 사람에게 보통 보증금을 무한정으로 높일 수는 없으므로, 완벽히 재판출석을 보장하기는 어려우며, 보증금을 마련할 수 없는 가난한 피고인들을 차별하는 결과를 가져올 수 있는 제도이다.

넷째, 보증보험(surety bond)을 이용하는 것으로, 이것은 피고인이 보증보험에 가입하고, 재판에 출석하지 않는 경우 보증보험회사가 보증금의 지불을 책임지는 제도이다. 이 경우는 보통 보증보험회사가 전체 보석금을 인수하여 납부하고, 피고인은 이 금액의 15%-20%를 수수료로 보증보험회사에 납부하게 된다. 이것은 확실한 보증에 해당한다.

이 네 가지의 보석의 유형 중 서약하의 석방(ROR)이 가장 바람직한 제도이지만, 이것은 현실적으로 피고인이 재판에 출석하는 것을 확실히 보증하지 못한다. 따라서 현대의 형사사법제도에서는 주로 확실한 보증을 이용하고 있는데, 이것은 일정 금액을 피고인이나 피고인의 가족에게 보석금으로 미리 받아두거나, 아니면 보증보험을 통해서 미리 받아두는 것이다. 현재 대부분의 국가가 이런 보석제도를 이용하고 있는데, 한국의 경우, 보증보험제도는 이용하고 있지 않고 피고인이나 가족이 보석금을 납부하는 형태로 운영되고 있다. 불구속 상태의 재판을 늘리기 위해서 미래에는 이런 보석에 대한 보증보험제도를 신설하고, 구치소의 신입자에 대해 의무적으로 정보를 제공하는 것이 필요하다.

그러나 판결 전 감시단계에서 구금의 대안은 단지 보석만이 가능한 것은 아니다. 보석 외에도 이용할만한 다양한 수단들이 있는데, 다음의 그림은 이러한 다양한 수단들을 제한의 수준별로 나열한 것이다. 이 중에서 구치소 구금 전에 가능한 대안으로는 법원판사가 발부하는 소환장(summon)이나 경찰이 발부하는 법원출석통지서(citation)가 있다. 이들은 모두 혐의가 있는 범죄자에게 가까운 미래에 법원에 출석해야 한다는 사실을 알리는 수단들이다. 소환장은 판사가 발부하여 직원이 전달하는 반면에, 법원출석통지서는 수사경찰이 발부하여 피의자가 여기에 서명을 통해 법정에 출석할 것임을 약속한다. 이 수단들은 보통 교통사범이나 피해자가 없는 경범죄자에게 사용되며, 중범죄자에게는 거의 사용되지 않는다. 또한 이것은 석방된 판결 전 감시대상자에게 아무런 준수사항이나 금전적 의무를 부과하지 않는다(McCarthy and McCarthy, 1997:79 – 80).

미결구금이 된 이후에 가능한 대안으로는, 앞서 살펴본 서약하의 석방, 불확실한 보증금, 조건부 석방, 제3자 보증 석방, 보석금, 감시하의 석방, 주간보고센터, 판결 전 외부통근과 같은 것들이 있다. 서약하의 석방(release on recognizance)은 소환과 같이 아무런 행동에 대한 제한이나 금전적 부담이 요구되지 않는다. 이 서약하의 석방은 지역에 따라서 불확실한 보증금(unsecured bond)과 함께 운영되는데, 이것은 미리 보증금을 내지는 않지만 재판에 출석하지 않을 경우 금전적 부담이 강제된다는 부담이 있다. 조건부 석방(conditional release)은 금전적 부담을 지지는 않지만, 석방의 필수조건으로 행동에 대한 제한이 가해진다. 이런 제한은 보통 판결 전 감시기관에 주기적으로 보고를 하거나, 사법관할구역 밖으로 여행이 제한된다든가, 또는 상담이나 직업훈련을 받아야 하는 것들이다. 이 조건부 석방은 대상자의 행동에 대해 최소한의 감시가 붙게 된다(McCarthy and McCarthy, 1997:80).

감시하의 판결 전 석방(supervised pretrial release)은 보다 많은 준수사항을 부과하는데, 일반적으로 이들은 치료프로그램이나 사회복귀프로그램에 참여하는 것이다. 제3자 보증석방(third-party release)은 감시하의 판결 전 석방의 한 형태인데, 이것은 피고인의 친구, 친척, 고용주, 변호사, 목사, 자원봉사자 또는 사회복지기관과 같은 제3자가 피고인의 법정출석에 대해 보증하는 것이다. 그 외 보다 많은 행동에 대한 제한이 부과되는 것으로 주간보고센터(day reporting center)와 같은 비주거형 프로그램이나 판결 전 외부통근(pretrial work release)과 같은 주거형 프로그램이 있다(McCarthy and McCarthy, 1997:80-81). 이처럼 판결 전 단계에서도 구금이 아닌 다양한 선택지가 존재하며, 대상자의 위험성에 따라서 각 프로그램을 적절히 사용하는 것이 중요하다.

[그림 4-1] 판결 전 감시 단계에서 이용가능한 구금의 대안들

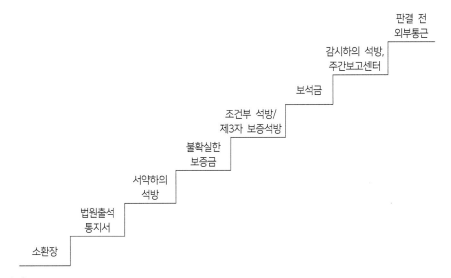

출처: McCarthy and McCarthy, 1997:81.

1. 미 연방의 보석지침

미연방에서는 양형지침과 같이 보석을 결정할 때, 보다 공정한 결정을 내리기 위해 보석지침(bail guidelines)을 만들었다. 이것은 보석을 남용할 위험을 줄이고, 이전의 주관적인 결정시스템에 비해 최소한 동급 이상의 법원 출석율과 지역사회 안전의 정도를 달성하기 위해 만들어졌다. 아래의 표에서 세로축은 기소된 범죄의 심각성 등급이 나열되어 있고, 가로축에는 재판에 출석하지 않을 가능성에 따라 5개의 집단으로 나뉘어져 있다. 이 두 차원에 따라서 각 수준이 만나는 셀에는 추천되는 보석의 유형과 보석금액이 제시되어 있다.

예를 들어 기소된 범죄의 심각성이 9등급이고, 재판에 출석하지 않을 가능성이 집단4에 해당한다면, 단순히 재판출석에 대한 서약만 하고 보석(ROR)을 하는 것은 불가하고, 대신에 $500에서 $1,500 사이의 보증금에 의한 보석만이 가능하다. 판사는 이 구간 사이에서 적당한 금액을 보석금으로 정하게 될 것이다. 만약 판사가 이 구간을 벗어난다면, 아래에 그 이유를 체크하거나 적도록 되어 있다.

[그림 4-2] 미 연방 보석 가이드라인

보석지침표
실패확률

낮음 ◄──────────────────────────► 높음

낮음	집단1	집단2	집단3	집단4	집단5
1	ROR	ROR	ROR	ROR	ROR
2	ROR	ROR	ROR	ROR	ROR
3	ROR	ROR	ROR	ROR	ROR-$500
4	ROR	ROR	ROR	ROR	ROR-$500
5	ROR	ROR	ROR	ROR	ROR-$1,000
6	ROR	ROR	ROR	ROR-$1,000	$300-$1,000
7	ROR	ROR	ROR	ROR-$1,000	$300-$1,000
8	ROR	ROR	ROR	ROR-$1,000	$500-$1,000
9	ROR	ROR	ROR	$500-$1,500	$500-$1,500
10	ROR	ROR	ROR-$1,500	$500-$1,500	$500-$2,000
11	ROR-$1,500	ROR-$1,500	ROR-$1,500	$500-$2,000	$500-$2,000
12	ROR-$1,500	ROR-$1,500	$500-$1,500	$800-$2,500	$800-$3,000
13	$800-$3,000	$800-$3,000	$1,000-$3,000	$1,000-$5,000	$1,500-$5,000
14	$1,000-$3,000	$1,000-$3,000	$1,000-$3,000	$1,000-$5,000	$1,500-$5,000
15	$2,000-$7,500	$2,000-$7,500	$2,000-$7,500	$2,500-$7,500	$3,000-$10,000

(세로축: 범죄의 심각성, 낮음 → 높음)

보석결정 _____ / 판사의 결정: ☐ ROR   ☐ 보석금액 $ _____

☐ 보석지침을 이탈할 때, 그 이유
☐ 기소가 취소될 가능성이 높음
☐ 유죄판결의 가능성이 높음   ☐ 유죄판결의 가능성이 낮음
☐ 법정에서의 피고인의 태도   ☐ 후원자가 심리에 출석
☐ 피고의 신체 또는 정신건강   ☐ 피고의 법원출석 횟수
☐ 원고증인과 피고인의 관계
☐ 보호자가 피고인의 체포를 위한 정보제공
☐ 피고인이 증인이나 피해자를 위협
☐ 구속영장, 구속연장영장 또는 지명수배전단의 존재
☐ 기타(   ) : _____

출처: McCarthy and McCarthy, 1997:78.

2. 오하이오 판결 전 위험성 평가시스템

　오하이오 판결 전 위험성 평가시스템(Ohio Risk Assessment System: ORAS－PAT)
은 형사사법의 각 단계마다 위험성을 평가하는 평가도구를 만들었는데, 이 판결
전 위험성 평가도구는 이 시스템의 다른 단계(예, 가석방) 예측표에 비해 비교적 간
단하다. 이 평가표에서 판결 전 위험성을 평가하는 항목은 첫 체포 시 연령, 지난
2년간 재판 불출석 횟수, 3번 이상의 구치소 구금경력, 체포 당시 일자리, 주거안
정성, 지난 6개월 동안의 불법 약물남용, 그리고 심각한 약물남용 문제의 7가지로
구성되어 있다.

[그림 4-3] 오하이오 판결 전 위험성 평가표(ORAS-PAT)

오하이오 판결 전 위험성 평가표(ORAS-PAT)

성명: _____   평가일자: _____
대상자 번호: _____   평가자: _____

평가항목		검증

1.1 첫 체포 시 연령
　　0=33세 이상
　　1=33세 미만

1.2 지난 2년 동안 재판에 불출석한 횟수
　　0=없음
　　1=1번
　　2=2번 이상

1.3 3번 이상의 구치소 구금경험
　　0=아니오
　　1=예

1.4 체포될 당시 일자리가 있었음
　　0=예, 전일제 일자리
　　1=예, 시간제 일자리
　　2=실업상태

1.5 주거안정성
　　0=지난 6개월 동안 현재 주거지에 거주
　　1=지난 6개월 동안 같은 주거지에 거주하지 않음

1.6 지난 6개월 동안 불법 약물남용
　　0=아니오
　　1=예

1.7 심각한 약물남용 문제
　　0=아니오
　　1=예

총점: ☐

점수	등급	준수사항 위반확률	재판 불출석 확률	재범확률
0-2	낮음	5%	5%	0%
3-5	보통	18%	12%	7%
6+	높음	29%	15%	17%

```
┌─────────────────────────────────────────────────────────────────────────┐
│ 전문가 의견에 의해 평가점수가 채택되지 않을 경우 이유를 제시하시오:            │
│                                                                           │
│                                                                           │
│ 고려해야 할 다른 영역. 해당되는 모든 것을 체크:                              │
│ _____ 낮은 지능*                                                         │
│ _____ 신체장애                                                           │
│ _____ 읽고 쓰는 능력 부족*                                               │
│ _____ 정신건강문제*                                                      │
│ _____ 프로그램에서 변화나 참여의지가 없음*                                │
│ _____ 교통문제                                                           │
│ _____ 부양자녀문제                                                       │
│ _____ 언어문제                                                           │
│ _____ 민족문제                                                           │
│ _____ 문화적 장벽                                                        │
│ _____ 학대경험                                                           │
│ _____ 대인관계불안                                                       │
│ _____ 기타(              )                                               │
│                                                                           │
│                                                                           │
│ * 만약 이 항목들이 체크되면, 위험수준을 결정하기 위해 추가적인 평가를 할 것을 강력히 권함. │
└─────────────────────────────────────────────────────────────────────────┘
```
출처: Latessa et al., 2009:49-50.

　　이 각 항목들에서의 득점을 모두 합산한 총점을 통해 각 대상자의 위험성이 평가되는데, 2점 이하의 경우 위험성이 낮은 것으로 평가되며, 이들이 지역사회감시 중 준수사항을 위반할 가능성은 5%이며, 재판에 출석하지 않을 가능성도 5%, 그리고 재범을 할 확률은 없다고 예측된다. 다음으로 총점이 3~5점이면 보통의 위험성을 가진 것으로 평가되며, 준수사항을 위반할 가능성은 18%, 재판에 출석하지 않을 확률은 12%, 그리고 재범을 할 가능성은 7%로 평가된다. 마지막으로 총점이 6점 이상이면, 위험성이 높은 것으로 평가되며, 준수사항을 위반할 가능성은 29%, 재판에 출석하지 않을 가능성은 15%, 그리고 재범을 할 확률은 17%로 예측된다.

제5절 합리적 양형과 양형기준

　　모든 범죄자는 법 앞에 평등해야 한다는 형사사법의 대원칙에 따라서, 법원은 전과와 범죄의 심각성이 비슷한 피고인들에게 유사한 형량을 선고해야 한다. 특히 최근 들어 양형에서의 정의모델의 득세로 인해 이러한 경향은 더욱 강해져, 미국, 영국, 호주, 한국 등의 세계의 여러 국가들은 각각 양형기준을 만들어, 법관의 고무줄 형량을 제한해 왔다. 여기에서는 미국의 양형기준과 한국의 양형기준을 살펴보고 평가한다. 이렇게 양형기준을 알아야 하는 이유는, 보호관찰관들이 작성하는 판결 전 조사보고서가 이 양형에 대한 제언을 하는 것이 그것의 주목적이기 때문이다. 따라서 지역사회감시관들이 양형기준에 대해 잘 알고 있어야 하며, 그들의 제언 또한 양형기준이 규정하는 형의 종류를 벗어나지 않아야 한다.

1. 미국의 양형기준

　　미국은 다민족, 다인종 국가이기 때문에 오래 전부터 인종별 양형의 편차가 사회통합을 저해하는 중요한 사회문제로 여겨져 왔다. 따라서 미국은 오래 전부터 연방과 주 차원에서 다양하게 양형기준을 정하여 시행해오고 있다. 특히 미연방은 모든 범죄를 하나의 매우 단순한 격자표로 통일하는 양형기준을 제정하여, 평등한 양형에 앞장서 왔다. 물론 양형기준은 해당 지역이 정기형을 채택하는지, 아니면 부정기형을 채택하는지에 따라서 크게 달라지며, 같이 정기형을 채택하는 연방과 많은 주 사이에서도 다소 차이가 있다. 미연방의 양형기준은 세로축에는 피고가 범한 범죄유형을 43개의 심각성의 범주로 나열하고, 가로축에는 피고인의 범죄경력점수별로 6개의 집단으로 나열한다. 이 두 축이 만나는 각각의 258개의 셀(43*6=258)에 월 단위로 양형의 추정구간이 제시된다. 법관은 이 구간 안에서 양형을 하는 것이 원칙이며, 이것을 벗어나는 경우에는 합당한 사유를 함께 제출해야 한다.

2021년 개정된 연방양형지침(Breyer et al., 2021:379-380)에 따르면, 범죄는 심각성에 따라서 여덟 가지 경범죄(misdeaminors, 보통 1년의 보호관찰), 네 가지의 낮은 수준의 중범죄(low-level felony, 1~5년의 보호관찰과 함께 주거형 지역사회프로그램이나 가택구금), 그리고 13번째 이후의 심각한 중범죄(felony, 구금형)로 나뉘어진다. 범죄 경력점수는 좀 복잡하게 계산되는데, 다음의 세 가지 점수를 모두 합산하여 구해진다.

첫째, 1년 1개월을 초과하는 이전의 구금당 각 3점 + 앞에 포함되지 않은 60일 이상의 구금형당 각 2점 + 앞에 포함되지 않은 이전의 전과당 각 1점(최대 4점)을 부여하여 합산한 값

둘째, 보호관찰이나 가석방, 구금, 외부통근, 도주상황 등을 포함한 형사프로그램 중의 범죄 1건당 2점을 부여하여 합산한 값

셋째, 첫째에 포함되지 않는 이전의 폭력범죄 유죄판결 1건당 1점(최대 3점)을 부여하여 합산한 값

위 세 가지를 모두 합산한 값이 개별 피고인의 범죄경력점수가 되는데, 예를 들어 범죄 심각성 수준 20번에 해당하는 강도(robbery)를 한 피고인의 경우 중범죄에 해당하고, 그의 범죄경력 점수가 5점일 때 판사는 양형기준을 따라서 41개월에서 51개월 사이의 구금형을 선고하여야 한다.

[그림 4-4] 미연방 양형기준(2021)

범죄의 심각성	범죄경력범주 (단위: 월)					
	I(0 or 1)	II(2 or 3)	III(4, 5, 6)	IV(7, 8, 9)	V(10, 11, 12)	VI(13 이상)
세금부정환급	0-6	0-6	0-6	0-6	0-6	0-6
낚시/사냥위반	0-6	0-6	0-6	0-6	0-6	1-7
관세법위반	0-6	0-6	0-6	0-6	2-8	3-9
농지/주거침입	0-6	0-6	0-6	2-8	4-10	6-12
절도/횡령	0-6	0-6	1-7	4-10	6-12	9-15
금지약물소지	0-6	1-7	2-8	6-12	9-15	12-18
폭행, 탈세	0-6	2-8	4-10	8-14	12-18	15-21
절도, 상업뇌물	0-6	4-10	6-12	10-16	15-21	18-24
협박, 공갈	4-10	6-12	8-14	12-18	18-24	21-27
도박/동물도박	6-12	8-14	10-16	15-21	21-27	24-30
사적통화도청	8-14	10-16	12-18	18-24	24-30	27-33
선거방해기만	10-16	12-18	15-21	21-27	27-33	30-37
교도소금지물품	12-18	15-21	18-24	24-30	30-37	33-41
사기/위조	15-21	18-24	21-27	27-33	33-41	37-46
치사	18-24	21-27	24-30	30-37	37-46	41-51
약물판매	21-27	24-30	27-33	33-41	41-51	46-57
5-10kg 대마초, 5-10g 헤로인, 50-100mg LSD	24-30	27-33	30-37	37-46	46-57	51-63
공무원뇌물, 위증	27-33	30-37	33-41	41-51	51-63	57-71
50-100g 코카인, 10-20g 헤로인, 10-20kg 대마초	30-37	33-41	37-46	46-57	57-71	63-78
강도, 은행강도	33-41	37-46	41-51	51-63	63-78	70-87
100-200g 코카인, 20-40g 헤로인, 20-40kg 대마초	37-46	41-51	46-57	57-71	70-87	77-96
성추행	41-51	46-57	51-63	63-78	77-96	84-105
공무원뇌물갈취	46-57	51-63	57-71	70-87	84-105	92-115

>200g 코카인, >40g 헤로인, >40kg 대마초	51-63	57-71	63-78	77-96	92-115	100-125
독극물/폐기물 관리위반	57-71	63-78	70-87	84-105	100-125	110-137
소비재상품변조	63-78	70-87	78-97	92-115	110-137	120-150
방화	70-87	78-97	87-108	100-125	120-150	130-162
밀수/밀입국	78-97	87-108	97-121	110-137	130-162	140-175
불법무기소지	87-108	97-121	108-135	121-151	140-175	151-188
필로폰제조	97-121	108-135	121-151	135-168	151-188	168-210
미성년성착취	108-135	121-151	135-168	151-188	168-210	188-235
유괴	121-151	135-168	151-188	168-210	188-235	210-262
청부살인	135-168	151-188	168-210	188-235	210-262	235-293
살인모의	151-188	168-210	188-235	210-262	235-293	262-327
1급비밀수집	168-210	188-235	210-262	235-293	262-327	292-365
대규모약물제조	188-235	210-262	235-293	262-327	292-365	324-405
성학대	210-262	235-293	262-327	292-365	324-405	360-life
미성년인신매매/ 성착취물제작	235-293	262-327	292-365	324-405	360-life	360-life
2급살인	262-327	292-365	324-405	360-life	360-life	360-life
핵/화학무기 제조유통	292-365	324-405	360-life	360-life	360-life	360-life
반역	324-405	360-life	360-life	360-life	360-life	360-life
RICO 약물 제조유통	360-life	360-life	360-life	360-life	360-life	360-life
1급살인	life	life	life	life	life	life

출처: Breyer et al., 2021:407.

2. 한국의 양형기준

한국의 경우 범죄유형별로 양형기준을 따로 두고 있으며, 범죄유형이 다양한 이유로 살인, 뇌물, 성범죄, 강도, 횡령·배임, 위증, 무고범죄의 양형기준을 2009년 7월부터 시행한 이후로 계속하여 양형기준을 만들어 오고 있다. 한국의 양형기준은 기본 양형구간과 감경 및 가중 양형구간을 따로 두고 있는 것이 특징인데, 이것은 영국의 양형기준을 참고한 것이다.

예를 들어 강도죄의 경우 상해가 없는 강도죄와 상해나 사망이 발생한 강도죄, 그리고 상습/누범강도죄를 나누어서 양형기준을 만들었다. 예를 들어 상해가 발생한 일반강도죄의 경우 기본 3년에서 7년 사이의 형을 선고할 수 있는데, 이것은 다시 감경이나 가중 사유가 있는 경우 다시 그 구간이 대폭 늘어난다. 이것을 미국 연방의 양형기준과 비교하면, 미연방의 경우 강도죄(20번)는 2.8년(33개월)에서 7.3년(87개월)까지 선고가 가능하다. 반면 한국은, 미국에서 강도치사는 주로 살인죄로 분류된다는 점에서 이것을 제외하면, 1.5년에서 12년 사이에서 선고가 가능하다. 미국의 강도죄에 대한 법관의 재량이 5.5년인 데 비해, 한국의 법관의 재량은 10.5년으로 거의 두 배인 것을 알 수 있다.

[표 4-1] 강도죄에 대한 한국의 양형기준(2023년 현재)

유형		감경	기본	가중
무상해	일반강도	1년 6월~3년	2년~4년	3년~6년
	특수강도	2년 6월~4년	3년~6년	5년~8년
상해 있음	일반강도	2년~4년	3년~7년	5년~8년
	특수강도	3년~6년	4년~7년	6년~10년
강도치사		6년~11년	9년~13년	11년 이상, 무기
상습·누범강도		5년~8년	6년~10년	8년~12년

출처: 대법원 양형위원회 홈페이지(2023. 1. 24. 검색).

감경기준을 적용할지, 아니면 가중기준을 적용할지는 다음의 표에 제시되는 특별양형인자의 경중을 고려하여 결정하게 되는데, 여기서 행위인자는 피해자나 유족의 처벌의사를 제외한 행위자인자보다 더 큰 비중으로 고려된다. 이런 과정을 거쳐서 감경이나, 기본, 가중 양형구간을 선택한 후, "선고형은 일반양형인자와 특별양형인자를 종합적으로 고려하여 결정한다"고 규정하여(대법원 양형위원회 홈페이지) 법관이 형을 결정하는 과정이 다소 모호하다. 이러한 넓은 재량은 애매모호한 양형인자들에 의해 더욱 커지는데, 강도죄의 감경 및 가중 양형인자를 살펴보면, '진지한 반성'이나 '생계형 범죄'와 같은 애매모호해서 거의 전적으로 법관의 판단에 의존해야 하는 인자들이 여전히 남아 있다.

[표 4-2] 강도죄의 감경 및 가중 양형인자(2023년 현재)

구분		감경요소	가중요소
특별양형인자	행위	• 범행가담 또는 범행동기에 특히 참작할 사유가 있는 경우 • 체포를 면탈하기 위한 단순한 폭행·협박	• 5인 이상 공동 범행(2유형) • 금융기관 강도 • 범행에 취약한 피해자 • 총기 사용(2유형) • 피지휘자에 대한 교사
	행위자/기타	• 농아자 • 심신미약(본인 책임 없음) • 자수 • 처벌불원 또는 실질적 피해 회복(공탁 포함)	
일반양형인자	행위	• 경미한 액수의 금품강취를 의도한 경우 • 경미한 폭행·협박 • 생계형 범죄 • 소극 가담 • 흉기 단순 휴대(2유형)	• 계획적 범행 • 비난 동기
	행위자/기타	• 상당한 피해 회복(공탁 포함) • 심신미약(본인 책임 있음) • 진지한 반성 • 형사처벌 전력 없음	• 특정범죄가중(누범)·특정강력범죄(누범)에 해당하지 않는 이종 누범, 누범에 해당하지 않는 동종 및 폭력·절도 실형전과(집행 종료 후 10년 미만) • 합의 시도 중 피해 야기(강요죄 등 다른 범죄가 성립하는 경우는 제외)

출처: 대법원 양형위원회 홈페이지(2023. 1. 24. 검색)

더욱이 한국의 양형기준에서 법관의 넓은 재량은 집행유예를 판단하는 기준을 따로 둠으로써 극대화된다. 앞서 살펴본 미연방의 양형기준은 중범죄(felony)에 해당하는 13번 범주부터는 집행유예나 보호관찰과 같은 지역사회형을 선고하는 것이 불가능하다. 그러나 한국의 양형기준은 강도죄와 같은 중범죄에 대해서도

집행유예를 선고할 수 있는 집행유예 판단기준을 따로 두고 있다. 또한 여기에서
도 '진지한 반성'이나 '구금시 부양가족이 과도한 곤경이 처함'과 같은 애매모호하
거나 정당화하기 어려운 참작사유가 여전히 존재한다. 일반적으로 형량의 장단보
다는 집행유예의 여부가 훨씬 더 중요한 재량이라는 점을 감안하면, 한국의 양형
기준에는 여전히 법관의 재량이 크게 작용하는 문제가 있다.

[표 4-3] 강도죄의 집행유예 판단기준(2023년 현재)

구분	부정적	긍정적
주요참작 사유	• 동종 전과(5년 이내 금고형의 집행유예 이상) • 범행에 취약한 피해자 • 위험한 물건의 사용 • 중한 상해	• 공범의 범행수행 저지·곤란 시도 • 상해결과가 발생하였으나 기본범죄가 미수에 그친 경우 • 처벌불원 또는 실질적 피해 회복(공탁 포함) • 체포를 면탈하기 위한 단순한 폭행·협박 • 형사처벌 전력 없음
일반참작 사유	• 2회 이상 금고형의 집행유예 이상 • 계획적 범행 • 공범으로서 주도적 역할 • 범행 후 증거은폐 또는 은폐 시도 • 사회적 유대관계 결여 • 약물중독, 알코올중독 • 진지한 반성 없음 • 피해 회복 노력 없음 • 합의 시도 중 피해 야기(강요죄 등 다른 범죄가 성립하는 경우는 제외)	• 공범으로서 소극 가담 • 사회적 유대관계 분명 • 자수 • 진지한 반성 • 금고형의 집행유예 이상의 전과 없음 • 피고인의 건강상태가 매우 좋지 않음 • 피고인의 구금이 부양가족에게 과도한 곤경을 수반 • 피고인이 고령 • 상당한 피해 회복(공탁 포함)

출처: 대법원 양형위원회 홈페이지(2023. 1. 24. 검색).

1. 판결 전 조사보고서의 목적과 내용

판결 전 조사보고서(presentence investigation report, PSI)는 형사법원이나 소년 법원의 요구에 따라서 보호관찰관이나 법원의 조사관이, 법관의 양형이 이루어지기 전에 피고인과 피고인의 주변인, 피해 및 피해자 등을 면밀히 조사하여 적절한 양형이 이루어지도록 돕기 위한 보고서를 말한다. 미국에서는 주로 중범죄자의 판결에 앞서 범죄자를 상세히 조사하여 어떤 양형과 보호관찰 조건이 적절한지를 판단하는데 주로 사용되는데, 이것을 참고하는 사람은 판사 외에도 변호사, 가석 방위원회, 보호관찰관이 모두 포함된다. 현재 미국에서 모든 중범죄사건의 64%에서 판결 전 조사보고서를 작성하고 있으며, 모든 중범죄 사건에서 이것을 의무적으로 작성해야 하는 주가 절반이며, 나머지 절반 중 16개 주는 재량에 의해 작성하고 10개 주는 작성하지 않는다(Alarid, 2017:74).

이 판결 전 조사보고서는 법관의 양형을 돕는 목적뿐만 아니라, 그 외에도 범죄자가 구금될 교도소에서 범죄자에게 가장 맞는 유형의 교정프로그램을 제안한다든지, 가석방결정에서 피고인의 사건에 대한 설명과 가석방위원회 회의에 의해 결정되는 사건내용과 비교하는 데도 이용될 수 있으며, 지역사회감시를 위한 자원의 할당량을 정하는데도 도움을 주며, 또는 대상자의 처우나 프로그램계획을 정하기 위한 기초자료를 제공하기도 한다(Alarid, 2017:74). 이 판결전 조사보고서에 포함되는 내용은 범죄자의 배경, 범죄경력, 현재 범죄의 내용, 개인 및 가족환경, 성격, 범죄욕구 그리고 위험성이 주로 포함된다. 또한 범죄자의 교육수준, 고용이력, 주거안정성, 재정상황, 혼인 및 양육책임 그리고 군대생활 내용도 함께 포함되는 경향이 있다(Allen et al., 2020:167).

판결 전 보고서는 보통 법원의 요청에 따라서 보호관찰관이 작성하는데, 법원의 요청을 받은 보호관찰관은 해당 범죄자의 전과, 교육, 고용, 신체/정신건강, 가족 등을 조사하며, 이 때 범죄자의 특성, 성격, 욕구, 문제 등을 진단하게 된다.

범죄자와의 면접장소는 보호관찰소, (구속 중이면) 구치소, 범죄자의 집 등을 다양하게 이용할 수 있으며, 집을 이용하는 경우에는 가정환경과 기타 좀더 구체적인 사항을 같이 조사할 수 있는 장점이 있다. 보호관찰관은 범죄자 본인조사를 넘어서서, 대상자의 가족, 친구, 검거경찰관, 피해자 및 피해자가족, 고용주, 교직원 등을 조사할 수 있다. 이 지인조사(collateral contacts)를 통해 형사사법기관, 고용주, 신용평가기관, 의사, 학교 등을 접촉하여, 조사한 내용이 맞는지 확인하여 보고서의 신뢰성을 더욱 향상시킬 수 있다. 보고서는 보호관찰관이 정확히 확인한 정보만을 토대로 작성되어야 하며, 만약 그렇지 않은 내용이 포함되면, 그 부분에 '불확실' 또는 '확인불가' 등의 코멘트를 추가로 제시할 필요가 있다. 마지막 부분의 양형제언은 양형지침의 범위 내에 있어야 하며, 그 내용은 양형의 길이가 아니라 양형의 종류가 되어야 한다(Alarid, 2017:75).

판결 전 보고서에서 양형제언과 함께 또 하나 중요한 사항은 범죄자에 대한 감시계획이다. 이것은 보호관찰관이 법원에 추천하는 계획인데, 벌금, 배상, 사회봉사명령, 주간보고센터, 보호관찰관 같은 전통적인 감시방법을 취할 수도 있고, 아니면 피해자와의 면접에서 얻은 피해자가 추천하는 배상이나 보상의 방법이나 요구사항을 포함할 수 있다(Allen et al., 2020:168). 최근 피해자의 회복은 점점 그 중요성이 증가하고 있기 때문에, 판결 전 조사보고서에 피해자 영향진술을 포함하는 경우도 많다. 피해자 영향진술(victim impactment statement)은 피해자가 자신의 범죄피해로 인해 물리적으로, 심리적으로, 감정적으로 그리고 재정적으로 어떤 괴로움을 겪었는지를 글로 표현한 문서로서, 양형이나 가석방심리에서 매우 중요한 문건으로 사용된다.

유죄답변협상(guilty plea)이 발달한 미국에서는 경우에 따라서 판결 전 조사보고서의 대안으로 판결 후 보고서(post−sentence report)를 작성하기도 하는데, 이것은 유죄답변협상으로 피고인이 유죄를 인정하고 판결 전 조사보고서를 생략할 때 이용된다. 판결 전 보고서가 양형을 위해 주로 이용되는 보고서라면, 판결 후 보고서는 교정이나 보호관찰에서 대상자의 분류, 감시, 처우 등을 위해서 이용된다. 미국에서는 최근 엄격한 형태의 양형지침이 도입되면서, 판사의 재량이 대폭 줄어들었으며, 이런 지역에서 판결 전 보고서의 중요성이 점점 감소하고 있다. 예를 들어 엄격한 양형지침을 시행하는 지역에서, 보호관찰관은 판결 전 보고서를 작성하기보다는 예비양형지침표(guideline worksheet)를 작성한다(Alarid and Carmen, 2011:53).

한국의 경우 판결 전 조사보고서는 1989년에 보호관찰소가 생기면서 소년범에 대해 처음으로 시행되었다가, 이후 성인범들에게도 적용되었는데 이미 2005년에 소년사건보다 성인사건에 대한 판결 전 조사보고서가 더 많아졌다. 그러나 이 성인에 대한 적용은 그 법적 근거가 없이 시행되었는데, 2009년에는 법적 근거가 뒤늦게 마련되었다(뉴스와이어 2010.2.28.). 최근 법원에서 보호관찰소에 요청하는 판결 전 조사의 시간이 오래 걸리자, 2009년에는 법원 내에 양형조사관을 두어서 판결 전 조사를 해오고 있다. 그러나 이로 인해 원래 보호관찰소를 관장하던 법무부와 새로 양형조사관을 두게 된 법원과의 판결 전 조사의 관할을 둘러싼 다툼이 있어 왔다. 그러나 이 과정에서 양형조사를 포함한 전체 판결 전 조사의 건수가 점점 줄어들고 있다(법원신문 2010.12.27.). 결국 이것은 한국도 미국과 마찬가지로 양형지침의 도입으로 인해 판결 전 조사보고서의 가치가 떨어지고 있는 것이라 할 수 있다.

2. 판결 전 조사보고서와 관련한 법적 쟁점

판결 전 조사보고서와 관련해서는 검토할 필요가 있는 다음과 같은 몇 가지 법적 쟁점이 존재한다(Alarid. 2017:78-79; Alarid and Carmen, 2011:58-60).

첫째, 만약 피고인이나 피고인의 변호사가 자신에 대한 판결 전 조사보고서를 보기를 원하는 경우, 이것을 공개해야 하는가? 예를 들어 판결 전 조사보고서에 피고에 대해 신빙성이 없는 불리한 내용이 많아서 재판에서 피고인에게 불리하게 작용할 가능성이 존재하고, 따라서 피고인에게 자신에 대한 판결 전 조사보고서를 열람할 권리를 주어 잘못된 정보를 수정할 기회를 줄 필요가 있는 것은 아닌가? 여기에 대해 미연방대법원은 1949년 공개할 필요가 없다고 판결하였으나, 보통 연방피고인들은 재판 전 35일간 보고서를 열람하고 14일 동안 내용에 대해 반박할 기회가 주어진다. 또한 주법에 공개하도록 규정되어 있다면 피고인들은 이것을 열람할 수 있다. 그럼에도 불구하고 공개가 범죄자의 사회복귀에 방해가 되는 경우(정신질환의 보고 등)나, 공개할 경우 피고인이나 주변인에게 피해를 줄 수 있는 경우, 또는 비밀유지를 조건으로 정보를 얻은 경우는 공개가 제한되는 것이 일반적이다.

둘째, 보고서의 내용 중 부정확한 내용이 있는 경우, 이것에 근거하여 선고한 판결은 타당한가? 이 경우는 판결 전 조사보고서에 단지 부정확한 내용이 있다는 것만으로는 판결결과에 영향을 주지 않으며(harmless error), 이 부정확한 내용이 판결에 영향을 끼쳤다고 판단되면 판결은 재심절차를 통해 취소될 수 있다.

셋째, 적합한 절차에 의하지 않은 정보를 법원이 참고하는 것은 타당한가? 예를 들어 제3자가 알고 있는 불확실한 소문으로부터 얻은 증거를 판결 전 조사보고서에 참고하는 것은 타당하지 않을 수도 있다. 그러나 판결 전 조사보고서는 보통 유죄평결 후에 만들어지기 때문에, 다양한 방식과 루트로부터 얻은 정보가 허용되며, 심지어 불법적으로 경찰이 얻은 증거나 소문으로 얻은 증거도 허용된다. 또한 (묵비권과 변호사선임권이 있다는 등의) 미란다원칙을 고지하지 않고 보호관찰관이 판결 전 조사보고서를 작성하기 위해 얻은 정보 또한 극히 일부의 지역을 제외하면 허용이 된다.

3. 판결 전 조사보고서의 유형과 작성 예

판결 전 조사보고서는 양형철학이 달라짐에 따라서 변화해 왔다. 역사적으로 볼 때, 미국의 판결 전 조사보고서는 크게 다음의 두 단계로 변화해 왔다(Alarid and Carmen, 2011:53).

첫째, 범죄자에 기반한 판결 전 조사보고서(offender-based PSI reports)로서, 이것은 1920년대에서 1980년대까지 만들어졌고, 주로 부정기형이 대세를 이룰 때 만들어지던 보고서이다. 이것은 사회복귀의 이념하에 범죄의 원인을 파악하고, 범죄자가 변화할 수 있는 잠재력에 대해 주로 평가들로 채워졌다.

둘째, 범죄에 기반한 판결 전 조사보고서(Offense-based PSI reports)로서, 이것은 1980년대 이후 정의모델(Just Desert)하에서 범죄자가 저지른 범죄에 초점을 맞추어 작성된다. 따라서 이것은 주로 범죄자에 대한 비난가능성, 피해자의 상해정

[그림 4-5] 범죄에 기반한 판결 전 조사보고서의 공통적인 양식

수　신: 홍길동 판사
발　신: 이몽룡 보호관찰관
피고인: 변학도

1. 피고인의 개인적 특성
   - 이름과 별명
   - 사건번호
   - 성별
   - 생년월일
   - 교육수준
   - 직업경력과 기술자격
   - 직업기술
   - 군대경력
   - 정신건강이력
   - 신체건강: 주요 질병, 현재의 처방약
   - 약물경력, 약물의존성, 현재의 중독
   - 알려진 조직폭력배 경력
2. 현재 범죄
   - 경찰 수사기록상의 범죄사실
   - 초기 고소내용과 최종의 유죄답변협상 또는 유죄평결 내용
   - 해당 범죄와 범죄에 이르게 된 상황에 대한 피고의 주장
   - 공범과 현재 범죄에서의 역할
   - 범죄책임에 대한 피고의 동의 정도
   - 유죄답변협상이 성사된 합의조건이나 협조 수준
3. 피고의 범죄경력
   - 소년보호처분(사건번호, 범죄유형, 일자, 처분내용)
   - 성인 다이버전 또는 유죄평결(사건번호, 범죄유형, 일자, 처분내용)
   - 이전의 구금기간
   - 진행 중인 고소나 영장
4. 가족력과 배경
   - 혈연가족(부모와 양육자녀)
   - 가족구성원의 범죄경력
   - 혼인상태/가정폭력이나 학대의 증거
   - 부양자녀
   - 현재의 가족유대와 책임(예, 자녀부양?)
   - 생활환경
5. 피해자 영향진술: 피해자를 만나서 면접할 것
   - 피해자가 경찰이나 보호관찰관에게 제출하는 진술
   - 피해자의 피해상황: 신체적, 감정적, 심리적, 금전적 그리고 재산적 피해
   - 피해자의 피해금액

6. 피고를 아는 지인조사
  - 이전의 고용주
  - 이전의 선생님
  - 이전의 보호관찰관 또는 가석방담당관
  - 이전의 이웃
  - 가족구성원
  - (가능하다면) 서면 추천서
7. 이용가능한 양형선택지와 그것들과 피고와의 적합성
  - 구금형
  - 중간처벌
  - 보호관찰
8. 벌금과 배상
  - 명령받거나 추천된 배상금, 또는 피고에 대한 벌금
  - 배상금과 벌금을 부담할 피고의 능력
  - 피고의 빚(신용카드 빚, 자동대출, 주택담보대출 등등)
9. 양형기준을 벗어나게 만드는 요인
  - 양형기준에 규정된 양형구간을 정당하게 이탈하게 만드는 요인의 식별
10. 법원에 대한 요약된 양형제언
  - 새로운 사실에 대한 제시 없이, 앞의 1~8번에서 기록된 요지를 요약
  - 해당 범죄에 대한 양형유형과 금전적 벌칙을 추천
  - 현재 범죄와 관련된 보호관찰의 특별준수사항을 추천

출처: Alarid and Carmen, 2011:72-75에서 재작성.

도, 무기사용 여부, 피해자의 재산손실 등과 같은 범죄 자체에 관련된 것들로 채워지며, 부차적으로 범죄경력, 고용경력, 가족유대, 약물사용 등과 같은 것들이 기록된다.

　　이런 범죄에 기반한 현대의 판결 전 조사보고서에는 공통적으로 다음과 같은 내용들을 포함해야 한다. 그리고 이 보고서와 함께 외부의 서류도 함께 동봉해야 하는데, 이런 것들로는 경찰의 수사보고서, 범죄경력조회결과, 피해자 영향진술서, 지인면담 결과서류들이 있다.

　　보호관찰관은 이러한 판결 전 조사보고서를 작성하기 위해 지인면담이나 다양한 공식기록에서 많은 정보를 얻기도 하지만, 핵심이 되는 것은 피고인을 만나서 이러한 정보에 대한 사실관계를 확인하고, 추가적인 정보를 캐내는 것이다. 실제로 많은 항목들이 피고인을 통해서 얻어야 하기 때문에, 판결 전 조사보고서를

작성하는 보호관찰관들은 효율성을 위해 피고인에게 설문지를 배포하여 시간을 절약할 수도 있다. 이런 목적으로 사용되는 전형적인 설문지는 <부록 2>에 제시된 펜실베니아주의 체스터카운티에서 사용하고 있는 설문지를 참고할 수 있다.

Community Correction Theory

제5장

지역사회감시 대상자의 위험성에 따른 관리

이 장에서는 다양한 지역사회감시 대상자들이 가진 객관적 위험성과 그들의 범죄유발적 욕구를 평가하여, 한정된 형사사법의 자원을 보다 효율적으로 사용하기 위한 분류와 개입방법에 대해 살펴본다.

제1절　대상자의 위험성과 분류의 원칙

범죄자의 위험성에 대한 분류가 지역사회교정에서 중요한 이유는 크게 다음의 몇 가지가 있다(Latessa and Smith, 2015:219–220).

첫째, 위험성과 분류는 가석방과 같은 기본적인 판단을 위해 중요한 정보가 된다.

둘째, 위험성과 분류는 인종, 성별과 같은 법외적 요인들(extralegal factos)을 배제하여 편견을 갖지 않도록 도움을 준다.

셋째, 위험성과 분류는 법원과 교정기관이 위험성이 높은 범죄자들을 가려내는 데 도움을 주고, 이것은 궁극적으로 사회를 안전하게 하는 데 도움을 준다.

제5장 지역사회감시 대상자의 위험성에 따른 관리　　　　　　83

넷째, 이것은 범죄자들을 보다 효율적으로 관리하게 해주는데, 위험성과 분류제도를 통하여 감시기관 직원들의 업무량과 노동강도를 적절히 조절하여 부족한 자원을 효율적으로 배치할 수 있게 한다.

라테사와 스미스는 효과적인 교정개입에 대한 연구결과를 리뷰하고, 공통적으로 적용되는 효과적인 교정개입의 핵심원리를 흔히 알려져 있는 욕구, 위험성, 반응성의 세 가지 요인에 전문가 판단의 하나를 더하여 크게 다음의 네 가지로 요약하였다(Latessa and Smith, 2015:220-221).

첫째, 위험성(risk)으로서 이것은 "누구를 대상으로 개입할 것인가(Who)?"에 해당한다. 이것은 위험성이 높은 집단이 어떤 범죄유발적 욕구를 가지는지를 판단하고, 위험성을 판단하기 위해 타당성 및 신뢰성 있는 도구를 사용하며, 마지막으로 위험성이 높은 집단에 치료프로그램을 집중하는 것을 말한다.

둘째, 욕구(need)로서, "이것은 어떤 개입을 할 것인가(What)?"에 해당한다. 이것은 범죄자들의 범죄유발적 욕구를 정확히 파악하여 이것에 대응하는 프로그램을 매칭하여 적용해야 한다는 것이다.

셋째, 반응성(responsivity)으로서, "어떻게 개입할 것인가(How)?"에 해당한다. 이것은 대상자의 특성을 잘 파악하여 대상자에게 가장 효과 있는 프로그램, 대상자의 능력과 학습방식에 잘 맞는 프로그램, 그리고 대상자가 가장 잘 반응하는 특정의 직원을 배치하는 것이다.

넷째, 전문가 재량(professional discretion)으로서, 위에 언급한 위험성, 욕구, 반응성을 고려하여 현재 조건에 가장 적절한 개입을 결정하지만, 전문가의 판단보다 우선시 되어서는 안된다는 것이다. 이들은 전문가의 판단을 돕는 것이지 결정하는 것은 아니며, 전문가는 자신의 전문적 판단으로 위험성, 욕구, 반응성에 따라 도출된 결정과 (10% 정도 이내로) 상반된 결정을 할 수 있다.

범죄유발적 욕구(criminogenic needs)는 어떤 사람의 범죄의 근본원인이거나 아니면 특정한 범죄행동과 직접적으로 관련된 원인이다. 예를 들어 약물남용, 알코올남용, 정신병, 분노조절문제, 그리고 교제기술의 부족 등이 여기에 해당하며, 개입프로그램은 이러한 범죄유발적 욕구를 개선하는 것을 목표로 하여야 한다. 그렇지 않으면 그 프로그램은 아무런 효과가 없을 것이다(Alaris, 2017:95). 이러한 범죄유발적 욕구는 결국 위험성을 예측하는 요인이라고 할 수 있는데, 이것은 크게 정적 위험성 예측요인과, 동적 위험성 예측요인의 두 가지로 나뉘어진다.

정적 위험성 예측요인(static risk predictors)은 대상자가 보통 오래 전부터 가진 요인이며 잘 변하지 않는 요인이다. 예를 들어 전과, 첫 체포연령, 구금횟수 등이 여기에 해당하며, 이들은 위험성을 예측하는데 매우 중요한 요인들이다. 그러나 이 요인들은 어떤 프로그램의 개입으로 행동을 변화시킬 수 없다는 점에서 그 한계가 있다. 반면에 동적 위험성 예측요인(dynamic risk predictors)은 동일하게 위험성을 예측하는 요인이지만, 프로그램의 개입으로 변화시킬 수 있다는 장점이 있다. 예를 들어 친구관계, 약물남용, 범죄적 생각, 그리고 실업상태와 같은 것은 프로그램의 개입으로 변화시킬 수 있고, 지역사회감시관들은 이런 요인들에 집중적으로 개입하여야 한다. 이 동적 위험성 예측요인은 다시 민감요인과 둔감요인으로 나눌 수 있다. 민감요인(acute factors)은 고용상태와 같이 빨리 변할 수 있는 요인이며, 둔감요인(stable factors)은 범죄자의 태도나 가치관과 같이 변하는데 시간이 더 많이 걸리는 요인이다(Latessa and Smith, 2015:220; Hanser, 2010:82).

지난 수 십년 동안의 연구결과에서 범죄행동과 관련된 공통적인 주요 위험요인들을 요약하면 [표 5-1]과 같다(Latessa and Smith, 2015:223). 이 표에 따르면, 지역사회감시에서 실패확률을 높이는 요인들은 크게 반사회적 태도, 비행친구와의 교제, 범죄유발적 기질이나 성격, 비행경력, 친범죄적인 가족문제, 낮은 수준의 사회적 성취, 전통적인 활동에 대한 부족한 관여, 그리고 약물남용문제로 나눌 수 있다.

반응성(responsivity)의 원리는 다시 일반반응성과 특별반응성의 두 가지로 구분된다. 일반반응성(general responsivity)은 대부분의 대상자에게 가장 효과적인 개입을 채택하는 것이다. 그동안의 연구결과에 따르면 일반적으로 인지이론, 행동주의 이론, 학습이론에 입각한 개입이 가장 효과적인 것으로 알려져 있다. 다음으로 특별반응성(specific responsivity)은 개별 대상자의 능력과 학습방식에 가장 잘 맞는 개입을 선택하는 것으로, 변화를 위한 자세, 변화를 위한 사회적 지원, 지능, 심리발달, 성숙 등을 기준으로 개입 프로그램을 결정한다(Latessa and Smith, 2015: 227-228).

[표 5-1] 지역사회감시 대상자의 주요 위험요인

---

1. 반사회적 태도, 가치관, 신념, 인지적 감정상태
2. 범죄자와의 교제와 반범죄적 사람들로부터의 고립
3. 범죄를 유발하는 기질적, 성격적 요인
   - 사이코패스
   - 부족한 사회화
   - 충동성
   - 들떠있고 공격적인 에너지
   - 이기주의
   - 평균 이하의 언어지능
   - 위험을 선호
   - 약한 문제해결 및 자기통제능력
4. 반사회적 행동경력
   - 어릴적부터 뚜렷한 비행경력
   - 다양한 환경에서 비행
   - 많은 다양한 비행에 참여
5. 범죄성향을 포함한 가족요인과 가족력에서 오는 다양한 심리적 문제들
   - 낮은 수준의 애정, 공감능력, 응집력
   - 부실한 부모감독과 훈련
   - 심한 방임과 학대
6. 낮은 수준의 교육적, 직업적, 금전적 성취
7. 친사회적인 여가활동에 대한 낮은 관여
   - 반사회적 또래친구와의 교류
   - 여유시간에 범죄자와 교류
   - 친사회적 행동을 반사회적 행동으로 바꾸는 범죄자들과의 교류
8. 알코올이나 다른 약물남용
   - 약물남용 자체
   - 반사회적 친구들과 함께 남용
   - 약물남용으로 인해 사회적 교제능력 저하

출처: Latessa and Smith, 2015:223.

위험성 예측기법이 발달하지 못한 과거에는 직관적인 방법을 통해 대상자의 위험성을 평가하였지만, 최근에는 보다 객관적인 자료를 통해 만들어진 통계적 확률에 기초한 위험성 예측방법이 대세가 되었다. 직관적 예측(clinical prediction)은 경험 많은 전문가가 관련자료를 충분히 검토하고 자신의 오랜 직관에 따라서 대상자의 재범가능성을 예측하는 것으로, 범죄예측을 위해서 경험이 풍부한 전문가를 필요로 하며, 예측결과에도 잘못된 긍정(false positive)이 많다는 단점이 있다. 왜냐하면 만약 대상자를 범죄를 하지 않을 것이라고 예측했는데 범죄를 하는 경우, 이 잘못된 예측으로 발생한 범죄피해에 대해 예측한 사람이 책임을 질 가능성이 있기 때문에, 대부분의 직관적 예측에서는 비슷하면 범죄를 할 것으로 보수적으로 예측하게 된다. 따라서 결과적으로 범죄를 하지 않을 사람임에도 불구하고, 범죄를 할 것으로 잘못 예측하는 잘못된 긍정의 비율이 상대적으로 높을 수밖에 없는 것이다.

[표 5-2] 범죄예측의 가능한 결과

예측	예측 결과	
	맞춤	틀림
긍정(재범)	잘된 긍정 (true positive)	잘못된 긍정 (false positive)
부정(재범 안함)	잘된 부정 (true negative)	잘못된 부정 (false negative)

반면에 보험통계적 예측(actuarial prediction)은 상대적으로 정확도가 높고, 상대적으로 형평성 시비가 적다. 이 방법은 생명보험회사에서 보험가입자의 생존기간을 예측하는데 사용되는 독특한 통계기법을 사용하는 데서 그 이름이 유래한 것으로, 이 생존분석기법은 출소자가 재범을 하지 않고 생존하는 기간을 예측하는 데도 동일한 통계기법이 사용되므로 재범위험성의 예측에도 널리 사용된다. 이 객관적 예측방법은 여러 장점[1]을 갖고 있어, 현대의 지역사회감시 대상자의 위

---

1 보험통계적 예측의 장점에 대해서는 이 책의 3장 4절을 참조.

험성을 평가하는데 대부분 사용되는 방법이다.

　　범죄자의 위험성 평가도구는 크게 3단계로 발전되어 왔는데, 1세대 위험성 평가도구는 앞서 살펴본 전문가의 직관에 의해 위험성을 주관적으로 평가하는 시스템이었고, 2세대는 객관적인 정적 예측요인들을 통해서 통계적인 방법으로 위험성을 예측하는 방법으로 발전하였다. 그러나 1980년대 들어서 3세대 위험성 평가도구들이 등장하기 시작하였는데, 이들은 2세대에서 사용하던 정적 예측요인에 더하여 변할 수 있는 동적 예측요인들을 도입한 예측시스템이었다(이민식·김혜선, 2009 참조). 현재 미국에서 많이 사용되는 성인 범죄자에 대한 3세대 객관적 위험성 평가도구는 위스컨신 위험성 평가시스템, 개정판 LSI(LSI-R)가 있으며, 최근 개발된 오하이오 위험성 평가시스템은 구조화된 전문가의 의견을 포함하는 4세대 위험성 평가도구라고 할 수 있다. 이후에서는 이들을 차례대로 살펴본다.

1. 위스컨신 위험성 평가시스템

　　위스컨신 대상자관리분류시스템(Wisconsin Case Management System, CMC)은 1975년 위스컨신주에서 처음으로 개발되어 시행되었다. 이것은 개별 범죄자의 위험성과 욕구를 평가하여, 위험성이 높은 범죄자에게 교정자원을 집중투자하기 위해서 만들어졌다. 이후 미국사법연구소(National Institute of Justice)에서는 이 시스템을 모델로 채용하고 전국적으로 이것을 사용하도록 지원했고, 오래 동안 미국 각 지역에서 만족스럽게 사용되었다. 이것은 보호관찰 대상자들의 위험성과 욕구를 평가하도록 구성되었는데, 그 내용은 다음의 두 그림들에서 알 수 있다(Latessa and Smith, 2015:229).

　　[그림 5-1]은 보호관찰 대상자의 위험성을 평가하는데, 이것을 평가하는 지표는 현재 범죄로 체포되기 전 5년 내에 체포된 경력, 이전의 주 또는 연방시설 구금횟수, 이전의 성인 보호관찰 감시횟수, 이전의 보호관찰 취소로 인해 구금된 횟수(성인 또는 청소년), 지난 1년간 고용되어 일을 한 시간, 이전의 중범죄 유죄판결 횟수(또는 청소년 판결), 첫 중범죄 유죄판결을 받게 만든 체포시 연령, 현재 범행으로 인한 구금(또는 보호관찰) 시 연령, 알코올남용문제, 교제하는 친구, 체포유

형, 그리고 범죄지향적 태도로 구성되어 있다.

[그림 5-1] 위스컨신 대상자관리분류시스템(위험성 평가)

File _____ of _____

대상자 성명 _____ 사례번호 _____
        Last   First   MI
조사관 성명 _____ 조사관서 _____
        Last   Social Security Number

조사일시 □□□□□□

현재 범죄로 체포되기 전 5년 내에 체포된 적 있음
0 없음   4 있음   □

이전의 주 또는 연방시설 구금횟수
0 없음   3 1-2번   6 3번 이상   □

이전의 성인 보호관찰 감시횟수
0 없음   4 1번 이상   □

이전의 보호관찰 취소로 인해 구금된 횟수(성인 또는 청소년)
0 없음   4 1번 이상   □

지난 1년간 고용되어 일을 한 시간
0 7개월 이상   1 5~7개월 미만   2 5개월 미만   0 없음   □

이전의 중범죄 유죄판결 횟수(또는 청소년 판결)
0 없음   2 1번   2 2번 이상
0 없음   3 1번   6 2번 이상   7 3번 이상   □□□□

첫 중범죄 유죄판결을 받게 만든 체포시 연령
0 24세 이상   2 20-23세   4 19세 미만   □□□□

현재 범행으로 인한 구금(또는 보호관찰) 시 연령
0 30세 이상   3 18-29세   6 17세 미만
0 30세 이상   4 18-29세   7 17세 미만   □□□□

이전의 마지막 평가 이후의 기간에 기초하여 다음을 작성하시오.

알콜남용문제
0 사회생활에 지장 없음   2 가끔 남용; 약간의 사회생활에 지장   4 자주 남용; 심각한 남용; 사회생활에 심각한 지장, 치료 필요
0 사회생활에 지장 없음   2 가끔 남용; 약간의 사회생활에 지장   4 자주 남용; 심각한 남용; 사회생활에 심각한 지장, 치료 필요   □□□□

알콜남용문제
0 사회생활에 지장 없음   2 가끔 남용; 약간의 사회생활에 지장   4 자주 남용; 심각한 남용; 사회생활에 심각한 지장, 치료 필요
0 사회생활에 지장 없음   2 가끔 남용; 약간의 사회생활에 지장   4 자주 남용; 심각한 남용; 사회생활에 심각한 지장, 치료 필요   □□□□

교제
0 주로 친사회적 친구들과 교제   5 주로 반사회적 친구들과 교제   □□□□

체포유형(교통범죄를 제외한 가장 심각한 범죄)
0 없음   2 기술적 준수사항 위반 체포   4 경범죄 체포   8 중범죄 체포   □□□□

태도
0 변화를 막는 걸림돌 없음   2 가끔 범죄지향   5 잦은 적대적/부정적 범죄지향   □□□□

척도: 높음 - 17점 이상
     보통 - 9~16점   총점 _ □□□□
     낮음 - 8점 이하

출처: Latessa and Smith, 2015:231.

[그림 5-2] 위스컨신 대상자관리분류시스템(욕구 평가)

대상자 성명 ___Last___ ___First___ MI	**사례번호** _____
조사관 성명 ___Last___ ___Social Security Number___	**조사관서** _____

File_____of_____

조사일시 ☐☐☐☐

감정적 정신적 안정성
- **0** 불안정 증세 없음
- **2** 약간의 불안정 증세가 있으나 사회적응에 문제 없음
- **3** 사회적응에 문제 있음
- **8** 심각한 사회적응 문제가 있고 위험함

가족관계
- **0** 안정적 지지적 관계
- **3** 약간의 해체나 긴장이 있으나 개선 가능
- **7** 높은 수준의 가족해체나 긴장상황

교제관계
- **0** 적대적 관계 없음
- **2** 약간의 적대적 관계
- **4** 잦은 적대적 관계
- **6** 완전한 적대적 관계

약물남용
- **0** 사회생활문제 없음
- **2** 가끔 남용, 약간의 사회생활 문제
- **7** 잦은 남용, 심각한 사회생활 문제, 치료 필요

알콜남용
- **0** 사회생활 문제 없음
- **2** 가끔 남용, 약간의 사회생활 문제
- **7** 잦은 남용, 심각한 사회생활 문제, 치료 필요

직업경력
- **0** 안정된 고용상황, 또는 가정주부, 학생, 은퇴자
- **2** 실업
- **4** 불안정한 고용이나 실업상태지만 기술 있음
- **5** 실업, 일자리를 구할 의욕이나 훈련 필요

학업/직업을 위한 기술/훈련
- **0** 충분한 기술 있음
- **2** 낮은 수준의 기술 보유
- **6** 거의 기술이 없음

돈관리
- **0** 문제 없음
- **1** 약간의 문제 있음
- **5** 만성적인 문제

태도
- **0** 문제 없음
- **1** 가끔 범죄적 지향
- **4** 잦은 적대적/부정적/범죄적 지향

주거
- **0** 양호한 주거환경
- **2** 적당한 주거환경 (단기 쉼터 등)
- **4** 불량한 주거환경 (홈리스 등)

정신능력(지능)
- **0** 혼자서 사회생활 가능
- **1** 약간의 도움이 필요
- **4** 심각한 사회생활 어려움

신체건강
- **0** 건강
- **2** 간헐적인 장애나 질병
- **3** 심각한 장애나 질병, 잦은 치료 요함

성행동
- **0** 문제 없음
- **2** 약간의 문제 상황
- **6** 만성적이거나 심각한 문제 상황

욕구에 대한 평가자의 인상
- **0** 낮음
- **3** 보통
- **5** 강함

척도: 높음 - 26 이상
　　　보통 - 13~25
　　　낮음 - 12 이하

총점 ☐☐☐☐

출처: Latessa and Smith, 2015:232.

다음으로 위스컨신 대상자관리분류시스템의 욕구평가시스템([그림 5-2])은 예측을 위한 하위지표로서, 감정적 정신적 안정성, 가족관계, 교제관계, 약물남용, 알코올남용, 직업안정성, 학업/직업을 위한 기술/훈련 정도, 돈관리 문제, 범죄적 태도, 주거안정성, 정신능력, 신체건강, 성행동 문제, 그리고 대상자의 욕구에 대한 평가자의 인상을 포함한다.

이 두 위험성과 욕구평가시스템을 통해서 대상자들은 4개의 독특한 집단으로 분류되는데, 각 집단은 고유한 특성을 갖고 여기에 맞춘 관리상의 기법이 필요하다(Latessa and Smith, 2015:230).

첫째, 선택적 개입(selective intervention)집단으로서, 이들은 상대적으로 안정적이고 친사회적인 생활양식을 갖고 있는 사람들이다. 대부분 일자리를 갖고 있으며, 지역사회에 유대가 있고, 미미한 범죄경력을 갖는 사람들이다. 이런 사람들에 대한 개입은 일시적인 위기상황에 대한 적절한 대응방식을 개발하고 친사회적인 생활패턴을 재확립하는 것이 효과적이다.

둘째, 환경적 구조(environmental structure)집단으로서, 이들은 사회적, 직업적, 지능적 기술이 부족한 사람들이다. 이들의 대부분 문제는 자신들이 가진 무능력에서 기인하므로, 이들에 대한 개입은 기초적인 직업 및 사회적 기술을 개발하고, 범죄지향적 친구들이 아닌 다른 사람들과 교제하며, 사회생활의 기술과 충동통제력을 개발하는 것이 효과적이다.

셋째, 케이워크/통제(casework/control)집단으로서, 이들은 삶이 불안정하고 고용과 가족에서 문제와 실패를 겪으며, 삶의 목표가 없고 알코올이나 약물 문제를 일반적으로 갖는 사람들이다. 이들은 직업기술이 있음에도 불구하고 자주 범죄로 체포되며, 불안정한 아동기, 가족문제, 금전적 어려움을 갖는다. 이 집단에 대한 개입은 직업이나 가족생활에서 안정감을 갖게 하며, 자신의 잠재력을 이용하도록 개선하며, 행동에서 자신감을 갖게 하고, 감정적/심리적 문제를 제거하는 것이 효과적이다.

넷째, 제한설정(limit setting)집단으로서, 이 집단은 보통 성공적인 경력범죄자들이며, 장기간 동안 범죄에 개입해온 사람들이다. 이들은 보통 형사사법기관을 기만하여 자신의 물질적 이득을 챙기고, 출소하더라도 쉽게 다시 범죄를 하는 사람들이다. 이들에 대한 개입은 자신들의 기본 태도를 바꾸고 지역사회에서 밀착하여 감시를 하는 것이 효과적이다.

2. LSI 개정판

개정판 LSI(level of service inventory−revised, 이하 LSI−R)는 앤드류스와 본타 (Andrews and Bonta, 1994; 1999)에 의해 처음 개발된 것으로 지역사회감시 대상자

[표 5-3] LSI-R의 세부지표

위험성 및 욕구변수 (위험성점수)	문항번호	항목	항목점수
1. 범죄기록(10)	1-3 4 5 6-10	이전범죄기록 현재 범행 16세이전의 전과기록 구속 및 교정사고기록	3 1 1 5
2. 교육 및 직업(10)	11 12-14 15-17 18-20	현 고용상태 직장생활에서의 문제점 학교생활 업무수행, 동료, 상사관계	1 3 3 3
3. 재정상태(2)	21-22	재정적인 문제 및 생활보장제도 의존정도	2
4. 가족/결혼관계(4)	23 24-25 26	현결혼상태에 대한 불만족 가족 및 친척들의 지원여부 가까운 친척 중에 범죄자 유무	1 2 1
5. 주거환경(3)	27 28 29	거주환경 만족여부 주거의 유동성(잦은 이사) 우범지역여부	1 1 1
6. 여가 및 오락(2)	30-31	여가활동 참여 및 시간활용	2
7. 동료/친구관계(5)	32 33-36	사회적 고립정도 친구 및 지인의 범죄과 관련정도	1 4
8. 음주 및 약물(9)	37-38 39-40 41-45	과거의 약물 및 음주 경력 현재 약물 및 음주 문제 상황적 문제점	2 2 5
9. 정서 및 인성(5)	46-47 48-49 50	과거의 정신과 치료경력 정신적 문제점 진단 심리학인 평가지표	2 2 1
10. 태도 및 지향(4)	51-52 53-54	죄책감 및 피해자에 대한 동정심 양형 및 교정제도에 대한 만족정도	2 2
LSI-R 총점			54

출처: 이민식·김예선, 2009.

의 위험성 예측을 위해 유용하게 사용되어 왔다. 이것은 16세 이상의 범죄자의 위험성을 예측하기 위해 만들어진 것으로, 가석방, 중간처우소, 보호관찰 대상자 등의 성과를 예측하는데 도움을 주어, 이들을 적절한 감시수준과 처우프로그램에 배치하기 위해 만들어졌다(Hanser, 2010:92). 이 LSI－R의 예측타당도를 연구한 많은 국내외의 연구들은 이 위험성평가도구가 지역간, 집단간, 연령간, 성별간에 상관없이 매우 높은 예측타당도를 보인다고 보고해 왔다.

이 LSI－R의 세부지표를 살펴보면, 범죄경력, 교육 및 직업경력, 금전상태, 가족/혼인관계, 주거환경, 여가 및 오락, 동료/친구관계, 음주 및 약물경력, 정서 및 인성, 태도 및 지향의 크게 10가지 영역의 예측요인들로 이루어져 있다. 각각의 영역에는 2－10개의 세부적인 예측요인들로 구성되어 있는데 총 54개의 항목들이 각각의 가중치를 갖고 대상자의 위험성을 예측하는 데 기여하고 있다.

3. 오하이오 지역사회감시 대상자 위험성 평가시스템

이상에서 살펴본 위스컨신 대상자 관리분류시스템과 LSI－R과 모두 정적 예측요인과 동적 예측요인을 모두 포함하는 3세대 예측도구이지만, 여기에서 살펴볼 오하이오 지역사회감시 대상자 위험성 평가시스템(Ohio Risk Assessment System, ORAS－CST)은 지역사회감시 대상자들을 위한 4세대 예측도구(community supervision tool, ORAS－CST)로서, 앞서 살펴본 재진입 평가도구(reentry tool, RT)와 판결 전 감시대상자 평가도구(pretrial assessment tool, ORAS－PAT)와 함께 5개의 평가도구 중 하나이다. 나머지 2개는 지역사회감시 대상자 평가도구를 간략화한 지역사회 감시대상자 선별도구(community supervision screening tool, ORAS－CSST)와 교도소 입소자 평가도구(Prison Intake tool, ORAS－PIT)로 구성되어 있다(Latessa et al., 2009).

[그림 5-3] 오하이오 지역사회감시 대상자 위험성 평가도구(ORAS-CST)

오하이오 지역사회감시 대상자 위험성 평가표(ORAS-CST)

이름: _____ 평가일자: _____

대상자 번호: _____ 평가자: _____

---

1. 범죄경력

1.1 18세 이전 가장 심각한 체포유형   [   ]
 　0=없음
 　1=있음, 경범죄
 　2=있음, 중범죄

1.2 이전의 성인 중범죄 유죄판결 횟수   [   ]
 　0=없음
 　1=1~2번
 　2=3번 이상

1.3 이전의 성인교도소 수감횟수   [   ]
 　0=없음
 　1=1번
 　2=2번 이상

1.4 성인 시설에서 수감 중 문제행동 경력   [   ]
 　0=없음
 　1=있음

1.5 성인 보호관찰형을 받은 경력   [   ]
 　0=없음
 　1=있음

1.6 기술적 준수사항 위반으로 성인 지역사회 감시가 취소된 경력   [   ]
 　0=없음
 　1=있음

범죄경력 합계: [   ]

---

2. 교육, 고용, 재정 상황

2.1 최종학력   [   ]
 　0=고졸 이상
 　1=고졸 미만

2.2 학교에서의 징계경력   [   ]
 　0=없음
 　1=있음

2.3 체포시 고용상황   [   ]
 　0=고용됨
 　1=고용안됨

2.4 현재 일자리 ☐

    0=있음. 전일제나 장애인, 또는 은퇴자

    1=실업이나 시간제 고용

2.5 시간적 여유 ☐

    0=없음. 시간계획에 따라 대부분 할 일이 예정되어 있음

    1=있음. 자유시간이 많음

2.6 현재의 재정상황 ☐

    0=좋음

    1=나쁨

교육, 고용, 재정 상황 합계: ☐

---

3. 가족 및 사회적 지원

3.1 부모가 범죄경력이 있음 ☐

    0=아니오

    1=예

3.2 현재의 혼인상태에 만족함 ☐

    0=예

    1=아니오

3.3 가족 또는 다른 사람으로부터 감정적 개인적 지지를 받음 ☐

    0=강한 지지

    1=없거나 약한 지지

3.4 가족이나 다른 사람으로부터의 현 수준의 지지에 만족함 ☐

    0=매우 만족

    1=불만족

3.5 주거안정성 ☐

    0=안정적

    1=불안정

가족 및 사회적 지원 합계: ☐

---

4. 이웃문제

4.1 범죄율이 높은 지역에 거주 ☐

    0=아니오

    1=예

4.2 이웃에서 즉시 약물을 구할 수 있음 ☐

    0=아니오, 일반적으로 구할 수 없음

    1=예, 어렵게 구할 수 있음

    2=예, 쉽게 구할 수 있음

이웃문제 합계: ☐

5. 약물남용

5.1 처음으로 주기적으로 술을 마신 연령   ☐
     0=17세 이상
     1=17세 미만

5.2 가장 길었던 금주기간   ☐
     0=6개월 이상
     1=6개월 미만

5.3 이전에 불법약물을 사용한 적 있음   ☐
     0=아니오
     1=예

5.4 법으로 금지된 약물남용   ☐
     0=아니오
     1=1번
     2=2번 이상

5.5 일자리에 지장을 줄 정도의 약물남용경험   ☐
     0=아니오
     1=예

약물남용 합계: ☐

6. 친구교제

6.1 범죄자 친구   ☐
     0=없음
     1=약간 있음
     2=대다수

6.2 범죄자 친구와의 접촉   ☐
     0=없음
     1=접촉할 가능성 있음
     2=적극적으로 범죄자 친구와 교류

6.3 갱멤버로 가입   ☐
     0=아님
     1=가입한 적이 있지만 현재는 탈퇴
     2=현재 가입 중

6.4 범죄활동   ☐
     0=친사회적 활동에 강한 지향
     1=보통
     2=반사회적 활동에 강한 지향

전체 친구교제 합계: ☐

7. 범죄적 태도와 행동패턴

다음 항목에 해당 범죄자를 평가하시오.

7.1 범죄행동에 대한 자부심 ☐
   0=없음
   1=약간 있음
   2=많이 있음

7.2 다른 사람의 불행에 대한 동정 ☐
   0=있음
   1=약간 있음
   2=없음

7.3 행동에 대한 통제력상실의 느낌 ☐
   0=행동을 통제함
   1=가끔 통제력을 잃음
   2=보통 통제를 못함

7.4 거짓말을 하는데 어려움이 없음 ☐
   0=아니오
   1=예

7.5 위험을 무릅쓰는 행동에 참가 ☐
   0=거의 참가하지 않음
   1=가끔 위험을 무릅쓰는 행동에 참가
   2=보통 위험을 무릅쓰는 행동에 참가

7.6 싸움판을 피함 ☐
   0=예
   1=가끔
   2=거의 피하지 않음

7.7 "내가 맞기 전에 먼저 때려야 한다"고 믿음 ☐
   0=아니오
   1=가끔
   2=예

전체 범죄적 태도 및 행동패턴 합계: ☐

총점: ☐

남성의 위험성 범주		
점수	평가	실패확률
0-14	낮음	9%
15-23	보통	34%
24-33	높음	58%
34+	매우 높음	70%

여성의 위험성 범주		
점수	평가	실패확률
0-14	낮음	7%
15-21	보통	23%
22-28	높음	40%
29+	매우 높음	50%

영역별 위험성 수준

1. 범죄경력	
점수	실패확률
낮음(0-3)	27%
보통(4-6)	46%
높음(7-8)	53%

2. 교육, 고용, 재정상황	
점수	실패확률
낮음(0-1)	21%
보통(4-6)	37%
높음(7-8)	55%

3. 가족 및 사회적 지원			4. 이웃문제		
	점수	실패확률		점수	실패확률
	낮음(0-1)	32%		낮음(0)	17%
	보통(2-3)	41%		보통(1)	35%
	높음(4-5)	48%		높음(2-3)	45%

5. 약물남용			6. 친구교제		
	점수	실패확률		점수	실패확률
	낮음(0-2)	27%		낮음(0-1)	21%
	보통(3-4)	40%		보통(2-4)	43%
	높음(5-6)	45%		높음(5-8)	64%

7. 범죄적 태도 및 행동패턴

	점수	실패확률
	낮음(0-3)	24%
	보통(4-8)	44%
	높음(9-13)	59%

전문가 거부의견:

거부의 이유
(거부의견은 단지 범죄에 근거하지 않아야 함)

고려해야 할 다른 영역. 해당되는 모든 것을 체크:
_____ 낮은 지능*
_____ 신체장애
_____ 읽고 쓰는 능력 부족*
_____ 정신건강문제*
_____ 프로그램에서 변화나 참여의지가 없음*
_____ 언어문제
_____ 부양자녀문제
_____ 교통문제
_____ 민족문제
_____ 문화적 장벽
_____ 학대경험
_____ 대인관계불안
_____ 기타(   )

* 만약 이 항목들이 체크되면, 위험수준을 결정하기 위해 추가적인 평가를 할 것을 강력히 권함.

4. 강호성의 성인 보호관찰대상자 위험성 평가표

앞서 언급한 바와 같이 국내에서는 여러 가지의 한계로 인하여 재범위험성을 평가하는 예측도구에 대한 연구는 희귀하다. 강호성(2010)은 남녀 보호관찰 대상자 1,260명을 대상으로 14~17개월간 추적하여 이들의 재범여부를 설명하는 문항

[그림 5-4] 강호성의 성인 보호관찰대상자 위험성 평가도구

성인 보호관찰대상자 위험성 평가 및 분류 도구

1. 부모와의 관계가 원만하지 못하다. `0 1 2 3` 2. 다른 가족과의 관계가 원만하지 못하다. `0 1 2 3` 3. 가족 중에 전과 전력자가 있다. `N Y`		18. 음주/약물 관련 범법행위가 있다. `N Y` 19. 음주/약물 관련 결혼/가족문제가 있다. `N Y` 20. 음주/약물 관련 학교/직장문제가 있다. `N Y` 21. 음주/약물 관련 건강문제가 있다. `N Y` 22. 음주/약물 관련 기타문제가 있다. `N Y`	
4. 지난 1년간 일한 날이 50% 미만이다. `N Y` 5. 학교생활 중 징계처분 전력이 있다. `N Y` 6. 교사(직장 상사)관계가 원만하지 못하다. `0 1 2 3`		23. 현재 정서적으로 불안정하다. `N Y` 24. 친범죄적 성향/태도를 보인다. `0 1 2 3` 25. 사회관습에 비우호적 태도를 보인다. `0 1 2 3`	
7. 경제상태에 문제가 있다. `0 1 2 3` 8. 주거여건이 열악하다. `N Y` 9. 지난 1년간 3회 이상 주거를 이전하였다. `N Y` 10. 비행유인성이 높은 지역에 거주한다. `N Y`		26. 19세 이후 입건 횟수 `0 1 2 3` 27. 본건 죄명/범행이 3건 이상이다. `N Y` 28. 16세 이전에 입건된 전력이 있다. `N Y` 29. 유죄 확정 시설수용 전력이 있다. `N Y` 30. 보호관찰 중 재범/제재조치 전력이 있다. `N Y` 31. 대인범죄 전력이 있다. `N Y`	
11. 친구 중에 범죄 전력자가 있다. `N Y` 12. 지인 중에 범죄 전력자가 있다. `N Y` 13. 친구 중에 건전 생활자가 없다. `N Y` 14. 지인 중에 건전 생활자가 없다. `N Y`			

구분	`Y`	`2`	`3`	26번	합계
개수					

15. 현재 음주문제가 있다. `0 1 2 3` 16. 현재 약물문제가 있다. `0 1 2 3` 17. 음주문제의 전력이 있다. `N Y`	

출처: 강호성, 2010.

들을 선정하여 위험성 예측표를 만들었다. 이 위험성 예측도구는 가족관계, 직업 및 학력, 경제 및 주거상태, 대인관계, 약물 및 음주문제, 정서 및 태도, 범죄경력의 7개의 하위척도로 구성되어 있다. 이 도구는 총 31개의 정적, 동적 예측문항으로 구성되어 있는데, 모두 0과 1의 값을 가지며, 27번 문항인 19세 이후 입건횟수만 0~3점의 값을 가져 최대 총 33점의 점수로 구성된다. 그러나 그 분석에서 다변량분석이 쓰인 것 같지는 않고, 각 항목의 평균치 검증 정도만 이루어진 것으로 보여 아쉬움이 남는다.

제3절 사례관리 모델과 대상자에 대한 감시방법

1. 지역사회감시관의 업무량 할당과 사례관리 모델

보호관찰관과 같은 지역사회감시관에게 업무량을 할당하는 것은 필드에서 지역사회감시의 시작이라고 할 수 있다. 어떤 보호관찰관에게 몇 명의 보호관찰 대상자를 할당할 것인지, 그리고 어떤 특성을 가진 대상자들을 어떤 보호관찰관에게 할당할 것인지를 결정하는 방법은 역사적으로 크게 다음의 네 가지 모델로 변하여 왔다(Champion, 1999:386 – 387).

첫째, 전통적 모델(conventional model)로서, 이것은 보호관찰관이나 보호관찰 대상자를 무작위로 분배하는 방식이다. 이런 무작위 분배의 특성상, 보호관찰관은 이런 모델에서 극단적으로 위험한 대상자들로부터 약물중독 대상자, 또는 거의 감시가 필요 없는 양호한 대상자까지 모든 대상자들에게 대처할 수 있어야 한다. 보호관찰관은 극단적으로 유연해야 하며, 팔방미인이 되어야 하지만, 이것은 현실과는 맞지 않다. 따라서 비효율적이다.

둘째, 숫자게임 모델(numbers game model)로서, 이것은 전통적 모델과 유사한 모델인데, 보호관찰 대상자의 총수를 보호관찰관의 총수로 나누어 업무를 할당하

는 방법이다. 예를 들어 500명의 대상자와 10명의 보호관찰관이 있다면, 각 보호
관찰관에게는 50명씩의 대상자가 할당된다. 이런 방식 외에 이 모델의 또 다른
방식은 거꾸로 보호관찰관 1명당 적절한 보호관찰 대상자의 수를 정하고, 보호관
찰 대상자의 수에 따라서 보호관찰관의 수를 정하는 것이다. 예를 들어 보호관찰
관 1명이 30명의 대상자를 관리하는 것이 적절하다면, 500명의 보호관찰 대상자
가 있다면 보호관찰관이 17명 정도가 최소 필요하고, 따라서 7명의 보호관찰관을
더 채용해야 한다. 이처럼 이 모델은 보호관찰관의 충원을 위한 기준을 마련하는
데 도움이 될 수 있다.

셋째, 지역을 고려한 전통모델(conventional model with geographic consid-
erations)로서, 이것은 담당지역의 넓이를 고려하여 무작위로 보호관찰관을 할당하
는 것이다. 예를 들어 농촌지역을 담당하는 보호관찰관은 대상자들이 지리적으로
모여있는 도시지역을 담당하는 보호관찰관에 비하여 더 적은 대상자를 배정하는
것이다. 예를 들어 보호관찰관 1명당 도시지역은 보호관찰 대상자 50명, 농촌지
역은 30명과 같은 식으로 보호관찰관을 배정할 수 있다.

넷째, 전문화된 업무량 모델(specialized caseload model)로서, 이것은 보호관찰
관의 전문분야에 따라서 업무량을 할당하는 것이다. 보호관찰관은 약물중독, 정신
건강, 상습범죄자, 여성범죄자, 소년범, 음주운전자, 외국인범죄자와 같이 특정 분
야에 전문성을 가질 수 있다. 이런 전문성은 본인이 가진 교육이나 훈련에 의해
만들어질 수도 있고, 해당 분야에서 오랫동안 활동함으로써 이들을 처우하는 전
문기관이나 전문가들과의 연줄에 의해 만들어질 수도 있다. 전통적 모델이 주로
대상자의 감시와 통제에 초점을 맞추었다면, 이 모델은 보호관찰 대상자들이 가
진 근본적인 범죄유발적 욕구를 파악하고 이 문제를 해결하려는 보다 문제지향적
인 모델이라고 할 수 있다.

전문화된 욕구 업무량 모델(specialized needs caseload model)은 이 전문화된 업
무량 모델의 한 변형이다. 이 모델은 보호관찰 대상자가 필요한 서비스나 처우에
대한 욕구에 따라서 보호관찰관을 배정한다. 예를 들어 약물남용범죄자, 성범죄자
등의 독특한 욕구를 갖고 따라서 특별한 처우가 필요한 대상자에게는 여기에 맞
는 지식과 기술을 갖춘 보호관찰관이 배정된다. 이런 모델에서 보호관찰관은 치
료전문가나 각종 프로그램 전문가들과 친하여 그들을 폭넓게 이용할 수 있어야

한다. 예를 들어 정신장애 범죄자들을 담당하는 보호관찰관은 이 분야에 지식을 갖추고 있어야 하며, 정신병원의 의사들이나 다양한 치료전문가, 그리고 해당 분야의 쉼터종사자와 같은 전문가들과 친분을 갖고 있어야 한다. 이런 이유로 현대의 보호관찰은 여러 관련 기관들과의 원활한 협조가 필수적이다(Hanser, 2010: 266-267).

라테사와 스미스(Latessa and Smith, 2015:253)는 이 네 번째 모델을 다시 단일요인 전문화 업무량 모델(single-factor specialized caseload model)과 수직모델로 나누었다. 전자는 앞에서 언급한 네 번째 모델이라고 할 수 있는데, 약물중독이나, 정신건강 등의 하나의 요인을 토대로 보호관찰관을 배정하는 것이다. 반면에 수직모델(vertical model)은 2개 이상의 요인이나 특성에 기초하여 보호관찰 대상자들을 분류하는데, 이것은 다양한 위험성 평가도구를 이용함으로써 가능해진다. 다시 말해서 하나의 차원은 대상자들이 가진 욕구를 토대로 분류하고, 다른 한 차원은 대상자들의 욕구와는 관계없이 그들이 가진 성공가능성 또는 위험성을 통해서 분류를 하는 것이다. 이 모델은 대상자들이 가진 범죄유발적 욕구를 토대로 수평으로 나열한 것을 다시 그들의 성공가능성 또는 위험성에 따라서 수직으로 자르기 때문에 수직모델로 불린다. 예를 들어 최고수준의 감시가 필요한 위험성이 매우 높은 보호관찰 대상자를 담당하는 것은 최소수준의 감시만이 필요한 보호관찰 대상자를 4명 담당하는 것과 같은 업무량에 해당한다. 따라서 이 단위작업(work units)의 전체 양이 동일해지도록 업무량을 할당하면 쉽게 대상자의 업무량과 위험성을 모두 감안하여 공평하게 업무를 분담할 수가 있다.

이러한 업무량의 할당은 보호관찰관이 갖는 역할 또는 사례관리모델과도 관련이 있다. 월시는 이러한 보호관찰관의 사례관리의 모델(case management model)

[표 5-4] 보호관찰관의 업무와 단위작업

최고수준 감시	4 단위작업
판결전 조사보고서 작성	14 단위작업
최소수준 감시	1 단위작업
중간수준 감시	2 단위작업
충격보호관찰 보고	2 단위작업

출처: Latessa and Smith, 2015:254에서 재작성.

을 다음의 네 가지로 분류하였다(Walsh, 2000, Hanser, 2010:253에서 재인용).

첫째, 중개인/만능일꾼 사례관리모델(broker/generalist case management model)로서, 이 모델에서 보호관찰관은 서비스 욕구를 파악하고, 서비스 의뢰처를 결정하고, 서비스의 공급을 가끔씩 확인하는 것 이외에 약간의 직접적인 서비스만을 한다.

둘째, 강점기반 관점 사례관리모델(strengths-based perspective case management model)로서, 이것은 보호관찰 대상자가 자원을 획득하고 목표를 달성하는 수단으로서 자신의 강점과 유용한 자질을 발견하도록 보호관찰관이 도와주는 역할을 하는 모델이다. 보호관찰관은 대상자가 자신의 강점과 유용한 자질을 발견하게 하고, 목표를 설정하는 것을 도와주며, 이 목표를 달성하는데 대상자가 자신의 강점을 사용할 수 있도록 도와주는 역할을 한다.

셋째, 단호한 지역사회 처우 사례관리모델(assertive community treatment case management model)로서, 이것은 적은 사례를 담당하여 대상자와 잦은 지역사회 접촉을 하는 집중적인 사례관리모델이다. 이것은 다방면의 전문가들이 모인 팀접근법이며, 이 전문가들은 업무량을 공유하고 함께 일하여 적극적인 서비스를 제공하며, 단호한 아웃리치를 시행하고, 그리고 대상자를 강하게 용호한다. 이 모델하에서 팀은 직접적으로 많은 서비스를 제공하며, 만약 외부기관에 대상자를 의뢰할 경우 사후관리를 철저히 하게 된다.

넷째, 임상/사회복귀적 사례관리모델(clinical/reghabilitation case management model)로서, 보호관찰관은 처우프로그램을 제공할 일차적 책임이 있으며, 이들은 치료요법, 상담, 기술훈련, 그리고 다른 사회복귀적 개입을 함께 한다.

2. 지역사회감시의 방법

최근 지역사회감시모델이 이웃기반 감시모델로 나아가게 되면서, 보호관찰관은 우편번호에 기초하여 더 좁은 지역에서 보호관찰 대상자들을 보다 밀착하여 감시할 수 있게 되었다(이 책의 2장 4절을 참조). 따라서 이전에는 대상자의 거주지나 직장을 방문하는 것이 힘들었지만, 최근에는 대상자에 대한 감시를 현장방문을 통해서 보다 효율적으로 관리할 수 있게 되었다. 또한 지역에 뿌리를 둔 경찰이나 지역 처우전문가, 신앙기반의 조직 등과의 파트너십을 통하여 이러한 활동을 더 잘 할 수 있게 되었다. 따라서 현대의 지역사회감시에서 보호관찰관이 대상자를 감시하는 방법은 크게 다음의 두 가지로 나눌 수 있다(Alarid, 2017:102－103).

첫째, 현지접촉(field contact) 또는 현장방문으로서, 이것은 보호관찰관이 대상자의 집이나 직장을 방문하여 대면조사를 하는 것이다. 법적으로 보호관찰관은 합리적인 의심에 기초하여 대상자의 집이나 직장을 영장없이 방문할 수 있다. 최근에는 전문화된 지도화 소프트웨어로 방문계획을 짜서 현장방문을 매우 효율적으로 할 수 있게 되었다.

둘째, 지인접촉(collateral contact) 또는 지인면담으로서, 이것은 보호관찰관이 대상자와 직접적으로 접촉한 제3자를 만나서 조사하는 것을 말한다. 예를 들어 대상자의 고용주나 선생님, 또는 친인척 등을 만나서 대상자가 준수사항을 잘 지키고 있는지에 대해 조사를 하는 것을 말한다.

그러면 사례관리를 맡은 사람(보호관찰관이나 민간 자원봉사자 등)이 대상자와 얼마나 자주 대상자와 접촉하는 것이 적절한가? 이것은 보호관찰 대상자의 위험성에 따라서 보통 달라진다. 높은 위험성을 가진 대상자와는 잦은 만남을 갖고, 낮은 위험성을 가진 사람은 가끔씩 만나거나 간접접촉을 이용할 수 있다. 보통 보호관찰에서 지역사회감시 대상자의 위험성은 3단계나 4단계로 분류된다. 만약 4단계로 대상자의 위험성을 분류한다면 다음과 같이 감시계획을 짤 수 있다.

첫째, 최대감시(maximum supervision)단계로서, 이 단계의 대상자는 매주 대면접촉이나 현지접촉, 매월 지인접촉, 3개월마다 주거 및 고용상태 확인, 12개월마다 범죄경력조회를 한다.

둘째, 중간 수준 감시(medium supervision)로서, 이 단계의 대상자는 월 2회 대면접촉, 매12개월마다 주거 및 고용확인을 한다.

셋째, 일반 수준 감시(standard supervision)로서, 이 단계의 대상자는 월 1회 대면접촉을 한다.

넷째, 행정적 감시(administrative supervision)로서, 이 단계의 대상자는 가장 낮은 수준의 감시에 해당하는데, 직접방문이나 접촉을 하지 않고 전화음성녹음이나 메일로 접촉한다. 여기에 해당하는 대상자는 주로 벌금을 납부한 경미범죄자나 2

년 간의 감시를 받고 이 수준으로 전입한 사람을 대상으로 한다. 또한 이 단계의 대상자는 ATM 머신과 유사한 기계를 경찰서 로비나 24시간 편의점, 슈퍼마켓 로비 등에 설치하여 감시의 편의를 더할 수 있다.

현재 한국의 보호관찰에서는 대상자를 다음의 3단계로 분류하여, 각 단계에 맞는 처우와 감시를 하고 있다. 다음의 표에 따르면, 한국의 보호관찰 대상자는 집중보호관찰대상자, 주요보호관찰대상자, 일반보호관찰대상자로 나뉘어지며, 집중보호관찰대상자는 월 3−4회 이상 대면접촉을 하며, 주요보호관찰대상자는 월 1−2회 이상 대면접촉, 그리고 일반보호관찰대상자는 2개월에 1회 이상 대면접촉을 하는 것으로 감시기준이 정해져 있다.

[표 5-5] 한국의 보호관찰 대상자 분류등급과 감시방법

분류등급	대상자	감시방법
집중보호관찰대상자	재범의 위험성이 매우 높은 사람	월 3-4회 이상 대면면접, 위반시 구인 및 유예 취소
주요보호관찰대상자	재범위험성이 높고 지도감독이 어려운 사람	현장(거주지, 직장)확인 중심의 지도, 필요에 따라 가족 및 관계인과 협조, 1개월 1-2회 이상 대면면접
일반보호관찰대상자	재범 가능성이 낮은 사람	보호관찰관의 판단에 따라 신축적으로 지도, 가해제 가능, 2개월 1회 이상 대면면접

제4절 대상자에 대한 효과적인 개입

효과적인 지역사회감시와 개입을 위해서는 감시대상자를 면밀히 조사하여 대상자를 잘 이해하고, 이들의 위험성과 범죄유발적 욕구를 파악하는 것이 선행되어야 한다. 이것은 이미 앞서 충분히 논의하였으므로, 여기에서는 개별 대상자에 대해 사례관리자가 이들의 개입계획을 마련하고, 적절한 프로그램을 선택하고 시행하며, 대상자가 잘 할 때 상을 주고 못할 때 불이익을 주는 절차와 옵션에 대해 논의한다.

1. 대상자 개입의 계획과 실행

어떤 대상자에 대한 위험성 및 욕구평가가 끝나면, 본격적으로 이 개별 대상자에 대해 개입을 위한 계획을 만들 필요가 있다. 보호관찰관이나 민간 자원봉사자 등의 사례관리자는 자신에게 할당된 대상자에 대한 위험성 및 욕구평가결과를 면밀히 검토하여, 대상자의 위험성 수준에 따라서 대상자에 대한 접촉의 방법과 최소 접촉횟수를 결정하여 감시계획을 수립하며, 동시에 어떤 요인이 대상자에게 범죄를 유발하도록 만드는 요인인지를 파악하여 이런 요인에 맞춘 처우계획을 준비한다. 이 과정에서 범죄의 원인에 대한 이론들을 숙지하는 것은 필수적이다. 왜냐하면 범죄를 유발하는 요인들은 대부분 이론에서 중요하게 다루고 있으며, 이미 개발된 개입프로그램들은 이러한 요인들 중의 한두 개를 타깃으로 하는 것이기 때문이다. 그러나 범죄를 유발하는 욕구들은 범죄자마다 매우 상이할 수 있기 때문에, 사례관리자는 대상자의 이런 욕구를 타깃으로 하는 개입프로그램을 만들거나 전문기관에 의뢰할 수 있다.

일반적으로 지역사회감시 대상자의 처우계획에 포함되어야 하는 내용은 크게 세 가지가 있는데, 첫째, 보호관찰 기간 동안 대상자가 달성해야 하는 목표의 설정, 둘째, 대상자가 이 목표들을 이루는 용인된 방법, 그리고 셋째, 이 목표들을 달성하기 위해 사례관리자가 도움을 주는 방법이 그것이다(Alarid, 2017:106). 예를 들어 어떤 가정폭력가해자의 범죄유발적 욕구평가에서, 과도한 스트레스와 이것을 용인된 방식으로 처리하는 능력을 갖추지 못하여 가정폭력을 행사하는 것으로 평가되었다면, 사례관리자는 이 대상자가 자신이 어떤 스트레스로 심리적 불안을 겪게 되며, 이것을 용인된 방식으로 해소하는 방법을 배우고, 분노를 조절하는 방법을 습득하는 목표를 세울 수 있다. 이를 위해 사례관리자는 대상자에게 중요 스트레스의 원인을 격리시키고 120시간의 분노조절프로그램에 출석하여 분노를 용인된 방식으로 해소하는 것을 배우게 할 수 있다. 또한 사례관리자는 A대학에서 개설한 가정폭력 가해자 전문 분노조절프로그램에 대상자를 위탁할 수 있다.

진드로(Gendreau, 1996)는 증거기반의 교정을 위해서 교정프로그램이 가져야 할 효과적인 교정개입의 원리를 다음의 여덟 가지로 정리하였다(Alarid, 2017:106에서 재인용).

첫째, 3개월에서 9개월 정도 동안은 하루 시간의 40-70%를 점유할 정도로 강도가 있어야 한다.

둘째, 인지행동프로그램을 포함하여 행동변화의 마음가짐을 준비하도록 하여야 한다.

셋째, 프로그램의 수준은 대상자의 취향이나 성향(성별, 연령, 문화적 배경, 위험성 수준 등)과 잘 맞아야 한다.

넷째, 4대1의 비율로 긍정적인 보상이 처벌을 초과하여야 한다. 특히 여성 대상자는 범죄피해나 학대피해 등으로 인해 자아존중감이 낮은 경우가 많으므로, 동기유도적 면접(motivational interview)을 통해 여성 대상자가 가족, 직장 등의 개인적인 영역에서 그들의 개인적 자원을 만들고 강화시키도록 돕는 방법이 유용하다. 예를 들어 구두/서면 칭찬으로 보상을 하거나, 프로그램 수료증명서 수여하거나, 바우처를 통해 작은 금전적 보상을 하거나, 또는 어떤 긍정적인 행동을 촉진하는 특권을 부여함으로써 여성 대상자의 동기를 유발하는 것이 가능하다.

다섯째, 담당직원은 최소한의 정도의 교육수준이나 경험수준을 갖추어야 한다.

여섯째, 대상자의 범죄적 네트워크를 친사회적인 네트워크로 대체하도록 해야 한다.

일곱째, 재발방지프로그램과 사후관리프로그램을 포함해야 한다.

여덟째, 교정프로그램 평가목록(correctional program assessment inventory, CPAI)를 이용하여 이상의 원칙을 잘 지키는지 평가해야 한다.

만약 보호관찰관이 내부의 자원이나 인력으로 보호관찰대상자가 필요한 범죄유발적 욕구를 변화시킬 수 없다면, 보호관찰관은 적극적으로 외부기관이나 외부전문가와 대상자를 연결시켜 서비스를 이용할 수 있도록 중개해주어야 한다. 예를 들어 이런 기관이나 전문가로는 약물중독 대상자를 위해서 전문약물프로그램을 운영하는 병원이나 사회복지관, 치료감호소 등에 대상자의 치료를 의뢰할 수 있다. 만약 대상자가 정신건강에 문제가 있다면, 외부의 정신병원이나 치료감호소, 신경정신과 의원 등에 도움을 청할 수 있다. 만약 대상자가 도박중독 문제를 갖고 있다면, 보호관찰관은 내부자원이 없을 때, 외부의 단도박모임과 같은 치료공동체나, 주거형시설에 대상자의 치료를 의뢰할 수 있다. 만약 대상자가 직업을 갖기에 적절한 직업기술을 갖고 있지 않을 때, 보호관찰관은 외부기업의 직업훈련소나, 직업훈련학교, 학원, 직업소개소 등의 도움을 받을 수 있다. 또한 대상자가 피해자에 대한 배상을 완료하지 못해 지역사회에 재통합하기 어렵다면, 지역사회의 배상센터나 외부통근센터 등에 대상자를 의뢰할 수도 있다.

이처럼 현대의 보호관찰관에게 지역사회의 외부서비스를 중개하는 역할은 점점 더 중요해지고 있다. 현대의 보호관찰에서 보호관찰관의 역할은 크게 다음의 두 가지의 순수모델로 나누어 볼 수 있다. 하나는 케이스워크 감시모델(casework supervision model)로서, 이것은 보호관찰의 전통적인 모델이라고 할 수 있는데, 이 모델에서 보호관찰관의 역할은 대상자들이 자신이 가진 능력과 자질을 찾아내게 하여 자신이 처한 문제를 극복하도록 도우며, 대상자들이 살고 있는 환경에서 이러한 문제극복을 위한 자원들을 찾아내어 이용하도록 도움을 주는 것이다. 이 모델은 기본적으로 의료모델의 지역사회에서의 연장이라고 할 수 있으며, 대상자를 바라보는 시각은 사회복귀프로그램을 통해서 대상자들이 얼마나 개선되는지에 대해 초점을 맞춘다. 그러나 이 모델에서 보호관찰관은 보호관찰 대상자들을 도와줄 수 있는 유일한 사람이므로, 보호관찰의 업무량이 점점 많아지는 현대의 보호관찰에서는 잘 맞지 않는 모델로 인식되고 있다(Latessa and Smith, 2015:255–256).

다른 하나는 중개감시모델(brokerage supervision model)로서, 이 모델에서 보호관찰관은 대상자들의 행동변화에 관심을 가진다기보다는, 오히려 대상자들의 욕구를 파악하고 이러한 욕구를 적절히 다루어줄 수 있는 서비스를 받도록 하는 데 관심을 가진다. 이 모델에서 보호관찰관은 대상자의 직접적인 치료를 담당한다기보다는, 대상자에게 지역사회에서 이용가능한 자원을 연결해주는 관리자나 중개인의 역할을 한다. 이 모델에서 보호관찰관은 지역사회의 자원과 그 서비스의 이용가능성에 대해 매우 소상하게 알고 있을 필요가 있다. 그러나 모든 보호관찰관들이 모든 분야의 지역사회자원과 그 이용가능성에 대해 상세하게 알기는 어려우므로, 각각의 보호관찰관은 전문분야를 개발하여 자신이 맡은 전문분야의 지역사회자원에 대해 해박한 지식을 가질 필요가 있다. 이 모델에서 대상자와 밀접한 관계를 유지할 필요성이 있는 사람은 보호관찰관이 아닌 지역사회의 다양한 기관에서 보호관찰 대상자에게 서비스를 제공하는 사람들이다. 그러나 현실의 보호관찰에서 이 두 보호관찰관의 역할모델은 지역에 따라서 혼합되어 사용된다(Latessa and Smith, 2015:257－261).

2. 지역사회감시에서 자원봉사자의 활용

시설 내 교정에 비해서 지역사회교정에서 대상자를 감시하기 위해 지역사회의 자원봉사자를 이용하는 것은 매우 자연스럽고, 오래되었다. 지역사회교정에서의 자원봉사자는 보호관찰소나 소년원, 지역사회 중간처우소, 법원 등의 다양한 시설에서 법을 집행하는 공무원을 무보수로 도와주는 일을 하는 사람들을 말한다. 보통 이들에게 노동의 대가는 주어지지 않으며, 약간의 수고비가 주어지더라도

[표 5-6] 지역사회교정에서 자원봉사자의 봉사분야와 사례

자원봉사 분야	자원봉사 실제 사례
청소년 선도·멘토링	• 퇴직교사 A씨는 대전소년원생 H군과 결연을 맺고 소년원을 방문, 이야기를 나누며 멘토링 실시 • 대학생 G씨는 비행청소년 M군과 결연 후 야구경기 관람, 놀이동산 방문 등 건전한 놀이문화 체험교육 • 고등학교 담임교사 G씨는 보호관찰중인 M군과 결연 후 수시 면담을 통하여 청소년 선도
물품지원: 컴퓨터, 도서, 후원금 등	• 용산컴퓨터 사장 K씨는 매월 1회, 불우청소년 가정에 최신 컴퓨터 증정 • 사업가 G씨는 안양소년원에 청소년 권장 도서 50권 증정 • 전자제품 수리공 M씨는 저소득층 가구에 대하여 무료 전자제품 수리 • 사업가 Y씨는 불우출소자들의 긴급한 생계지원을 위한 후원금 지원
전문재능기부: 의료, 문화, 미용 등	• 한의원을 운영하는 J씨는 ○○군 오지마을 10곳을 방문하여 마을회관에서 고령 노인의 다리, 허리통증 치료 • 중식요리사 I씨는 복지관, M씨는 부산소년원에서 '사랑의 짜장면' 제공 • 미용사로 근무하는 H씨는 ○○군 오지마을 순회하며 미용 봉사
학업지원: 검정고시 학습지도 등	• 대학생 B씨는 서울소년원에서 학습지도 미술학원을 운영하는 C씨는 복지관에서 저소득 가구 학생 5명에게 그림그리기 지도
취업지원: 자동차정비소, 미용실, 주유소 등 일자리 제공	• 정비소 사장 P씨는 무직 청소년에게 일자리 제공 후 자동차 정비 지도 • 기업체 사장 K씨는 출소자를 자신의 기업에 취업시켜 기술지도를 하여 숙련공으로서 자립토록 지원

출처: 보호관찰 홈페이지(현재 접속불가).

이들의 최저임금에 미치지 못하는 수준의 금액이 주어진다. 지역사회교정은 특성상 범죄자의 교정에 다양한 지역의 자원을 동원하게 되므로, 지역의 자원봉사자의 활용이 필수적이다.

　　지역사회교정에서 자원봉사자가 일할 수 있는 분야는 청소년 선도 및 멘토링, 컴퓨터, 도서 등의 물품지원, 의료, 문화, 미용 등의 전문재능기부, 검정고시 학습지도 등의 학업지원, 그리고 자동차정비, 미용실, 주유소 등의 일자리 제공과 같은 다양한 분야가 있다. 가장 대표적인 분야는 보호관찰관이 소년 보호관찰 대상자를 담당하는 것처럼, 동일하게 소수의 소년 대상자를 맡아 주기적으로 면담하여 이들의 선도하고 어려움을 해결해주는 역할을 하는 것이다. 또한 멘토(mentor)의 역할을 맡아서, 비행청소년들이 주변에서 찾기 어려운 바람직한 어른의 역할을 보여주고 이들을 선도하는 것 또한 이미 우리 소년원에서 활발히 시행하고 있다([그림 5-5] 참조). 그 외에도 소년원에서 퇴직교사가 자원봉사자로서 학습지도를 한다든지, 자립을 위해 직업기술을 가르친다든지, 대학원생이 소년의 멘토가 된다든지, 자동차정비소를 운영하는 사장이 대상자의 일자리를 제공한다든지 하는 것은 이미 우리 보호관찰 분야에서 흔히 있는 일이다. 다음의 표는 자원봉사의 분야와 실제 사례들을 보여주는 표이다.

　　한국에서 지역사회교정 분야에 자원봉사자를 처음으로 활용하게 된 것은

[그림 5-5] 보호관찰 자원봉사자 활동사례 동영상(천일의 약속)

출처: 보호관찰 홈페이지(현재 접속불가).

지역사회교정론

1988년 만들어진 보호관찰법에 보호위원제도를 둔 것이 최초였는데, 이후 보호선
도위원, 갱생보호위원, 선도위원 등의 다양한 이름으로 자원봉사자를 지역사회교
정에서 활용하다가, 1996년 이들을 모두 통합하여 범죄예방자원봉사위원(속칭 범
죄예방위원)으로 통합하여 대검찰청에서 관리하게 되었다. 그러나 이 통합 후 권력
기관인 검찰이 관리를 담당하게 되면서, 갱생보호형에 비해 지역유지형의 자원봉
사자가 대다수를 이루게 되고, 실제 지역사회교정에서 자원봉사자 제도가 다소
위축되는 결과를 가져오게 되었고, 급격히 대상자와의 결연율이 저하되는 결과를
낳았다. 따라서 최근에는 다시 보호관찰 분야에서 활동하는 범죄예방위원을 '보호
관찰위원'으로 칭하고, 보호관찰소에서 관리하는 제도를 신설하게 되었다(보호관찰
위원 운영규정 6조).

　　<보호관찰 등에 관한 법률 시행규칙> 제10조에 따르면, 범죄예방위원의
직무는 지역사회에서의 범죄예방활동 전개, 보호관찰 대상자 지도, 사회봉사명령
집행감독등 보호관찰활동 지원, 범법자에 대한 상담지도, 범법자에 대한 취업알
선·재정지원, 그리고 그 외 법무부장관이 정하는 사항으로 정하고 있다. 그 외 동
법 25조의 2에는 원호협의위원도 둘 수 있도록 되어 있는데, 이들은 지역사회의
명망있는 사람들로 구성하여 보호관찰 대상자와 그의 가족에 대한 생계, 의료·교
육·법률 문제 해결, 직업훈련, 취업알선, 기초생활수급자 지정 등의 지원활동을
하는 것으로 규정되어 있다. 그리고 <보호관찰위원 운영규정> 제8조에 따르면,
보호관찰위원의 직무는 다음의 5가지이다.

① 보호관찰대상자 면담 등 지도, 원호 및 재정지원 활동
② 사회봉사명령 집행감독, 교육 프로그램 진행, 환경조사 등 보호관찰 업무
　　보조
③ 보호관찰소 선도조건부 기소유예 처분을 받은 사람에 대한 선도업무 보조
④ 지역사회 청소년 및 일반 시민을 상대로 한 법교육과 그 지원활동
⑤ 기타 지역사회에서의 범죄예방활동과 봉사활동

　　그러나 교정분야에서 자원봉사자들을 활용하는 것에 대해 회의적인 의견 또
한 존재한다. 챔피언(Champion, 1999:401-402)은 교정분야에서 이러한 비판적인 견
해를 8가지로 정리하였는데, 이 중 지역사회교정 분야에서 중요한 것 몇 가지를

살펴보면 다음과 같다.

첫째, 자원봉사자가 너무 순진해서 대상자로부터 피해를 입을 수 있다. 실제로 종종 소년 보호관찰대상자들은 대학생 자원봉사자들을 오히려 심리적으로 지배하는 경우가 있으며, 종종 피해도 당한다. 심지어 자원봉사자가 대상자에게 설득되어, 준수사항을 위반하는 데 도움을 주기도 한다.

둘째, 자원봉사자들은 대상자들에 대해 종종 장기적 관점의 노력을 하지 않는다. 그들이 보수를 받지 않고, 종종 짧은 기간 동안 대상자들을 담당하다가 다시 떠나기 때문에, 대상자들은 자신에 대한 담당자의 잦은 교체에 스트레스를 받는다.

셋째, 자원봉사자들은 종종 독자적으로 일을 하길 원하지 않아서, 지역사회감시관들에게 추가적인 부담이 된다.

넷째, 자원봉사자들은 종종 전문지식이나 경험이 없어서, 대상자들이 준수사항을 어길 때 이들을 보고하는데 어려움을 느낀다.

다섯째, 법집행기관과 법원은 종종 보호관찰관의 역할을 대신하는 자원봉사자들에게 정보를 제공하길 꺼린다. 따라서 자원봉사자들은 대상자에게 대해 정확히 파악하는데 한계가 있고, 이것은 지역사회감시의 질 저하로 이어진다.

여섯째, 자원봉사자들이 보수를 받지 않기 때문에, 종종 보호관찰관과 같이 명령에 잘 따르지 않고, 적절한 감시를 위해 지켜야 할 활동수준(일정이나 시간)을 유지하지 못한다.

이러한 지역사회감시에서 자원봉사자를 활용하는 것의 한계는 대부분 철저한 자원봉사자의 선별과 관리를 통해 해결할 수 있는 것이지만, 자원봉사자들이 진정으로 대상자들이 사회에 통합되고 복귀하는데 관심을 가진다기보다 다른 개인의 사리사욕에 관심을 둘 가능성이 있는 것은 중요한 문제이다. 예를 들어 권력기관에 줄을 서서 자신이 운영하는 사업에 이득을 얻으려고 시도하는 것은 쉽게 생각해볼 수 있는 문제점이다. 이런 사람들은 결과적으로 질 높은 감시와 대상자의 개선에 방해가 된다.

그러나 한편으로 보호관찰관과 같은 지역사회감시관 또한 이런 문제를 가질 수 있다. 대표적으로 보호관찰관의 과중한 업무량 및 오랫동안의 근무 중 받는 스트레스와 이로 인한 기력의 소진(burnout)은 자원봉사자와 마찬가지로 지역사회감시의 질을 떨어뜨릴 수 있는 요인이다. 이러한 "소진은 특히 보호관찰관이 조직의 의사결정과정에서 소외되고, 조직의 목표와 보호관찰관이 생각하는 목표가 달라질 때 크게 나타난다"(Champion, 1999:397). 예를 들어 조직은 보호관찰대상자의 사회복귀를 표방하지만, 실제로는 이들의 감시에 대부분의 초점을 맞출 때, 일선의 보호관찰관들은 지친다. 지친 보호관찰관들은 더 이상 지역사회감시 대상자들에게 질 높은 서비스를 제공하지 않을 것이다.

Community Correction Theory

제6장

특수범죄자의 지역사회교정

지역사회감시의 대상자들 중에는 특별한 욕구를 갖는 사람들이 있다. 예를 들어 성범죄자, 약물중독범죄자, 여성범죄자, 정신장애범죄자, 소년범죄자 등이 그것이다. 소년범죄자는 이들의 욕구를 반영하여 만들어진 소년사법제도와 함께 11장에서 따로 논의할 것이므로, 이 장에서는 여성범죄자, 약물중독범죄자, 정신장애범죄자, 성범죄자에 대한 지역사회교정에 대해 논의한다.

제1절 여성범죄자

1. 여성범죄자에 대한 위험성/욕구/반응성 전략

범죄는 여성들이 주로 범하거나 남성들이 주로 범하는 성에 특화된 범죄(gender-related crime)와, 성에 관계 없이 비슷한 비율로 범하는 성 중립적 범죄(gender-neutral crime)의 두 가지로 구분할 수 있다. 남성들은 주로 강간이나 폭행 범죄를 주로 범하지만, 여성들은 가족과 관련된 범죄 등의 범죄를 주로 범한다.

그외 여성들이 많이 범하는 사기나 횡령, 약물, 절도와 같은 범죄는 꼭 여성에 한정되지 않고 남녀가 모두 많이 범하는 성 중립적 범죄들이다. 범죄분석(대검찰청, 2000)에 따르면, 여성비율이 과반수 이상인 범죄로는 (아동)유기 62.6%, 건강기능식품법 51.4%, 공중위생관리법 52.1%, 마약류관리법(마약) 54.8%, 성매매 알선 등 행위 처벌법 42.0%, 식품위생법 60.3%, 아동복지법 47.0%, 영유아보육법 92.4%, 의료법 55.7%, 학원설립 운영 및 과외교습법 62.9% 등이 해당한다. 이들은 주로 가족과 관련되거나, 식품, 교육 등의 여성이 주로 담당하는 일이나 성행위와 관련된 범죄들이다. 그 외 과반수는 미치지 못하지만, 절도, 사기, 횡령 등도 여성들이 많이 개입한다.

이처럼 여성들이 주로 하는 범죄들은 대부분 폭력성이 낮은 범죄들이라 여성범죄자의 위험성은 낮은 편이다. 여성 보호관찰대상자는 주로 남성파트너의 종범이거나 재정적 어려움으로 범죄를 한 사람들이 많고, 보통 여성 보호관찰대상자들은 학력이나 기술수준이 낮으며, 자녀를 데리고 있는 경우가 많아서 보통 빈곤에 시달리는 경우가 많다. 또한 여성 대상자들은 보통 어릴 적부터 부차적인 전통적인 역할을 배우고 자라며, 어릴 적에 성적 학대를 경험한 경우가 많고, 이것은 후에 여성의 자아존중감을 떨어뜨리고 감정적, 정신적 문제를 겪게 만들며, 약물남용에 빠지게 만들어 범죄와 연루되게 만드는 경향이 있다(Alarid, 2017:112). 범죄행동에서도 부차적인 역할을 맡아 종범으로 기소되는 경우가 많으며, 빈곤으로 인해 법률지식이나 법원에 대한 접근성도 상대적으로 떨어지는 편이다. 이처럼 여성범죄자의 욕구는 남성범죄자의 그것에 비해 매우 상이하다.

그러나 여성범죄자가 교정에서 매우 소수인 관계로, 위험성과 욕구를 평가하는 도구는 대부분 남성범죄자를 대상으로 개발되었다. 따라서 여성범죄자를 위해 이용할 수 있는 도구는 그리 많지 않으며, 한편으로 여성범죄자의 위험성과 욕구를 평가하는데 별개의 도구를 쓰는 것이 맞는지에 대해서도 이견이 있다. 따라서 최근에 만들어진 위험성 및 욕구평가시스템은 동일한 도구를 이용하여 도출된 점수에, 여성의 낮은 위험성을 감안하여 위험성에 따른 집단의 분류시에 다른 기준을 적용하는 방식으로 만들어지고 있다. 예를 들어 오하이오 위험성 평가시스템(ORAS)은 같은 예측요인들을 사용하여 점수를 구한 다음, 성별로 다른 점수기준을 사용하여 집단들을 분류한다. 예를 들어 이 책의 [그림 5-3]의 지역사회감시

대상자를 위한 도구(ORAS – CST)에서 남성은 총점 24 – 33점이 위험성이 '높음' 범주에 들지만, 여성은 22 – 28점이 '높음' 범주에 해당한다.

이렇게 여성범죄자에 대한 위험성(risk) 평가가 끝나면, 이들에 대한 개입을 위해 대상자의 범죄유발적 욕구를 파악해야 하고, 이 욕구(needs)에 기초하여 개입프로그램을 반응적(responsivity)으로 구성해야 한다. 라테사와 스미스는 여성 지역사회감시 대상자는 보통 약물프로그램을 필요로 하며, 이러한 프로그램에는 다음과 같은 욕구들에 반응하여 구성될 필요가 있다고 지적한다(Latessa and Smith, 2015:346).

- ▸ 음식, 의복, 주거
- ▸ 교통수단
- ▸ 직업상담과 훈련
- ▸ 법률 지원서비스
- ▸ 읽고 쓰기 교육과 학과교육
- ▸ 자녀양육교육
- ▸ 가족치료
- ▸ 부부상담
- ▸ 의료지원
- ▸ 자녀보호지원
- ▸ 사회복지지원
- ▸ 사회적지지
- ▸ 심리평가 및 정신건강치료
- ▸ 자신감 증진훈련

이상의 여러 여성범죄자에 고유한 욕구들에 기초하여 여성맞춤형의 프로그램을 만드는 것은 매우 중요하다. 왜냐하면 남성을 대상으로 만들어진 많은 프로그램이 여성범죄자에게는 맞지 않기 때문이다. 따라서 여성맞춤형의 프로그램은 앞서 본 여성 대상자의 독특한 특성들을 반영하여 만들어질 필요가 있는데, 예를 들어 아동기 성범죄피해와 약물남용은 여성범죄자들 사이에 매우 일반적인 경험인데, 이런 프로그램들은 여성들만으로 구성된 클래스에서 시행하는 것이 가장 효과적이다(Alarid, 2017:112).

2. 여성범죄자의 탈시설화를 통한 다이버전

여성들은 심리적으로 분노를 내면화하는 경향이 있고, 이것은 특성상 구금된 여성이 높은 비율의 자기파괴적인 행동(자살, 자해, 감방손괴)을 하게 만든다. 미국에서 교도소에 구금된 여성들은 정서장애로 약물치료를 받는 여성재소자 비율이 높으며(주교도소의 23%, 군교도소의 17%), 약물의존도가 높지만 약물치료프로그램에 대한 접근은 오히려 종종 더 어렵다. 또한 신체적, 성적 학대를 당한 여성재소자는 약물치료에서 특별한 고려가 필요할 수 있으며, 치료과정에서 오히려 자아존중감이 더 낮아질 가능성도 있다. 만약 여성이 교도소에 구금되어 자녀와 분리가 된다면, 이에 따른 죄책감과 걱정이 상대적으로 훨씬 더 크게 되며, 남성재소자에 비해 더 많은 접견기회가 필요하지만, 현실은 여성교도소가 많지 않기 때문에 주거지와 먼 곳에 보통 수용되며, 따라서 남성재소자에 비해 상대적으로 적은 가족과의 접견기회가 주어진다. 또한 여성이 교도소에 수용되면, 남성에 비해 나머지 가족구성원으로부터 거부되는 가능성이 더 높은데, 이것은 가족 내에서의 여성에 지위가 남성에 비해 더 낮기 때문이다(Belknap, 2009). 이처럼 여성을 교도소에 구금하는 것은 남성에 비해 훨씬 더 나쁜 결과를 가져온다.

여성범죄자는 위험성이 상대적으로 낮기 때문에 다이버전(전환처우)을 통하여 교도소가 아닌 지역사회시설에 수용하는 것을 적극적으로 검토할 필요가 있다. 특히 여성에게 보호해야 할 어린 자녀가 있다면 더욱 여성을 위한 지역사회시설에 수용하는 것을 검토할 필요가 있다. 이것은 그 어린 자녀가 미래에 소년원에 가는 악순환을 막기 위해서라도 매우 중요하다. 1983년 미국 인디애나폴리스에 개설한 존 크레인하우스(John Craine House)는 취학전 아동을 둔 경범죄 또는 비폭력 중범죄 여성범죄자의 욕구를 반영하여 만들어진 시설이다. 이곳에는 여성범죄자와 자녀를 함께 수용하여 여성이 경제적, 감정적으로 독립하는 것을 돕고, 엄마－자녀 관계를 유지하며, 그리고 범죄자 자녀의 잠재적인 비행을 억제하는 것을 목표로 한다. 여기에는 5－6개월 정도 보통 수용하는데, 교도소 구금에 비해 1/3

비용으로 엄마와 아동에 대한 훨씬 더 많은 처우프로그램을 제공한다. 여기에서 제공하는 프로그램은 직업훈련, 학과교육, 자녀양육교육, 약물남용치료, 가계예산 관리 등이 있다(Alarid, 2017:187 – 188).

[그림 6-1] 크레인하우스의 초기 모습

출처: 유튜브 Craine House "The Challenge to Change" 화면 캡처.

제2절 약물중독범죄자

약물문제는 범죄를 유발하는 대표적인 욕구라고 할 수 있다. 약물에 취한 상태에서 음주운전이나 성범죄 등을 할 수도 있지만, 약물을 살 비용마련을 위해 강도나 절도와 같은 다른 범죄를 저지르기도 한다. 약물과 범죄와의 관련성은 다음의 세 가지 측면에서 이해할 수 있다(Hanser, 202010:417).

첫째, 약물중독자들은 그렇지 않은 사람들에 비해 더 많은 범죄를 하는 경향이 있다.

둘째, 많은 범죄자들은 약에 취한 상태에서 범죄를 한다.

셋째, 많은 폭력범죄사건에서 약물이 폭력을 유발한다.

이처럼 약물남용은 범죄와 밀접한 관련이 있는 요인이다. 약물남용은 여성도 많이 하는 범죄이며, 과거와는 달리 최근에는 계층이나 연령에 관계없이 약물이 침투하고 있다. 약물남용은 대표적인 피해자 없는 범죄(victimless crime)로서, 지역에 따라서는 비범죄화되는 경우도 있으며, 범죄자보다는 환자로서 대하려는 움직임도 있다. 따라서 약물범죄자에 대한 대응방식도 이런 흐름을 반영하여 다양화되고 있다.

약물범죄자를 지역사회에서 감시하는데는 다음의 몇 가지 어려움이 존재한다(Alarid, 2017:131).

첫째, 양질의 약물치료프로그램에 훈련받은 전문적인 직원을 배정하기가 어렵다.

둘째, 대상자에게 지역사회프로그램을 할당하는 데 있어서 공간부족 등의 문제가 있다.

셋째, 대상자를 의무적 치료프로그램에 계속 유지하는 데 어려움이 있다.

넷째, 치료가 끝난 후 상황적 문제(스트레스 등)로 인한 재범문제가 있다. 이런 어려움으로 인해 처우유지모델(treatment retention model)이 중요하며, 이것은 대상자가 구금되었을 때 일찍 약물치료를 시작하고, 출소할 때 인지행동/재발방지 프로그램을 통해 계속 처우를 유지하는 것이다.

지역사회교정에서 약물범죄자에 대한 개입은 크게 항중독약물치료, 약물법원 그리고 치료공동체로 나눌 수 있고, 여기에서는 이들을 차례대로 살펴본다.

1. 항중독약물치료

약물중독자에게 다른 약물을 투여하여 그들의 약물선호도를 바꾸려는 전략은 오랫동안 사용되어온 전통적인 기법이다. 이런 약물들은 약물중독자들이 특정의 약물에 대한 욕구를 감소시키는 약물인데, 중독된 약물의 유형에 따라 보통 다른 약물이 사용된다. 현재 지역사회치료에서 많이 사용하는 약물은 다음의 세 가지이다(Alarid, 2017:131-132).

첫째, 앤터뷰스(Antabuse)는 명칭 그대로 항약물중독 약이다. 이것은 알코올중독을 치료하는 약으로서, 대상자가 알코올을 섭취할 경우 거부반응을 불러일으켜 알코올중독을 치료한다. 보통 보호관찰관이 지켜보는 앞에서 2-3일 주기로 약을 복용하게 된다.

둘째, 메싸돈(Methadone)이나 부프레노르핀(Buprenorphine)은 모두 아편류 약물중독을 치료하는 약이다. 중독자들이 이 약을 복용하면 아편의 금단증세를 완화해주는 효과가 있는데, 치료효과를 보려면 장기간 복용해야 하는 단점이 있다.

셋째, 넬트렉손(Naltrexone)은 아편이나 알코올이 주는 즐거움을 감소시켜 이런 약물의 중독치료에 도움을 주는 약물이다. 처음에는 아편중독자에게 사용되었다가, 후에는 알코올중독자에게도 효과가 있는 것으로 알려져 사용되게 되었다.

그러나 메싸돈과 같은 항중독약물 치료에 대한 부정적인 시각도 존재한다. 가장 중요한 비판은 약물중독을 치료하기 위해 메싸돈과 같은 다른 약물에 중독되고, 이것은 중독치료로 볼 수 없다는 것이다. 치료의 목표는 완전한 약물의 절제여야 하지, 다른 약물의 노예가 되는 것은 아니라는 것이다. 그 외 메싸돈과 같은 항중독약을 와인과 함께 복용함으로써 원래의 즐거움을 감소시키는 효과를 막는다든지, 다른 사람의 소변을 주기적으로 사서 소변검사를 제출한다든지 하는 문제점도 지적된다(McCarthy and McCarthy, 1997:391-392).

2. 약물법원

약물법원(drug courts)은 약물중독범죄자들이 가진 욕구를 이해하고, 이들을 강력히 처벌하는 것에서 벗어나, 판사, 검사, 변호사, 보호관찰관, 처우전문가 등이 팀을 이루어 장기간 협력하여 약물중독범죄자가 범죄를 하게 만드는 약물중독 문제를 근본적으로 치료하려는 문제해결형 법원(problem-solving courts)의 한 형태이다. 이것은 약물중독범죄자에 대한 구금을 지양하고, 보호관찰과 치료를 결합한 것으로, 초기에는 판사들의 거부감으로 인해 도입하는데 어려움을 겪었으나 현재는 미국에서 매우 활발하게 이용되고 있는 약물범죄자에 대한 개입방법이다.

미국은 1989년까지 거의 40년 이상 동안 약물에 대한 전쟁(war on drugs)을 통해 약물남용에 대해 일관되게 강경대응 정책을 통해 약물문제를 완화하려고 시도했다. 그러나 미국에서 약물수요가 줄기는커녕, 가장 엄중한 수용시설인 교도소에서조차 약물이 빈번하게 남용되기도 했다. 이렇게 약물에 대한 전통적인 대응책이 거의 아무런 효과를 보지 못하자, 미국의 판사들은 약물범죄자에 대한 구금이나 단순 보호관찰보다는 약물법원을 새로운 대안으로 생각하기 시작했다(Latessa and Smith, 2015:353). 결과적으로 1989년 플로리다주에서 처음으로 시작된 약물법원은 현재 미국 내에 3,000개 가까이 늘어나게 되었다(Latessa and Smith, 2015:358).

약물법원의 대상자 치료에 참여한 사람들은 보통 1달에 1번씩 모여 회의를 하며, 각자가 맡은 부분에서 대상자가 어느 정도의 진전을 이루었는지, 또는 어떤 문제가 있는지에 대해 논의하며, 여기에 기초해 새로운 조치를 취하기도 한다. 약물법원의 주요 구성요소는 크게 여덟 가지로 나눌 수 있다(Ashford et al., 2002; Latessa and Smith, 2015:359).

첫째, 약물법원은 알코올 및 약물치료서비스를 형사사법기관의 사건처리과정과 결합한다.

둘째, 검사와 변호사가 협력하여 피고인의 적법절차의 권리를 보호하면서도 대중의 안전을 증진시킨다.

셋째, 약물법원프로그램에 적절한 대상자가 일찍 가려지고 신속히 배치된다.

넷째, 약물법원은 대상자가 알코올, 약물, 기타 다른 처우 및 재활서비스에 연속적으로 접근할 수 있게 해준다.

다섯째, 잦은 알코올 및 약물검사를 통해 약물을 멀리하는지 감시한다.

여섯째, 협력적 전략을 통해 대상자가 순응하도록 노력한다.

일곱째, 약물법원 대상자와 법원의 계속되는 상호작용은 필수적이다.

여덟째, 프로그램에 대한 모니터링과 평가를 통하여 프로그램 목표의 달성을 측정하고 효과적인지 평가한다.

아홉째, 계속되는 학제적 교육을 통해 약물법원의 입안, 시행 그리고 작동이 효과적이 되도록 노력한다.

열 번째, 약물법원, 공공기관 그리고 지역사회에 기초한 조직들 사이의 협력체계를 구축함으로써, 지역의 지지를 만들어내고 약물법원 프로그램을 효과적으로 만든다.

약물법원은 보통 1년 과정, 4단계 레벨시스템으로 운영된다. 1단계는 일반적으로 가장 강력하게 시행하는 단계로, 입원치료나 매주 12시간 외래치료로 구성되며, 치료내용은 침을 통한 해독, 집단/개인 상담, 소변이나 타액, 망막검사를 통한 약물검사로 보통 구성된다. 대상자가 적절한 행동(고용유지, 약물미사용 등)을 계속할 때 다음 레벨로 진급하게 되는데, 레벨이 높아짐에 따라 점점 약한 개입을 사용(예, 외래치료)한다. 만약 약물사용이 재발되면 프로그램의 일부를 다시 이수하게 하거나 단기간의 구금을 할 수 있다. 청소년 약물법원에서는 부모의 참여도 따로 요구한다. 약물법원을 시행형태별로 나누면 크게 두 가지 유형으로 나눌 수 있다(Alarid, 2017:132−134; Latessa and Smith, 2015:360).

첫째, 판결 전 약물법원(pre−adjucation drug courts)으로서, 이것은 미국 내에서 50% 정도에 해당하는데, 성공적으로 약물프로그램을 이수하면, 유죄판결을 면제해 주거나 매우 경감된 형벌(예를 들어 중범죄를 경범죄로 처벌)을 부과하는 형태로 운영된다. 만약 대상자가 성공적으로 약물프로그램을 이수하지 못하면, 원래의 범죄로 기소되어 보통 구금형이 선고된다.

둘째, 판결 후 약물법원(post−adjucation or post−dispositional drug courts)으로서, 이것은 판결은 유지되지만, 교도소에 들어가지 않는 조건으로 약물법원프로그램에 참여하는 것이다. 이것은 보통 유죄답변협상에 의해 유죄를 인정한 후에 제안되거나, 대상자 감시계획의 한 부분이거나, 형을 감경하기 위해 제안되거나, 아니면 유죄판결을 완화해주는 프로그램이다. 만약 대상자가 성공적으로 약물프로그램을 이수하지 않으면, 원래의 형이 집행된다.

이 약물법원의 한 하위유형으로 음주운전자법원(drunken driving under intoxication drug courts, DUI courts)이 있다. 이 법원은 초범 음주운전자를 받기도 하지만, 보통은 약물의존성이 있는 상습음주운전자들을 대상으로 한다. 이 음주운전자 약물법원은 판사, 검사, 변호사, 보호관찰관, 치료전문가 등이 참여하여 팀을 이루어 2주마다 음주운전자의 재활상태를 체크하는 회의를 연다. 이들에 대한 프로그램으로는 잦은 약물검사, 보호관찰에 이은 집중감시보호관찰, 치료서비스, 보호관찰관의 가정방문, 즉각적인 보상과 제재 등이 포함된다. 대상자가 프로그램을 성공적으로 이수하지 못하면, 사회봉사나 구치소 구금이 될 수 있으며, 시동잠금장치를 차에 설치하게 될 수도 있다. 만약 지속적으로 준수사항을 위반하면 보호관찰을 취소하고 구금하게 된다(Latessa and Smith, 2015:363-364).

3. 치료공동체

치료공동체(therapeutic communities)는 보다 강한 약물중독자들을 위한 주거형 약물치료센터로서, 알코올중독범죄자나 약물중독범죄자들이 이들을 멀리하게 하기 위한 장기간의 치료에 초점을 맞추고 있다. 약물법원이 경미한 약물중독자에게 효과적인 반면, 치료공동체는 장기간의 다종약물 중독자에게 효과적이다. 치료공동체의 적절한 대상자로는 알코올이나 약물남용으로 인해 중간처우소, 보호관찰, 가석방 등에서 실패한 사람, 교도소에 갈 사람 중에서 다이버전 대상이 된 사람, 그리고 교도소 내의 치료공동체나 다른 약물프로그램을 수료한 사람이다 (Alarid, 2017:138).

치료공동체는 지지적인 대리가족의 분위기를 지향하며, 대상자들은 매일 시설 내에서 청소 등의 잡일을 마친 후, 동료들과의 시간을 갖는데, 여기서 각자의 태도와 행동에 직면하게 된다. 이런 회의의 목표는 대상자들이 욕구나 스트레스에 대한 반응으로 채택하게 되는 방어기제와 변명을 깨뜨리고, 새로운 행동, 태도, 습관을 붙이는 것이다. 치료공동체는 소수의 스탭을 제외하면 거의 대부분 동료참가자들에 의해 운영되고, 여기서 레벨에 따른 위계에 의해 다양한 리더 역할을 얻고 규칙을 집행하는 역할을 하게 된다. 치료공동체는 3단계로 주로 구성되는데, 1단계는 자신의 문제에 대해 충분히 인식하고, 변화를 위해 동기화하는 단계이며, 2단계는 개인 및 집단상담을 통해 약물을 사용하게 만드는 부정적 감정과 사고패턴을 변화시키는 새로운 인지적 기법에 노출시키는 단계이고, 마지막으로 3단계는 삶의 목표를 새로 세우고, 이를 위해 다른 분야에서 적응하는 데 도움이 될 자산을 마련하는 단계이다(Alarid, 2017:138).

국내에서 운영되고 있는 알코올중독자를 위한 인천의 한 치료공동체는 4단계 과정으로 치료단계를 구성하고, 신입, 팀원, 부팀장, 팀장의 5개월 과정으로 알코올중독자를 치료하는 치료공동체 프로그램을 시행하고 있다.

[그림 6-2] 알코올중독자들을 위한 인천 새삶 치료공동체

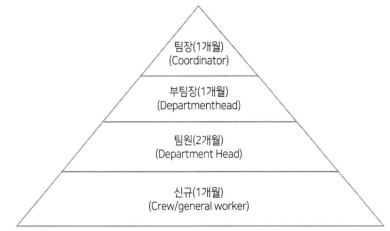

출처: 유튜브 화면 캡처.

치료공동체의 문제점으로는 다음의 몇 가지가 지적되고 있다(Alarid, 2017:138; McCarthy and McCarthy, 1997:393).

첫째, 치료공동체의 수료율이 낮다. 실제로 치료공동체 참가자는 첫 한 달 동안 25%−85%가 탈락하는 것으로 알려져 있다.

둘째, 프로그램에서 탈락하거나 부적절한 행동을 한 동료들에 대한 모멸적인 행동이 잦다. 예를 들어 바보 표시를 한 모자를 쓰게 하거나, 머리를 삭발하는 등 교정프로그램으로서 용납하기 힘든 내용들이 많다.

셋째, 치료공동체에 적합한 대상자가 매우 소수에 불과하다. 실제로 헤로인 중독자 중에서 치료공동체에 적합한 대상자는 단지 2%에 불과하다고 한다.

넷째, 치료공동체의 도움으로 약물의존 문제를 개선한 수료생들이 다시 사회로 복귀하여 독립적으로 잘 살아가는지에 대해 의문이 있다. 이 프로그램을 수료한 사람들의 상당수는 사회에서 성공적으로 적응하여 살아가기보다는 이 프로그램에 스탭으로 남는 경향이 있다.

심리학에서 이상행동은 그 심각성에 따라서 크게 다음의 세 가지로 나뉘어진다.

첫째, 정신증(psychosis)으로서, 이것은 부적응의 정도가 매우 심각한 심리장애이다. 본인이 자신의 이상증세에 대해 인식하지 못하기 때문에, 주로 주변 사람들에 의해 강제로 치료기관을 찾는다. 이들은 형사책임이 없는 사람들로 병원에 입원치료가 필요한 사람들이다. 여기에 속하는 것으로는 조현병(schizophrenia), 극도의 정서불안(major or severe affective disorder), 편집증(paranoid psychosis)이 있다. 조현병의 경우 망상(delusion), 환각(hallucination), 언어장애, 주의력 및 지각장애, 사고의 장애가 보통 나타난다.

둘째, 신경증(neurosis)은 흔히 노이로제로 불리는 것으로, 현실판단력에는 별 문제가 없지만, 생활적응에 여러 가지 주관적 불편함을 나타내는 심리적 장애를 말한다. 환각이나 망상은 나타나지 않으며, 자신의 이상증세를 인지할 수 있으므로, 형사책임이 있는 사람들이다.

셋째, 성격장애(personality disorder)로서, 이것은 성장기 자아의 불완전한 발달로 인해 나타난다. 보통 청소년기에 이미 증세가 나타나며, 오랫동안 지속되어 온 성격적인 특성으로 인해 적응상의 어려움을 겪는다. 이들도 자신의 행동이나 이상증세를 인지할 수 있으므로 형사책임이 있다. 성격장애 중 범죄와 주로 관련이 있는 것은 반사회적 성격장애(antisocial personality disorder)나 충동통제 장애(impulse-control disorder), 성도착증(paraphillia) 등이 있다. 이 중 반사회적 성격장애는 사회적 규범이나 타인의 권리를 무시하는 행동 양상을 보이며, 거짓말, 사기, 무책임한 행동, 폭력적 행동을 하면서도 죄책감을 느끼지 않는 특성을 나타낸다.

1. 정신장애범죄자의 위험성과 지역사회감시

정신장애인에 대한 대중의 위험성 인식과는 달리 정신장애와 범죄는 큰 관계가 없는 것으로 알려져 있다. 역사적으로 중세 이전에는 서구에서 정신장애인들은 가족들이 돌보았지만, 점점 정신장애인들을 수용하기 위한 전문시설이 만들어지고 정신장애인들은 이런 시설에 수용되어 대중의 관심으로부터 점점 멀어져갔다. 그러나 미국에서 1960년대와 1970년대 초까지 지역사회 정신보건법(community mental health act)에 의해 정신장애인들을 수용소에서 내보내 다시 사회로 돌려보내는 작업이 행해졌다. 그래서 사회에 정신장애인들이 넘쳐나자, 이들은 수용소에서 구치소로 전환하여 수용하는 바람(transinstitutionalism)이 불게 되었다. 그러나 정신장애인들에 대한 진정제 등의 발명으로 인해 정신장애인들을 어느 정도 치료할 수 있게 되자, 정신장애인들은 다시 사회로 보내졌지만, 이들에 대한 지역사회감시제도가 확립되어 있지 않은 관계로 다시 문제행동을 일으킨 정신장애인들은 구치소와 교도소에 수감되게 되었다(Allen et al., 2020:716-718).

정신장애인들이 범죄를 저질렀을 때 형사책임을 피할 수 있는 방법 중 하나는 정신이상으로 형사책임이 없다고 주장하는 방법이 있다. 다시 말해서 자신이 저지른 범죄는 부인하지 않지만, 그 행위의 본질을 이해하는 능력과 그 행위가 잘못 되었다는 인식이 없었다고 주장하는 것이다. 그러나 현재 미국에서 이러한 항변으로 무죄를 주장하는 경우는 전체의 1% 미만에 불과하다고 한다. 왜냐하면 이런 경우에 형을 선고받아 교도소에 구금되는 것보다 더 오랫동안 정신병원이나 치료감호소와 같은 시설에 구금될 수 있기 때문이다. 결국 이것은 판사나 검사들이 정신장애범죄자에 대한 대중의 공포를 이해하고, 이들을 사회에서 오래 격리해야 한다고 생각하기 때문이다. 심지어 미국은 많은 주에서 정신장애로 인한 항변 자체를 금지하기도 하였다(Allen et al., 2020:721-722).

이처럼 정신장애인이 정상인과 비교하여 범죄와 큰 차이가 없음에도 불구하고, 정신장애범죄자들을 지역사회에서 처우하는 것은 매우 위험한 것으로 여겨졌다. 그러나 라테사의 연구에 따르면, 정신장애범죄자들은 성범죄자, 약물범죄자, 고위험범죄자, 주기적 감시대상자 집단과 비교하여 지역사회감시에서 비슷하거나 오히려 양호한 성적을 나타냈다(Latessa and Smith, 2015:340). 그럼에도 불구하고 보호관찰관들은 정신장애 대상자를 맡아본 적이 없을 뿐만 아니라, 이들에 대한 전문지식이 거의 없었기 때문에 정신장애범죄자들에 대한 본격적인 지역사회감시는 최근에 정신건강법원이 설립되면서 시작되었다.

2. 정신건강법원

정신장애범죄자는 치료와 상담서비스를 받을 수 있는 다이버전 프로그램의 좋은 대상이 된다. 정신건강법원(mental health courts)은 약물법원과 유사하게 팀 문제해결적 접근을 사용하여 지역사회에서 대상자를 감시하고 처우하는 방법이다. 정신건강법원의 대상자는 크게 두 가지 경로를 통해서 선정되는데, 하나는 입소예정인 구치소에서 정신진단을 통해 대상자를 선정하는 것으로, 예를 들어 24시간 내에 구치소의 다이버전 담당관이 DSM의 축1에 있는 조현병, 불안/강박장애, 양극성장애, 우울증 등이 있는 경우 대상자를 선정하고 법원에 통보하는 것이다. 다른 하나는 정신건강전문가의 의견에 따라서 검사의 승인을 무시하고 대상자로 선정한 후 나중에 법원의 승인을 얻는 방법이다(Alarid, 2017:140-141).

이렇게 선정된 대상자를 담당할 팀이 법원에서 꾸려지는데, 이 정신건강팀은 일반적으로 판사, 검사, 변호사, 정신건강서비스 제공자, (정신건강에 전문지식이 있는) 재판전 서비스담당관으로 구성된다. 팀멤버는 한 달에 두 번 대상자의 상태에 대한 회의를 통해 집단으로서 대상자에 대한 정보를 공유하고, 치료약물을 증가시킬지, 제재를 가할지, 프로그램을 시행할지, 다음 레벨로 진급시킬지 등을 결정하게 된다. 성공적인 정신건강법원이 되기 위해서는 지역사회의 다양한 단체들(노숙자쉼터, 병원 등)과의 협력관계를 유지해야 할 필요가 있다(Alarid, 2017:141).

정신건강 법원의 한 하위유형으로 퇴역군인법원(veteran's courts)이 있다. 이것은 군복무를 마치고 퇴역한 군인들 중에 외상후스트레스 장애를 겪는 사람들이 많다(20%)는 사실에 착안한다. 미국에서 체포된 범죄자의 6.3%가 퇴역군인이며, 약 22%는 약물중독이 있고, 약 34%는 외상후 스트레스 장애와 같은 정신장애로 고통받고 있다고 한다. 이 프로그램에는 문제없이 군대에서 전역한 사람만이 자격이 있으며, 참여자는 매주 약물검사와 치료프로그램에 참여할 것에 동의해야 하고, 경우에 따라 멘토를 배정하기도 한다(Alarid, 2017:142).

3. 정신건강 전문보호관찰관

정신건강 전문보호관찰관제도는 정신장애범죄자에 대해 전문적인 훈련을 받은 보호관찰관이, 일종의 집중감시보호관찰과 유사하게, 적게 배정된 대상자들을 보다 깊이 있게 담당하는 제도를 말한다. 전문적인 훈련을 받은 전문보호관찰관은 정신이상범죄자를 보다 동정적으로 대하고, 정신이상에 대해 보다 깊은 이해를 가지며, 심리적 저항에 대해 이해하게 되고, 대상자들에게 신뢰를 얻고 프로그램에 대해 자발적으로 참여하게 만들 수 있다. 정신건강 전문보호관찰관의 업무는 보통 일반적인 보호관찰관의 업무량보다 50% 미만으로 구성되는 것이 바람직한데, 왜냐하면 일반적으로 정신이상범죄자들은 처우프로그램에 대해 잘 따르지 않는 경향이 있기 때문에, 전문보호관찰관이 신뢰를 통해 순응하게 만들 필요가 있기 때문이다(Alarid, 2017:143 – 144).

정신건강 전문보호관찰관은 또한 정신장애범죄자의 치료에 전문적인 도움을 줄 수 있는 여러 지역사회의 기관들을 잘 알아야 하며, 이들에 대한 평소의 친분을 유지하여야 한다. 이것은 일반적인 보호관찰대상자들에 비해 정신장애범죄자들이 통제가 어렵고 지도를 잘 따르지 않을 가능성이 높기 때문에, 적재적소에 대상자들의 욕구를 파악하여 외부의 전문기관에 의뢰하는 것은 전문보호관찰관에게 꼭 필요한 능력이다.

지역사회감시 대상자 중에서 또 하나 특별한 욕구를 가진 대상자는 성범죄자이다. 지금까지 살펴본 여성범죄자나, 약물범죄자 또는 정신장애범죄자와는 달리 성범죄자는 매우 다양한 집단으로 구성되어 있고, 그들의 욕구 또한 매우 다양하다.

1. 성범죄자의 다양한 욕구

지역사회감시에서 문제가 되는 성범죄자는 강간범, 아동성도착자, 성추행범 등이 있는데, 이들 강간범과 아동성도착자의 욕구에 대해 이해하는 것은 중요하다. 그로스와 번바움에 따르면, 강간범의 동기는 크게 세 가지로 나뉘어진다(Groth and Birnbaum, 1979).

첫째, 분노강간범(anger rapists)으로서, 전체의 40% 정도가 여기에 해당하는데, 이들은 강간행동이 분노나 울분을 해소하고 배출하는 수단이 된다. 따라서 매우 잔인하게 행동할 가능성이 높으며, 이것은 피해자에게 상처를 주는 것이 목표이기 때문이다. 피해자가 물리적으로 상처를 입기 때문에, 동료나 친구, 그리고 형사사법기관들로부터 동정을 받는 경향이 있다.

둘째, 권력강간범(power rapists)으로서, 전체의 55%로 가장 높은 비율을 차지하며, 이들은 여성을 지배하고 통제하는 수단으로 강간을 하는데, 성적인 만족보다는 개인적 불안에서 평온을 얻기 위해, 그리고 남자임을 증명하기 위해 강간을 하는 유형이다. 물리적 폭력이 적기 때문에, 피해자는 주위에서 동정을 덜 받고, 피해자의 책임도 증가할 수 있다.

셋째, 가학강간범(sadistic rapists)으로서, 전체의 5% 정도가 여기에 해당하며, 공격적인 행동에서 성적인 만족을 얻는 유형이다. 보통 피해자는 강간범이 해를 입히기를 원하는 개인적 특징을 가진 사람이 선택되며, 피해자를 묶거나 고문할 수도 있다.

아동성도착증(Pedophilia)은 사춘기 이전의 소아(13세 이하)와의 성행위를 통해 성적 흥분을 느끼는 도착증세를 말한다. 버제스와 그의 동료들에 따르면, 아동성도착자는 크게 두 가지 유형으로 나뉘어지는데, 하나는 상황적 아동성도착자이며, 다른 하나는 선호적 아동성도착자이다. 상황적 아동성도착자(situational child molester)는 아동에 대해 진정한 성적인 흥미를 갖는 게 아니라 생활 중에 스트레스를 받을 때 성적인 실험를 하는 사람들이며, 아동뿐만 아니라 성인도 피해자로 선택된다. 이 중 상황적 아동성도착자는 다시 다음의 네 가지 하위유형으로 나뉘어진다(Burgess et al., 1978).

첫째, 회귀적 아동성도착자(regressed child molesters)로서, 이들은 어떤 특정 상황에서 일시적으로 아동을 성적인 만족의 대상으로 여기는 유형으로, 아동은 대안적인 섹스 파트너이다. 보통 자신의 자아이미지를 낮추거나 자존심을 망가뜨리는 상황이 발생할 때 주로 아동에게 회귀하는 경향이 있다.

둘째, 도덕적으로 무차별적인 아동성도착자(morally indiscriminate child molesters)로서, 접근가능한 모든 사람들을 대상으로 범행하는데, 특별히 섹스 파트너로서 아동이 선호되는 것은 아니며, 단지 아동이 거기 있었기 때문에 선택된다.

셋째, 성적으로 무차별적인 아동성도착자(sexually indiscriminate child molesters)로서, 이들은 성적 실험(sexual experimentation)을 하려는 동기에서 아동을 찾는다.

넷째, 미숙한 아동성욕자(naive or inadequate child molesters)로서, 어떤 정신장애로 인해 사리를 분별할 수 없기 때문에, 바람직한 섹스파트너를 제대로 선택할 수 없는 유형이다.

다음으로 선호적 아동성도착자(preferential child molester)는 강한 개인적, 성적 만족을 제공하는 대상으로서 아동을 성인보다 선호하는 사람들이다. 이것 또한 다음과 같은 두 가지의 하위유형이 있다.

첫째, 가학적 아동성도착자(mysoped or sadistic child molesters and killers)로서, 이들은 성적인 만족과 폭력을 연결시켜 조건화한 유형이다. 다시 말해서 공격적 행동을 함으로써 성적인 만족을 느끼는 유형이다.

둘째, 고착된 아동성도착자(fixated child molesters)로서, 이들은 청소년기에 이미 아동에 대한 관심이 시작되어, 아무런 촉진요인이 없이 지속적이며 강박적인 흥미를 가지는 유형이다. 이들은 아동을 사랑하기 때문에 상해를 잘 입히지는 않고, 시간을 갖고 천천히 친해지려는 아동과 연애를 하는 사람들이다.

이상에서 살펴본 바와 같이 강간범이나 아동성도착자가 범죄를 통하여 해결하고자 하는 욕구는 매우 다양하다. 따라서 이런 성범죄자를 지역사회에서 감시하는 보호관찰관은 이들의 욕구를 정확히 파악하여, 직접적이고도 정확하게 맞춤형의 프로그램을 적용할 필요가 있다.

2. 봉쇄에 초점을 둔 위험성 관리

성범죄자는 교도소에서도 같은 동료재소자들로부터 멸시를 받으며 살아간다. 이것은 성범죄자들의 범행동기가 하등 이해해줄 만한 것이 없다고 생각되기 때문이며, 같은 범죄자 집단 중에서도 최하층을 형성하는 범죄자들이다. 이것은 지역사회에서도 마찬가지이며, 주변에 위험한 성범죄자가 존재한다는 사실만으로도 두려움에 떨거나 이사를 가는 사람들도 존재한다. 특히 해당 성범죄자의 피해자가 아동일 때, 이것은 더욱 심해진다. 국내에서도 최근 조두순의 출소가 다가오자, 조두순이 살던 동네의 주민들이 이런 히스테리에 가까운 반응을 보인 바 있다.

지역사회로 돌아간 조두순

2008년 경기도 안산시의 한 교회 화장실에서 8세 여아를 강간하여 성기와 항문 기능의 80%를 상실하게 만들어 평생을 장애인으로 살게 만들었던 조두순이 징역 12년을 복역하고 만기출소하게 되었다. 조두순이 출소하여 원래 살던 부인이 살고 있는 집으로 돌아간다는 소식에 그 동네 사람들뿐만 아니라, 여러 시민들이 분개하여 조두순의 출소를 반대하는 시위에 참석하였다.

조두순의 부인은 원래 살던 집의 계약이 만료되어 주변의 다른 집을 계약했으나, 그녀가 조두순의 부인이며 곧 조두순이 합류한다는 것을 알게 된 집주인이 위약금을 주고 계약을 파기하거나, 심지어 계약한 집의 출입문을 열지 못하게 용접을 해버리는 등의 과민 반응을 보여주었다. 출소하여 집에 온 당일에는 조두순이 탄 차 위에 올라가서 발로 밟는 사람이 있는가 하면, 조두순의 집에 경찰을 사칭하고 들어가 둔기로 조두순을 공격하는 등의 히스테리 반응을 보였다. 또한 경기도나 안산시에서도 흉악한 성범죄자들 때문에 두려워서 못살겠다는 주민들을 달래느라 큰 고초를 겪었다.

이러한 조두순의 사례는 위험한 성범죄자를 지역사회에서 처우하는 것이 얼마나 힘든 일인지를 보여준다.

[그림 6-3] 조두순이 이사올 집 출입구를 용접한 집주인

출처: YTN 뉴스화면 캡처.

미국에서 성범죄자에 대한 감시전략은 흔히 봉쇄접근법(containment approach) 또는 봉쇄감시접근법(containment supervision approach)이라고 불리는 잉글리시 (English, 2004)의 봉쇄에 초점을 둔 위험성 관리(containment-focused risk manage-ment)가 가장 흔히 쓰이는 방법이다. 그에 따르면, 봉쇄감시접근은 다음의 세 가지 중요한 축으로 구성된다.

첫째, 형사사법기관의 감시(criminal justice supervision)로서, 이것은 전체 팀은 대상자의 행동에 대한 많은 제한조치를 통해서 봉쇄권력을 행사할 수 있어야 한

다는 것이다. 이러한 봉쇄는 성범죄자에 대해 특화된 조항이나 준수사항의 부과, 오랜 기간의 보호관찰, 위험한 행동에 대한 제한, 아동과의 접촉제한, 무작위 가정방문, 소변검사, 전자감시, 그리고 검증된 형사사법기관에 등록을 통해서 가능해진다. 대부분의 성범죄자가 기회가 포착될 때 행동을 실행에 옮기기 때문에 불시의 가정방문은 이러한 기회를 봉쇄하는데 효과적일 수 있다. 그 외에도 성범죄자에 대한 GPS 전자감시, 혈액검사 등을 통한 DNA샘플 확보, 불시의 컴퓨터 검색사이트 검사 등은 이러한 봉쇄접근을 위한 좋은 방법들이다.

둘째, 성범죄자에 특화된 치료프로그램(sex offense-specific treatment)은 생각, 감정, 동기, 정당화방식, 그리고 평생을 지속하는 행동과 사고패턴에 초점을 맞추어야 한다. 왜냐하면 이런 것들이 성폭행 행동을 하게 만들기 때문이다. 보호관찰관은 치료전문가와 밀접하게 협력해야하며, 그럼으로 인해서 성범죄자는 치료전문가를 더 속이기 힘들게 된다. 성범죄에 특화된 치료프로그램은 전통적인 치료와 매우 다르다. 성범죄에 특화된 치료전문가는 과거 성폭행에 대한 대상자의 설명을 받아들이지 않음으로써 치료를 시작한다. 성범죄자의 자신의 과거 행동에 대한 묘사는 설명이 아니라 합리화이며, 치료전문가는 엄격한 태도를 통하여 사회의 안전을 증진할 수 있다.

셋째, 유죄판결 후 거짓말탐지기 검사(post-conviction polygraphs examination)로서, 이것은 치료과정에서 얻고 범죄자를 감시하는 과정에서 얻은 성범죄자가 보고한 자신의 성행동전력들에 대한 정보를 검증할 수 있다.

이상의 세 가지 접근을 통해서 얻은 정보들은 보호관찰관, 치료전문가, 거짓말탐지기 검사관이 모두 공유하게 되는데, 이를 통해서 보호관찰관은 보다 적절한 감시계획과 전략을 짤 수 있으며, 치료전문가는 보다 적절한 치료방법을 적용할 수 있으며, 거짓말탐지기 검사관은 쉽게 성범죄자의 거짓말에 속지 않게 만들 수 있다.

3. 성범죄자의 등록 및 지역사회 고지제도

최근에는 성범죄자의 등록 및 지역사회 고지제도가 성범죄자에 대한 지역사회감시의 한 도구로서 활발히 이용되고 있다. 성범죄자에 대한 등록제도는 1996년 만들어진 메건법(Megan's law)이 그 시초인데, 1994년 미국 뉴저지주의 한 마을에서 동네에 있던 중간처우소에 거주하던 성범죄자가 메건 니콜 칸가라는 7세의 여아를 강간 후 살해한 사건이 발생하면서, 주민들이 자기 주변에 존재하는 위험에 대해 알 권리가 있어야 한다는 주장에 의해 피해자의 이름을 따서 법이 만들어졌다. 이 법에 의해 성범죄자에 대한 신상정보를 인터넷 사이트 등에 공개하거나, 아니면 성범죄자가 사는 집 앞에 표지판으로 공개하는 제도로 발전했다. 한편으로 동네에 성범죄자가 이사오면 이것을 이메일이나 편지로 미성년자녀를 가진 가정에 고지하는 제도로 발전하였다.

미국에서는 법무부에서 운영하는 웹사이트에 이름, 주소, 생년월일, 죄명, 지문, 직장, 피해자의 연령과 성, 성범죄자프로그램 이수사항, 사진을 등록하는 형태로 운영되고 있는데, 이들은 세 그룹으로 분류되어 공지된다. 이 중 1그룹은 가장 위험성이 낮은 사람들이며, 2그룹은 중간정도의 위험성을 가진 사람들이고, 마지막으로 3그룹은 가장 위험성이 높은 사람들로서, 3개월마다 거주지를 업데이트하며, 지역에 따라서는 평생 신상정보를 등록하는 의무를 부여하기도 한다. 지역사회고지제도는 주로 출소한 성범죄자에 대해 고지하는 형식을 취하며, 위험성이 높은 3그룹은 방문이나 전단 등의 보다 적극적인 방식으로 고지한다. 반면 위험성이 낮은 성범죄자는 원하는 사람만 찾아볼 수 있도록 고지한다. 그 외 성범죄자가 어린이가 있기 쉬운 장소 근처에 거주하지 못하게 하거나 관련 업종에 취업을 제한하기도 한다(Alarid, 2017:148−151).

미국에서 성범죄자는 남성가해자에 한정되지 않는다. 19세 쇼나는 생일파티에서 술을 먹고 소파에서 14세 남자애와 함께 술에 취해 잠을 잤고, 이후 남자애의 부모에 의해 고소당했다. 검사는 유죄가 되면 20년을 구금될 수 있지만, 유죄를 인정하면 최소한만 복역하고 평생 성범죄자등록과 보호관찰만을 받는다는 검사의 말에 유죄를 인정하고, 4개월의 구금과 5년의 보호관찰, 그리고 등록된 성범죄자가 되었다. 그러나 훨씬 가벼울 것으로 생각했던 쇼나의 선택은 생각보다 훨씬 더 무거운 것이었다. 쇼나는 두 아이를 키우는 엄마가 되었지만, 이제 공원에서 아이들과 함께 놀 수 없게 되었다. 등록된 성범죄자는 공원에 갈 수 없게 만드는 법이 시행되었기 때문이다.

[그림 6-4] 등록된 성범죄자 쇼나의 이야기

출처: 유튜브 '쇼나, 등록된 성범죄자의 삶' 화면 캡처.

한국의 경우도 이와 유사한 제도를 시행하고 있는데, 한국의 경우는 여성가족부에서 성범죄자 알림 사이트(성범죄자 알림e)를 통해서 전국의 성범죄자를 주소나 지도, 또는 성범죄자의 이름을 통해 검색할 수 있다. <아동·청소년의 성보호에 관한 법률> 49조 3항에 따르면, 공개하는 정보는 성명, 나이, 주소 및 실제거주지, 신체정보(키와 몸무게), 사진, 등록대상 성범죄 요지(판결일자, 죄명, 선고형량), 성폭력범죄 전과사실(죄명 및 횟수), 전자장치 부착 여부이다. 그 외 동법 50조에는 특정 성범죄자가 동네에 이사오거나 이사를 나갈 때, 출소할 때 등의 경우에는 아동이나 청소년이 있는 가구나 각종 교육시설에 이 사실을 고지하도록 하고 있다. 또한 동법 56조에는 관련기관에 취업을 제한하는 규정을 함께 두고 있다.

[그림 6-5] 성범죄자 알림e 사이트

출처: 홈페이지 화면 캡처.

4. 성폭력범죄자에 대한 약물치료

만성적인 성폭력범죄자나, 아동, 청소년에 대한 성도착 증세가 있는 성폭력 범죄자를 치료하는 방법 중의 하나는 성충동을 억제하는 약물을 정기적으로 투여하는 것이다. 화학적 거세(chemical castration)라고도 불리는 이것은 남성 성폭력범죄자에게 메드락시프로제스테론 아세테이트(medroxyprogestrone acetate)이라는 약물을 정기적으로 투여한다. 이 약물은 궁극적으로 남성호로몬인 테스토스테론을 감소시키고 물리적으로 성행위가 불가능하도록 만든다. 세계 각국의 입법추세를 보면, 이 제도가 범죄자에 대한 인권침해의 소지가 있으므로 잘 도입하지 않는 경향이 있다. 도입한 국가들도 본인의 동의하에 약물치료를 할 수 있도록 규정하는 경우가 대부분이다.

　미국의 경우 현재 1996년 처음으로 이것을 도입한 캘리포니아를 비롯하여, 조지아, 아이오와, 루이지애나, 몬타나, 오레건, 텍사스, 위스컨신의 8개주에서 화학적 거세법을 도입했는데, 모두 13세 미만의 아동을 대상으로 한 아동성도착자에 대해서 화학적 거세를 명령할 수 있도록 하고 있다. 이것은 심각한 성범죄자가 개입된 모든 사건에서 이 화학적 거세를 명할 수 있도록 한 루이지애나주의 법에 대해 연방대법원이 2008년 위헌판결을 내렸기 때문이다. 대법원은 이 판결에서 피해자가 죽지 않은 아동성범죄자에게 화학적 거세를 하는 것은 위헌이라고 판시하였다(위키피디아 2023년 2월 검색).

　한국은 2011년에 성충동범죄자에 대한 약물치료명령을 도입했는데, 대상은 성폭력범죄를 저지른 성도착증환자로서 성폭력범죄를 다시 범할 위험성이 있다고 인정되는 19세 이상의 성범죄자이다. 이 명령은 검사의 청구에 의해, 판사가 15년 이내의 기간 이내로 선고할 수 있으며, 본인동의 없이 시행할 수 있도록 하였다. <성폭력범죄자의 성충동 약물치료에 관한 법률> 제10조에 따르면, 치료명령 대상자는 다음의 세 가지 준수사항을 지키며, 보호관찰관이 보는 앞에서 약물을 복용해야 한다.

1. 보호관찰관의지시에 따라 성실히 약물치료에 응할 것
2. 보호관찰관의지시에 따라 정기적으로 호르몬 수치 검사를 받을 것
3. 보호관찰관의지시에 따라 인지행동 치료 등 심리치료 프로그램을 성실히 이수할 것

　이 한국의 화학적 거세법은 두 가지 점에서 지나치게 급진적인데, 첫째, 범행의 대상의 연령을 13세 미만이 아닌 피해자의 나이에 관계없이 가능하도록 하여 성도착자의 범위를 지나치게 넓게 규정한 점과, 둘째, 본인의 동의 없이 시행할 수 있도록 한 점이다. 예를 들어 미국의 법률들은 본인 동의 없이 화학적 거세를 부과하더라도, 두 번째 범죄 이후의 가석방 상태에서 부과할 수 있도록 여러 제한을 두고 있다.

제7장

지역사회감시의 준수사항, 변경, 취소

Community Correction Theory

지역사회감시의 준수사항, 변경, 취소

보호관찰관이나 가석방담당관과 같은 지역사회감시관들의 가장 큰 임무 중의 하나는 대상자들이 준수사항을 잘 지키는지 감시하는 것이다. 예를 들어 보호관찰의 대상자들은 형집행을 완료한 사람들이 아니기 때문에, 사회에서 활동할 기회가 주어지지만, 이와 함께 행동에 대한 엄격한 준수사항이 부과된다. 보호관찰 대상자들은 보통 이러한 준수사항을 조건으로 구금이 아닌 지역사회감시를 받는 것이기 때문에, 이것을 준수해야 하는 의무를 갖는다. 만약 보호관찰 기간 동안 재범을 하거나 기술적 준수사항을 잘 지키지 않는다면, 보호관찰의 조건을 변경하여 새로운 제재를 받거나, 지속적으로 준수사항을 어긴다면 보호관찰이 취소되고 교도소에 구금될 수도 있다. 이 장에서는 이러한 준수사항과 지역사회감시의 변경과 취소에 대해 살펴본다.

제1절 지역사회감시의 준수사항

보호관찰 대상자들에게 부과되는 준수사항은 일반준수사항과 특별준수사항이 있다. 보호관찰의 일반준수사항(standard conditions of probation)은 모든 보호관찰 대상자들이 지켜야 하는 행동의 제한사항인 반면에, 특별준수사항(special con-ditions of probation)은 보호관찰 대상자 개인별 위험성과 범죄유발적 욕구에 맞추어 개개인에게 부가되는 준수사항이다.

1. 일반준수사항

　　미국의 연방 양형기준(Breyer et al. 2021)에 따르면, 모든 보호관찰 대상자들이 일반적으로 지켜야 할 준수사항은 필수준수사항 10개와 일반준수사항 13개를 합쳐 모두 23가지로 정리할 수 있다(다음의 박스글 참조). 미연방의 경우 준수사항은 필수준수사항, 일반준수사항, 특별준수사항으로 나뉘어지는데, 필수준수사항(mandatory conditions)은 모든 보호관찰대상자가 필히 지켜야 하는 준수사항이고, 일반준수수항(standard conditions)은 모든 보호관찰대상자에게 지킬 것이 장려되는 준수사항이며, 특별준수사항(special conditions)은 대상자의 특성에 따라서 특별히 부가되는 준수사항이다(Breyer et al. 2021).

　　이것을 한국의 준수사항과 비교하면, 한국은 필수준수사항과 특별준수사항 두 가지가 존재하며, 모든 보호관찰대상자에게 장려되는 준수사항은 없음을 알 수 있다. 그러나 현실적으로 미국의 일반준수사항도 이것을 지키지 않을 경우 대상자에게 불이익이 올 수 있다는 점을 감안하면, 미국의 필수준수사항과 일반준수사항을 모두 합치면 한국의 일반준수사항과 같은 것으로 볼 수 있다.

미 연방의 보호관찰 대상자의 일반준수사항

▶ 필수 준수사항
① 범죄를 저지르지 말 것
② 중범죄 보호관찰대상자는 법원이 부과한 배상, 사회봉사, 벌금을 이행할 것
③ 불법약물을 소지하지 말 것
④ 가정폭력 보호관찰대상자는 재활프로그램에 참석할 것

⑤ 불법약물을 멀리하고 보호관찰 개시 15일 이내에 약물검사를 하고 주기적인 약물검사를 할 것
⑥ 만약 법원이 배상일정을 명시했다면, 그 일정에 따를 것
⑦ 만약 배상, 벌금 등을 지불할 능력에 영향을 미칠 수 있는 경제상황의 변화가 있다면, 법원에 신고할 것
⑧ 법원이 벌금을 부과했다면, 법원에 명령한 일정에 따라서 벌금을 납부할 것
⑨ 법원이 성범죄자 등록을 명령했다면, 이에 따를 것
⑩ 지역보호관찰소에 대상자의 DNA샘플을 제출할 것

▸ 일반준수사항
① 선고 후 72시간 내에 관할 보호관찰소에 보고할 것
② 보고 후, 지시사항을 듣고 언제 어떻게 보호관찰관에게 보고해야 하는지에 대해 숙지할 것
③ 법원이나 보호관찰관의 허가 없이 해당 거주지를 떠나지 말 것
④ 보호관찰관의 질문에 성실히 응답할 것
⑤ 대상자는 보호관찰관이 허가한 장소에 살아야 하며, 만약 주소지를 변경할 때는 보호관찰관에게 최소 10일 전에 신고하여 허가를 받을 것
⑥ 대상자는 보호관찰관의 불시의 방문과 금지물품이나 명령받은 계획의 준수상황에 대한 조사에 협조할 것
⑦ 대상자는 전일제로 합법적인 직업에 종사할 것. 이직을 하려고 할 때는 적어도 10일 전에 보호관찰관에게 신고하여 허락을 받을 것
⑧ 범죄를 했던 사람들을 만나지 말것
⑨ 경찰에 체포되거나 조사를 받게 되면, 보호관찰관에게 72시간 이내에 보고할 것
⑩ 총기나 위험한 무기를 소유하거나 소지하지 말 것
⑪ 법원의 허가 없이 경찰의 정보원으로 일하지 말 것
⑫ 보호관찰관이 대상자가 어떤 사람이나 조직과 교류하는 것이 위험하다고 판단하고, 여기에 대해 보고하라고 요청할 경우 보호관찰관의 지시를 따를 것
⑬ 대상자는 준수사항과 관련된 보호관찰관의 지시를 따를 것

이것은 한국의 보호관찰에서도 유사하게 적용되는데, <보호관찰 등에 관한 법률> 제32조 2항에 따르면, 보호관찰대상자들의 일반준수사항은 다음의 네 가지이다([부록1]의 서약서 참조).

1. 주거지에 상주하고 생업에 종사할 것.
2. 범죄로 이어지기 쉬운 나쁜 습관을 버리고 선행을 하며 범죄를 행할 우려가 있는 자들과 교제하거나 어울리지 말 것.
3. 보호관찰관의 지도·감독 및 방문에 순응할 것
4. 주거를 이전하거나 1월 이상의 국내외여행을 할 때에는 미리 보호관찰관에게 신고할 것.

한국의 보호관찰 대상자에 대한 일반준수사항은 미국의 준수사항에도 모두 있는 내용이지만, 미 연방의 일반준수사항에는 여기에 더하여 DNA샘플의 제공, 피해자에 대한 배상, 벌금, 약물검사, 정보원으로 활동금지 등의 보다 구체적인 사항들이 더 많다.

2. 특별준수사항

보호관찰의 일반준수사항과는 달리 특별준수사항(special conditions)은 어느 하나로 요약하기가 힘들다. 왜냐하면 이것은 보호관찰 대상자의 개별 특성에 따라서 다양하게 부과되는 것이기 때문이다. 예를 들어 미국의 경우에 보호관찰 대상자에 대해 부과될 수 있는 특별준수사항의 예로, 다음과 같은 것들을 들 수 있다. 그러나 이것들 외에도 법관의 판단에 따라서 다양한 창의적인 특별준수사항이 부과될 수 있다(Alarid, 2017:81).

▸ 문맹일 때, 문자해독교실에 참석할 것
▸ 고등학교를 졸업하지 못했으면, 그 정도의 학력을 성취할 것
▸ 중독자라면, 약물이나 알코올프로그램에 참석할 것
▸ 자녀양육에 문제가 있으면, 부모교육프로그램에 참석할 것
▸ 재산피해를 야기했다면, 피해자배상을 할 것

▸ 아동을 대상으로 범죄를 저질렀다면, 해당지역에 가지 말 것

▸ 정신장애가 있다면, 정신건강프로그램에 참석할 것

　　그러나 한국의 경우 이러한 부과할 수 있는 특별준수사항을 법으로 비교적 명확히 제한하고 있는데, <보호관찰 등에 관한 법률> 제32조 3항에 따르면 이것을 열 가지로 나열하고 있다. 여기에는 폭주족이나 상습야간주거침입절도범을 대상으로 하는 특정시간대 외출제한, 주로 성범죄자나 도박범죄자에 대한 특정장소 출입금지, 가정폭력 가해자나 스토커에 대한 특정인에 대한 접근금지, 그리고 약물사범에 대한 약물검사의무 등을 규정하고 있다. 그러나 이 외에도 이 법은 추가로 부가할 수 있는 특별준수사항을 시행령에 위임하고 있다.

1. 야간 등 재범의 기회나 충동을 줄 수 있는 특정 시간대의 외출 제한
2. 재범의 기회나 충동을 줄 수 있는 특정 지역·장소의 출입 금지
3. 피해자 등 재범의 대상이 될 우려가 있는 특정인에 대한 접근 금지
4. 범죄행위로 인한 손해를 회복하기 위하여 노력할 것
5. 일정한 주거가 없는 자에 대한 거주장소 제한
6. 사행행위에 빠지지 아니할 것
7. 일정량 이상의 음주를 하지 말 것
8. 마약 등 중독성 있는 물질을 사용하지 아니할 것
9. 「마약류관리에 관한 법률」 상의 마약류 투약, 흡연, 섭취 여부에 관한 검사에 따를 것
10. 그 밖에 보호관찰 대상자의 재범 방지를 위하여 필요하다고 인정되어 대통령령으로 정하는 사항

　　이 추가 특별준수사항이 위임된 <보호관찰 등에 관한 법률 시행령> 제19조에는 추가로 부과할 수 있는 보호관찰의 특별준수사항으로 다음과 같은 8가지를 규정하고 있다. 여기에는 어떻게 보면 당연하다고 할 수 있는 '일반준수사항'급의 내용들을 주로 포함하고 있는데, 이 시행령에서도 8항에 '보호관찰 대상자가 준수할 수 있고, 개선·자립에 도움이 된다고 인정되는 구체적인 사항'이라고 명시하여, 이 외에도 다양한 특별준수사항을 부과할 수 있게 하고 있다.

1. 운전면허를 취득할 때까지 자동차(원동기장치자전거를 포함한다) 운전을 하지 않을 것
2. 직업훈련, 검정고시 등 학과교육 또는 성행(性行: 성품과 행실)개선을 위한 교육, 치료 및 처우 프로그램에 관한 보호관찰관의 지시에 따를 것
3. 범죄와 관련이 있는 특정 업무에 관여하지 않을 것
4. 성실하게 학교수업에 참석할 것
5. 정당한 수입원에 의하여 생활하고 있음을 입증할 수 있는 자료를 정기적으로 보호관찰관에게 제출할 것
6. 흉기나 그 밖의 위험한 물건을 소지 또는 보관하거나 사용하지 아니할 것
7. 가족의 부양 등 가정생활에 있어서 책임을 성실히 이행할 것
8. 그 밖에 보호관찰 대상자의 생활상태, 심신의 상태, 범죄 또는 비행의 동기, 거주지의 환경 등으로 보아 보호관찰 대상자가 준수할 수 있고 자유를 부당하게 제한하지 아니하는 범위에서 개선·자립에 도움이 된다고 인정되는 구체적인 사항

미국의 경우도 유사하게 특별준수사항이 정당성을 가지기 위해서는, "명확히 서술되고", "준수하기에 합리적이며", 범죄자가 처한 환경과 범죄자가 저지른 범죄에 맞추어 각 사례별로 정해져야 한다(Alarid, 2017:81). 이 특별준수사항은 법원의 양형철학에 의해서도 정해질 수 있다. 예를 들어 법원이 범죄자를 사회에 재통합시키기 위해서, 중간처우소나 집중감시보호관찰, 가택구금 등과 같은 특별준수사항을 정하는 것도 얼마든지 가능하다(Latessa and Smith, 2015:62).

미국의 경우 특별준수사항에 대한 법적 제한이 느슨하기 때문에 심지어 범죄자의 인권을 침해할 수도 있는 창의적인 특별준수사항이 만들어지기도 하는데, 그 대표적인 것이 (이 책의 표지디자인으로도 사용된) 주홍글씨 준수사항(scarlet letter conditions)이다. 주홍글씨는 서양의 중세에 간통한 여성에 대한 명예형으로 옷 앞부분에 간통(adultery)을 뜻하는 주홍색 'A'자를 크게 새기고 살아야 했던 데서 유래한 것으로, 주홍글씨 준수사항은 범죄자의 기본적 인권을 침해하는 과도한 특별준수사항을 말한다.

[그림 7-1] 미국 휴스턴의 주홍글씨 특별준수사항

출처: 유튜브 "A man convicted of stealing from a victim's fund must carry a guilty sign for six years" 화면 캡처.

미국 휴스턴의 법원은 2010년 범죄피해자기금에서 25만 달러를 훔친 대니얼 (Daniel) 부부에게 사회봉사와 "이 집의 거주자 대니얼과 미리레스는 도둑놈입니다"라는 푯말을 세우도록 하고, 추가하여 6개월 동안 매 주말마다 "나는 해리스 카운티 범죄피해자 기금에서 25만 달러를 훔친 도둑입니다"라는 큰 표지판을 도로변에 들고 서 있도록 하는 특별준수사항을 부과하였다. 특히 이 준수사항은 위험성이 낮은 재산범죄자에게 부과된 것으로, 과연 주민의 '알 권리'와 범죄자의 '과도하고 비정상적인 처벌을 받지 않을 권리' 중 어느 것이 우선인지에 대해 많은 논란을 자아내었다.

보호관찰 대상자가 준수사항을 잘 지키고 양호하게 행동을 한다면 보호관찰을 조기에 종료할 수도 있다. 예를 들어 미국의 많은 주에서는 2년 또는 보호관찰 기간의 2/3 중 짧은 기간이 지나면 보호관찰관은 법원에 지역사회감시의 조기종료를 요청할 수 있다. 지역에 따라서는, 대상자가 바람직한 행동을 해서 얻는 시간점수(time credit)에 근거하여 조기종료에 필요한 기간을 줄일 수 있다. 반면 한국의 경우, <보호관찰 등에 관한 법률> 제51조에 따르면, 보호관찰을 조기에 종료하는 사유는 보호관찰 기간이 지나거나, 부정기형 종료가 되는 정도 외에는 없다. 그러나 조기종료와 유사한 임시해제 제도가 있는데, 동법 제52조에 따르면, 보호관찰 대상자의 성적이 양호할 때는 보호관찰을 임시해제할 수 있도록 규정하고 있다. 그러나 이 임시해제된 보호관찰 대상자는 계속하여 준수사항을 지킬 의무가 있다는 점에서 조기종료와는 차이가 있다.

그러나 반대로 보호관찰 대상자가 준수사항을 어기는 경우에는 제재가 강화되거나, 준수사항이 추가되거나, 심할 경우 보호관찰을 취소하고 원래의 구금형을 받을 수도 있다. 보호관찰 대상자의 위반은 크게 다음의 두 가지로 나뉘어진다 (Alarid, 2017:159-160).

첫째, 보호관찰 기간 동안 법을 위반하여 새로운 범죄(new crime)를 저지르는 것이다. 미국에서 재범은 보통 보호관찰의 취소사유가 되지만, 항상 보호관찰의 취소로 이어지는 것은 아니고, 법원이나 가석방위원회의 재량에 의해 결정된다. 보통 경미한 범죄와 약물남용의 경우에는, 대부분의 보호관찰대상자는 보호관찰이 취소되지만, 이것으로 기소되지는 않는다. 그러나 보다 심각한 중범죄를 한 경우에는, 보통 새로운 유죄판결을 받게 되고, 결과적으로 보호관찰의 취소와 함께 구금이 된다.

둘째, 기술적 준수사항 위반(technical violation)으로, 이것은 재범이 아닌 대상자에게 부과된 준수사항을 어기는 것이다. 새로운 범죄를 범하는 것에 비해, 이 경우 보호관찰관이 보다 많은 재량을 발휘할 수 있다. 여기에는 약물소지나 약물검사에 응하지 않거나, 약물양성반응 등의 약물관련위반이나, 보호관찰관의 감시로부터 도주도 모두 포함된다. 미국에서는 보호관찰관이 공공안전을 위해서가 아니라 자신들의 업무량을 줄이기 위해 보호관찰을 취소하기도 한다.

보호관찰이 종료되는 이유 중에서 성공적으로 보호관찰을 종료한 경우는 미국과 한국 모두 약 70% 정도로 다수를 차지한다. 나머지는 처분변경이나 구금되는 경우가 각각 반 정도씩을 차지한다. 예를 들어 한국에서 2020년 보호관찰이 종료된 사례 중에서 보호관찰 기간이 만료된 경우가 72.0%(미국은 68%), 보호관찰 처분이 변경된 경우가 12.0%, (관할기관 변경을 위해) 이송된 경우가 14.4%, 그리고 기타 1.6%를 차지한다. 이처럼 대부분의 보호관찰 대상자는 무사히 보호관찰을 종료하지만, 30% 정도의 보호관찰 대상자는 준수사항의 위반으로 처분이 변경되거나 관할기관이 변경된다. 미국의 경우 구금된 경우는 15% 정도 되지만, 한국의 경우 긴급구인한 경우는 그보다 훨씬 적다(Latessa and Smith, 2015:69; 법무부, 2021).

이 결과는 한국의 보호관찰 대상자들이 미국에 비해 더 양호하다고 해석할 수도 있지만, 실제로 꼭 그렇지만은 않다. 한국의 경우 보호관찰의 준수사항을 위반하는 경우에 이용할 수 있는 선택지가 적기 때문에, 보호관찰의 위반은 몇 번의 경고 후 바로 보호관찰의 취소와 구금형 집행으로 이어지기 때문에 결과적으로 보호관찰 대상자에게 매우 엄격한 편이다. 그러나 미국의 경우 보호관찰의 준수사항을 위반하는 대상자들에 대해 이용할 수 있는 매우 다양한 단계적 제재수단들이 존재한다. 이러한 제재는 여전히 비주거형 제재일 수도 있지만, 주거형 제재로 변경될 수도 있다. 법무부 통계(법무부, 2021)에 따르면, 한국의 경우 2020년 전체 보호관찰 대상자 263,988명 중 긴급구인된 경우는 970명, 특별준수사항이 추가된 경우는 847명, 특별준수사항이 변경된 경우는 81명, 보호관찰이 취소된 경우는 2,859명으로 소수에 불과했다.

보호관찰을 취소하기 전에 보호관찰관이나 감시관리자(supervisor staffing), 법원심리의 각 차원에서 이용할 수 있는 여러 가지 제재들이 있다. 단순히 구금을 시키는 것은 많은 세금을 낭비하기 때문에, 가급적 보호관찰을 취소하지 않고 내부제재를 이용하여 문제를 해결할 수 있다면 훨씬 더 바람직하다. 다음의 표는 이 세 가지 단계에서 이용가능한 적절한 단계적인 제재의 목록이다. 보호관찰관의 수준에서 할 수 있는 제재는 언어적 경고, 관계자 대책회의, 가정방문, 1주일 외

[표 7-1] 보호관찰의 취소 전에 이용가능한 단계적인 내부제재들의 예

의사결정 단계	위반의 유형	적절한 제재방법
보호관찰관	보호관찰관 면담 불참 거짓말 외출금지 위반 허락 없이 이사 피해자 배상 미비 사회봉사 미참석 약물남용/약물검사 양성반응	언어적 경고 관계자 대책회의 가정방문, 일주일 외출금지 여행금지 1-8시간 사회봉사 면담횟수 증가 약물검사 횟수 증가
감시관리자	약물검사 또는 항중독약 거부 약물치료프로그램 불참 금지물품 소지 성범죄자 등록거부 반복된 외출금지 위반 2번째 약물 양성반응 반복된 면담 불참	약물치료프로그램 감시수준 강화 사회봉사 20-40시간 30일 이상 외출금지 30일 이상 외출금지 약물치료프로그램 감시수준 강화
법원심리	3번째 약물 양성반응 무기소지 보호관찰 개시 60일 후 도주 검색거부 새로운 범죄 피해자에 대한 위협 명백한 순응거부	주거형 약물치료 프로그램 병영훈련 전자감시 집중감시보호관찰 구치소나 교도소 주간보고센터 보호관찰 기간 연장

출처: Alarid, 2017:164.

출금지, 여행금지, 1-8시간 사회봉사, 면담횟수 증가, 약물검사 횟수 증가를 위반의 심각성에 따라서 선택할 수 있으며, 감시관리자(보호관찰소)의 수준에서는 약물치료프로그램 출석, 감시수준 강화, 20-40시간의 사회봉사, 30일 이상 외출금지를 위반수준에 맞추어 이용할 수 있다. 그리고 법원심리 수준에서는 주거형 약물치료프로그램, 병영훈련, 전자감시, 집중감시보호관찰, 구치소나 교도소, 주간보고센터, 보호관찰 기간연장과 같은 제재를 위반수준에 따라서 이용할 수 있다.

특히 법원심리 수준에서 이용할 수 있는 제재는 지역사회의 다양한 주거형 프로그램들을 활용함으로써 구치소나 교도소의 구금을 피할 수 있다. 이것은 기존에 존재하는 병영훈련이나 주거형 약물치료 프로그램을 통해서도 가능하지만, 아예 준수사항위반자를 수용하는 주거형 시설을 설립하는 방법도 있다. 예를 들

어 준수사항위반자 중간처우소(halfway back)는 이런 사람들을 전문적으로 수용하여 90일 미만의 강한 프로그램을 이수하게 하는 프로그램이다.

제3절 지역사회감시의 취소절차

1. 지역사회감시의 취소절차

지역사회감시의 대상자들이 기술적 위반을 하는 경우에 보호관찰관은 보통 대상자에게 경고를 할 수 있고, 이어서 준수사항을 증가시키거나 더 자주 만나서 이들의 행동을 감시할 수 있다. 그러나 보호관찰 대상자가 반복적으로 준수사항을 어기거나, 새로운 범죄를 하여 체포되었다면 보호관찰을 취소할지를 결정하는 새로운 심리를 열 수 있다. 만약 대상자가 아직 체포되지 않았다면, 한국의 경우 보호관찰관은 법원에 구인장을 받거나 급하면 구인장 없이 대상자를 구인하고 사후에 구인장을 받급받을 수도 있다.

미국의 경우 보통 두 단계(예비심리와 취소심리)를 거치는데, 먼저 예비심리(preliminary hearing)를 열어서 위반에 대한 증거가 우세한지를 판단하고, 만약 우세하다고 판단되면 정식 취소심리를 열게 되며, 그렇지 않으면 취소과정은 종료된다. 취소심리(revocation hearing)는 위반에 대한 증거의 우위를 살펴 보호관찰을 취소할 것인지를 결정한다. 미 연방의 경우 보호관찰 취소절차를 신속하게 하기 위해 신속취소(expedited revocation)제도를 시행하고 있는데, 이것은 위반자가 자신의 위반을 인정하고, 취소심리를 가질 권리를 포기하는 경우 시행되며, 현재 전체의 50% 정도가 이 절차를 통해 처리되고 있다(Alarid, 2017:168-169).

미국은 보호관찰의 취소에 있어서 재량적 취소와 필요적 취소의 두 가지 취소제도를 운영하고 있는데, 첫째, 재량적 취소(discretionary revocation)는 대부분의 주에서 채택하고 있는 제도로서, 모든 위반사항에 대해 재량적으로 보호관찰의 취소를 판단하는 제도이다. 반면에 필요적 취소(mandatory revocation)는 일부 주와 연방에서 채택하고 있는 제도로서, 네 가지의 위반사항이 있을 경우 자동적으로 보호관찰이 취소되는데, 이들은 ① 폭력범죄 또는 16세 미만의 아동에 대한 성추행, ② 무기소지, ③ 금지약물 소지나 양성반응, 그리고 ④ 약물검사 거부이다(Alarid, 2017:169).

한국의 경우 취소대상 보호관찰 대상자의 소재가 불분명한 경우 구인장을 통해 대상자를 구인하여 소년의 경우 분류심사원이나 소년원에, 그리고 성인의 경우 구치소에 구금한 상태에서 취소심리를 개최한다. 보호관찰관은 보호관찰 대상자가 그동안 준수사항 위반사실을 상세히 기록하여 법원에 취소심리를 신청하게 되고, 법원은 이 보호관찰관의 신청서를 인용하여 보호관찰을 대부분의 경우에 재량적 판단으로 취소하는 판결을 내리게 된다. 간혹 소수의 사례에서 취소요청이 기각되고, 이 경우 보호관찰 조건의 변경이나 기존의 보호관찰 조건이 유지되게 된다.

2. 지역사회감시 취소의 양형기준과 필요한 증거의 수준

보호관찰의 취소심리는 판사의 재량이 많이 허용되는 심리이지만, 미연방의 경우는 이것 또한 판사의 지나친 재량을 제한하기 위해서 보호관찰 취소심리를 위한 양형기준을 만들었다. 미 연방 양형위원회가 만든 양형매뉴얼에는 보호관찰 취소심리를 위한 양형기준이 [그림 7−2]와 같이 제시되어 있다. 여기서 가로축은 지금까지 봐왔던 다양한 양형기준에서의 범죄경력범주이며(여기에 대해서는 4장 5절 참조), 세로축은 보호관찰 준수사항의 위반등급이다. 여기서 A등급 위반은 두 가지 중의 하나일 때 해당하는데, (A) 연방, 주, 카운티 법상 1년 이상의 구금형을 선고할 수 있는 폭력범죄나 약물범죄, 또는 총기나 기타 흉기의 소지와 (B) 연방, 주, 카운티 법상 20년을 초과하는 구금형을 선고할 수 있는 범죄가 그것이다. B등급 위반은 연방, 주, 카운티 법상 그 외의 1년을 초과하는 구금형을 선고할 수 있는 범죄이다. 마지막으로 C등급 위반은 (A) 연방, 주, 카운티 법상 1년 이하의 구금형을 선고할 수 있는 범죄나 (B) 그 밖의 보호관찰 준수사항의 위반이 속한다(Breyer et al., 2021:501−502).

[그림 7-2] 보호관찰의 취소를 위한 미연방 양형기준

보호관찰 취소표
(구금 개월)

위반등급	범죄경력범주*					
	I	II	III	IV	V	VI
C등급	3-9	4-10	5-11	6-12	7-13	8-14
B등급	4-10	6-12	8-14	12-18	18-24	21-27
A등급	(1) 아래 (2)의 예외를 제외한 경우					
	12-18	15-21	18-24	24-30	30-37	33-41
	(2) 피고가 A등급 중범죄로 형을 선고받아서 보호관찰 상태에 있는 경우					
	24-30	27-33	30-37	37-46	46-57	51-63

* 범죄경력범주는 피고가 보호관찰형이 선고되었을 당시의 범주임.

출처: Breyer et al., 2021:506.

예를 들어 1년 이상의 구금형에 해당하는 중범죄로 보호관찰을 받은 보호관찰 대상자가 보호관찰 기간 중에 다시 총기를 이용하여 폭력범죄를 범한 경우는 A등급 위반의 (2)에 해당하고, 그의 범죄경력범주가 IV에 해당할 때, 보호관찰의 취소와 함께 37개월에서 46개월 사이의 구금형을 선고하는 것이 원칙이다. 그리고 기술적 준수사항 위반(C등급)을 한 범죄경력범주 II에 해당하는 피고인은 보호관찰의 취소와 함께 4개월에서 10개월 사이의 구금형을 선고받게 된다.

그러면 미국의 보호관찰의 취소심리에서 판결에 필요한 증거는 어느 정도 신뢰성이 있어야 하는가? 이미 유죄판결을 받고 감시 중인 보호관찰대상자의 취소심리는 일반 재판과는 달라서, 일반 형사재판보다는 신뢰성이 좀 낮아도 상관이 없는 것으로 여겨진다. 보호관찰관의 증언은 취소심리에서 핵심적인 증거능력을 가지며, 다른 증거와 상충되더라도 충분한 증거로 인정된다. 그리고 대부분의 지역에서는 위반을 입증하는 증거가 상반되는 증거에 비해 단지 우세하기만 하면 보호관찰을 취소하는데 큰 문제가 없으며, 신뢰할만한 증인의 증언(reliable hearsay evidence)만으로도 보호관찰이 취소될 수 있다. 또한 보호관찰 취소대상자의 권리도 일반 형사재판에 비해 낮은 수준인데, 배심재판이 불가능하며, 묵비권이 인정되지 않으며, 언어장애아 외에는 변호사를 선임할 수 없다(Alarid, 2017:171).

주거형 지역사회감시 프로그램

Community Correction Theory

주거형 지역사회감시 프로그램(residential community supervision programs)은, 교도소 구금의 대안으로 활용할 수 있는 중간처벌(intermediate sanction)로서, 보호관찰과 같은 비주거형 지역사회감시보다는 자유가 적지만, 교도소 구금에 비해서는 많은 자유를 주는 처벌을 말한다. 이들은 교도소와 같은 국가 주도의 형사사법 시설이 아니라는 점에서 시설 내 구금과 차별성이 있고, 보통 지역사회에 위치한 다양한 민간시설로 구성된다는 특징이 있다. 이것은 처벌의 일환이기도 하지만, 오히려 더 큰 목적은 범죄자를 사회에 복귀시키고 범죄자의 사회통합과 피해자의 회복을 지향한다는 점에서 교정처우의 목적을 더 크게 갖고 있기도 하다.

중간처벌의 개념이 아주 명확히 정리된 것은 아니며, 보통 보호관찰과 구금 사이에 위치하는 다양한 프로그램이라고 정의되는 경향이 있다. 따라서 이러한 중간처벌에는 매우 다양한 프로그램이 포함되는데, 여기에 포함되는 것은 중간처우소, 충격구금, 병영훈련, 배상센터, 지역사회 외부통근센터, 집중감시보호관찰, 가택구금, 전자감시 등이 있다. 이 중에는 집중감시보호관찰, 가택구금, 전자감시와 같이 비주거형 프로그램도 있지만, 이 장에서는 중간처우소, 충격구금, 병영훈련, 배상센터, 지역사회 외부통근센터와 같은 주거형 프로그램을 살펴본다.

중간처우소(halfway house)는 지역사회교정센터(community correction centers, CCCS), 주거형 지역사회교정시설(residential community correction facilities, RCCFS), 지역사회교정 주거시설(community correction residential facilities) 등의 다양한 명칭으로 불리는데, 보통 교도소 출소자들이 사회에 재진입하는 과정에서 앞으로 살게 될 지역사회에 적응할 수 있도록 도움을 주는 과도적 시설이다. 초기의 중간처우소는 수용자에 대한 특별한 교정처우가 없이 이들에게 잠자리를 제공하고 지역사회에 적응을 도와주는 곳이었다면, 현대의 중간처우소는 이것뿐만 아니라, 다양한 전문 사회복귀프로그램을 운영하는 처우지향적인 시설로 변해 왔다. 따라서 중간처우소를 지칭하는 명칭도 중간처우소보다는, 지역사회교정센터 등의 처우중심적 명칭으로 불리게 되었다. 현재는 중간처우소(halfway house)라는 명칭은 이러한 다양한 처우를 하는 다양한 중간처우소를 통칭하는 용어로 사용되고 있는데, 예를 들어 외부통근센터나 배상센터와 같은 것들이 중간처우소의 한 하위유형에 속한다(Latessa and Smith, 2015:305).

중간처우소는 1800년대 초 영국과 아일랜드에서 유래되었는데, 미국에서는 펜실베니아체계의 교도소에서 유래되었다. 이 펜실베니아 체계의 교도소에서, 독거와 침묵 속에 살다가 사회에 나가면 적응하기 위한 시설이 필요했는데, 1845년, 홈(Isaac T. H. Home)이 뉴욕주의 싱싱교도소 수용자들을 위해 중간처우소를 미국에서 최초로 개소한 것이 최초로 이것은 아직도 운영 중이다. 1864년에는 한나 치커링(Hannah Chickering)이 여성출소자를 위한 임시수용소(temporary asylum for discharged female prisoners)를 마사추세츠주 데덤(Dedham)카운티에서 개소하였고, 1960년대에는 처음으로 정부에 의해 연방 중간처우소가 개설되었다. 1968년에는 <안전거리법(safe street act)>에 의해 중간처우소에 대한 재정지원이 가능해지고, 미국에서 중간처우소가 급속히 늘게 되었다(Alarid, 2017:183).

미국에서 중간처우소에 수용되는 사람들의 유형은 크게 다음의 세 가지로 나눌 수 있다(Allen et al., 2020:527–528). 이 수용유형은 각각 하나의 중간처우소의

[그림 8-1] 중간처우소의 세 가지 모델

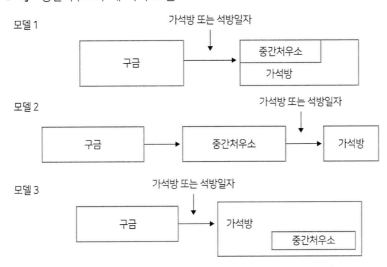

출처: Latessa and Smith, 2015:308.

운영모델을 구성하는데, [그림 8-1]은 이 모델들을 도식적으로 설명하고 있다.

첫째, 모델1은 가장 빈도가 많은 유형으로서, 가석방, 충격가석방, 충격보호관찰 등의 조건부 석방이 된 이후에, 초기에 중간처우소에 거주하는 경우이다. 중간처우소에 거주하는 기간은 보통 보호관찰관, 대상자, 중간처우소 직원이 공동으로 결정하는데, 이것은 대상자가 중간처우소를 떠나서 사회로 복귀할 준비상태, 고용상태, 벌금 및 배상금 지불상황, 저축, 그리고 주거계획과 같은 개인적인 요인을 검토하여 이루어진다.

둘째, 모델2는 두 번째로 많은 유형으로서, 교도소 석방계획의 초기 단계에 가석방 승인 전에 중간처우소에 배치되는 것이다. 이 유형에서 대상자들은 석방일자가 명확히 정해져 있으며, 이들은 이 날짜까지 나머지 형기를 중간처우소에서 보낸다. 따라서 대상자들에 대한 관할권은 여전히 교정국에 있으며, 석방전 프로그램으로 활용된다.

셋째, 모델3은 이미 가석방이나 보호관찰 감시하에 있는 범죄자들이 가벼운 재범을 했거나, 특정 재활프로그램에의 참여가 필요하거나, 중간처우소에 거주하면서 해결할 수 있는 어려운 문제에 직면한 경우 보호관찰소가 이들을 중간처우소의 단기 거주자로 선정한 경우이다. 예를 들어 보호관찰소는 기술적 준수사항 위반이 반복되는 경우, 법원의 심리를 통해 보호관찰을 취소하지 않고 중간처우소에 이런 사람들을 수용할 수 있다.

현재 미국 내에는 600개 이상의 중간처우소 시설과 약 20,000명을 수용하고 있는데, 이들의 90% 이상이 민간이 소유하여 운영하며, 10%는 국가나 지방자치단체 소유이다. 중간처우소의 1인당 하루 평균비용은 45달러 정도이다. 대부분의 중간처우소는 담이나 감금장치가 설치되어 있지 않다. 일을 하지 않을 때는 중간처우소 내에서 빨래, 청소 등의 잡일을 하거나, 사회봉사명령에 참가하거나, 치료 프로그램에 참여하여야 한다. 대부분의 수용자는 약물검사를 주기적으로 받아야 하며, 중간처우소 수용자는 직장에 출근하기 위해 중간처우소를 나갈 수 있지만, 다음의 중간처우소의 일반적인 규칙을 지켜야 한다(Alarid, 2017:184).

첫째, 시설 내에서 거주할 것

둘째, 고용되어 일할 것(또는 학교에 다닐 것)

셋째, 현재의 주거비를 부담할 것

넷째, 일 외에 다른 이유로 시설을 벗어나려면 미리 허락을 얻을 것

중간처우소에서는 주로 취업, 교육, 상담, 직업훈련이 행해지며, 때때로 재정지원, 레크리에이션, 심리적 감정적 지원, 지지적 환경의 조성 등의 프로그램이 시행되며, 대부분 약물치료프로그램이 시행된다. 일반적으로 중간처우소에 수용되는 사람들은 초범자 등 범죄경력이 많지 않은 사람, 비폭력범죄자 등 위험성이 낮은 60세 이하의 사람들을 수용한다(이윤호, 2012:344).

중간처우소의 설치와 운영과 관련해서는 두 가지의 쟁점이 있다. 하나는 운영주체의 문제로서, 공적 형태가 바람직한지, 아니면 사적 형태가 바람직한지 하는 것이다. 보통 범죄인의 확보를 위해서는 공적 형태가 유리하지만, 지역사회와의 관계에 있어서는 사적 형태가 유리하다고 할 수 있다. 다른 하나는 중간처우소의 위치 문제로서, 중간처우소를 지역사회에 설치할 것인지 시설 내나 시설 부근에 설치할 것인지이다. 중간처우소의 목적이 지역사회로의 재진입과 통합이라는 점을 감안하면, 거주자가 지역사회의 일원으로 느껴질 수 있는 곳에 위치하는 것이 보통 바람직하다. 그러나 수용자의 익명성이 보장되는 상업지역, 취업 및 직업 훈련의 기회가 많은 곳, 여가활동에 유리한 곳, 중간처우소에 대해 우호적인 곳이

적합하다고 할 수 있다(이윤호, 2012:345-346). 그러나 범죄자들이 들락거리는 중간처우소를 환영하는 지역 주민들은 사실상 없다고 할 수 있으므로, 취업기회가 많은 상업지역에 설치하는 것이 현실적이다.

한국의 경우 2009년부터 안양교도소 내, 주벽 밖에 '소망의 집'이라는 이름으로 중간처우소를 처음으로 공식적으로 운영하기 시작하였는데, 현재는 춘천, 창원, 순천, 청주여자교도소 등의 많은 교도소 내에 소망의 집이 개설되어 운영되고 있다.[1] 그러나 이 이전에도 교도소 내의 주벽 밖에 '가석방대상자 생활시설' 등의 이름으로 운영된 유사한 사례가 있었다.

그리고 2013년부터는 밀양구치소 부근의 기업체 기숙사 내에 지역사회 중간처우시설을 '희망센터'라는 이름으로 처음 개설하였다. 이 곳의 수용자들은 기업체 기숙사 내에 마련한 희망센터에서 생활하며 해당 기업에 출퇴근하여 사회적응 및 출소 전 준비를 하고 있다. 현재는 밀양구치소 외에도 2016년 천안개방교도소 부근에도 희망센터를 개설하여 운영하고 있다. 밀양희망센터에는 가석방을 앞둔 모범수형자 10여 명이 함께 생활하고 있으며, 은행 체크카드로 필요한 물품을 스스로 구입하고, 스마트폰과 인터넷 이용이 가능하며, 주말에는 사회견학, 봉사활동, 종교 활동 참여 등 다양한 사회생활을 체험하고 있다. 주중에는 교도관의 감시를 받지 않고 희망센터에서 작업장으로 자유롭게 출·퇴근하며, 일과 후 센터 내에서 여가시간을 보내거나 교화프로그램에 참여하며, 주말에는 귀휴나 접견을 실시하고 있다(법무부, 2013).

그러나 한국의 중간처우소는 교도소 안이나 교도소 주변에 모두 설치되어, 출소자의 사회적응과 통합이라는 중간처우소의 기본 취지에 잘 맞지 않는 문제가 있다. 이것은 90% 이상의 중간처우소가 지역사회에 설치된 미국의 경우를 참고하더라도, 특이한 것이며, 결국 이 문제가 법무부 산하 기관들의 관할권 다툼 문제에 기인하는 것이 아닌지 의심스럽다.

중간처우소의 프로그램은 각 시설마다 매우 다양하다. 뉴저지의 중간처우소의 예를 들면, 여기에서는 교도소 내의 치료공동체를 수료한 사람들을 대상으로 약물남용에 대한 상담을 하고, 보통 3-18개월 동안 수용한다. 민간 중간처우소는 원하는 유형의 수용자들을 선택할 수 있으며, 보통 담당교도관이나 보호관찰

---

1 법무부 홈페이지 2023년 2월 검색.

관이 적격인 사람들을 추천한다. 비용은 정부가 1인당 비용을 중간처우소에 지급하고, 수용자가 그 비용의 일부를 부담하는 형식으로 유지되는데, 예를 들어, 1인당 매일 총 65달러가 들면, 정부가 48.75달러를 지급하고, 수용자가 25%에 해당하는 16.25달러를 부담하는 방식이다(Alarid, 2017:184).

중간처우소의 프로그램은 보통 수용자의 행동으로 평가되는 개선의 정도에 따라서 단계별로 진급하는 시스템을 갖고 있다. 마사추세츠의 초기 중간처우소 프로그램은 일자리를 찾고, 일을 해서 중간처우소의 비용을 부담하고, 이 고용을 유지하고 적절한 행동을 함으로써 상위계급으로 진급하여 자유를 확대하는 형태로 운영되었다.

마사추세츠 조기석방센터의 프로그램

1972년의 교정개혁법에 따라서 마사추세츠주에서는 교도소 수형자들이 가석방 적격 자격을 얻기 8개월 전에 조기석방센터(prerelease centers)에 이송하는 것이 허용되었다. 첫 조기석방센터는 보스턴 주립병원에 만들어졌고, 대부분의 재소자는 여기로 보내어졌다. 이들 수용자들에게는 일자리를 얻기 위한 2주의 기간이 주어졌고, 이 일자리를 통해 조기석방센터의 운영비용을 지불하게 되었다. 수용자들은 여기서 5단계를 통해 진급하는 과정을 거쳤는데, 조기석방센터에서 적절한 행동을 하는 정도에 따라서 각 단계로의 진급이 결정되었다. 상위단계로 진급을 할 때마다 추가적인 귀휴시간이 주어졌고, 이것은 1단계에 주당 10시간에서 5단계의 주당 48시간에 이르기까지 다양하게 주어졌다.

수용자들은 보통 교도소에서 3-4년을 보낸 나이가 든 범죄자들이라서, 고용주들의 사회적 편견에도 불구하고 이들은 일자리를 쉽게 찾았다. 이들은 육체노동과 낮은 임금에도 불구하고 기꺼이 일자리를 찾았으며, 일자리 코디네이터는 여러 번의 시행착오를 겪으며 이들이 일자리를 찾는 데 도움을 주었다. 어떤 경우에는 수용자들이 안정적인 일자리를 찾기 전에 무려 75번의 시행착오를 한 적도 있었다.

출처: McCarthy and McCarthy, 1997:242.

현대의 중간처우소 프로그램은 수용자들이 지역사회에서 더 많은 자유를 누리기 때문에, 귀휴보다는 자유시간을 더 부여하여 귀가시간을 더 확대하는 방식으로 구성되어 있다. 예를 들어 덴버의 중간처우소는 이러한 대표적인 예인데, 이 중간처우소는 수용자들을 5등급으로 분류하여 이들에 대한 차등적인 자유를 부여하고 있다. 여기에서는 처음 수용되면 5등급에 속하게 되며, 입소절차 단계에 해당한다. 여기서 4등급으로 진급할 수 있는데, 이 단계는 일자리를 얻고 중간처우소 주거비를 지불할 수 있을 때까지 남게 된다. 그리고 약물치료프로그램에 출석하며, 주당 4시간 교회에 갈 수 있는 자격이 주어진다. 3등급으로 진급하면 8시간 미만의 외출이 가능해지며, 저녁 10시 이전에 귀가할 수 있는 자격이 주어진다. 그리고 2등급으로 진급하면 3등급의 특권을 모두 가짐과 동시에 추가로 저녁 11시 이전에 귀가할 수 있는 자격이 주어진다. 마지막으로 모든 배상, 사회봉사, 주거비 지급이 끝나고, $200 이상의 저축을 하면 1등급으로 진급할 수 있다. 이 단계에서는 저녁 12시 전 귀가 자격이 주어지고, 금요일부터 일요일 사이에 가족이나 친구를 만날 수 있으며, 자동차를 소유하고 운전할 수 있다(Alarid, 2017:184-185).

제2절 지역사회 외부통근센터

외부통근제도(work release)는 보통 교도소 내에서 행해지는 프로그램을 지칭한다. 이 프로그램은 낮에는 교도소 외부의 기업체의 작업장에서 일을 하고, 밤에는 다시 교도소로 돌아와 생활하고 잠을 자는 형태로 운영된다. "교도소 외부통근 프로그램(prison-based work release)의 장점은 교정경비의 절감, 재소자의 더 나은 사회복귀, 보안위험이 크지 않다"(이윤호, 2012:299)는 점을 들 수 있다. 다시 말해서 주간 시간에 교도소의 과밀화를 해소할 수 있고 결과적으로 교정경비를 절감할 수 있으며, 재소자가 실용적인 직업기술을 익히고 출소 후 고용유지가 가능한 장점들이 있다. 이러한 장점 때문에 교도소에서도 외부통근은 양호한 재소자들을 대상으로 활발하게 이용되고 있다.

　미국에서 이 교도소 외부통근제도는 1880년 미국 매사추세츠주의 플래밍엄 교도소에서 기원하여 1900년대 초 버몬트주에서 처음으로 시작되었고, 1913년에 워싱턴주에서 처음으로 법적 근거를 갖고 시행되었다. 그리고 1970년대 중반에는 모든 주에서 시행했는데, 주로 출소 전 6−9개월 동안 보안이 양호한 사람들이 외부통근의 대상이 되었다. 그러나 외부통근은 지역사회 내에서도 행해지기도 하는데, 이것이 지역사회 외부통근센터(community−based work release centers) 또는 노동귀휴센터(work furlough centers)이다. 이러한 지역사회 외부통근제도는 광의의 중간처우소에 포함되지만, 중간처우소에 비해 훨씬 더 엄격하다. 왜냐하면 지역사회 외부통근센터의 수용자들은 일을 하기 위한 목적 외에는 시설을 벗어나는 것이 불가능하기 때문이다. 협의의 의미의 외부통근에는 이 교도소와 지역사회의 외부통근이 포함되지만, 광의의 외부통근에는 이 외에도 주말구금프로그램(weekend jail programs)과 일부의 판결 전 프로그램이 모두 포함된다(Alarid, 2017: 188−190; Latessa and Smith, 2015:305).

[그림 8-2]　외부통근이란 무엇인가?

출처: 유튜브 "What is work release?" 화면 캡처.

외부통근은 감시의 정도에 따라 크게 두 가지 유형으로 나뉘는데, 첫째, 비감시형 외부통근(unsupervised work release)은 보통 저녁 6시에서 아침 6시 30분까지 교도소에서 거주하고, 매일 아침 버스를 타고 직장에 출근하며, 대상자는 자신의 지출과 일한 시간에 대한 보고를 해야 한다. 반면에 감시형 외부통근(supervised work release)은 정부소유의 버스를 타고 출퇴근하며, 보통 감시관이 함께 동행하게 된다. 외부통근에 적절한 대상자로는 첫째, 적은 형량의 비폭력범죄자, 둘째, 행동이 양호한 사람, 셋째, 1년 이내로 출소 예정인 사람이다(Alarid, 2017: 190-191).

한국의 교도소에서 시행하는 외부통근은 감시형 외부통근에 해당하는데, <형의 집행 및 수용자 처우에 관한 법률> 시행규칙 제120조에 따르면, 외부기업체에 통근작업하는 수용자의 선정기준은 다음과 같다. 이 기준은 미국의 외부통근자 선정기준에 비해서, 남은 형기가 많이 남은 사람이나 폭력범죄자도 외부통근이 가능하여, 한국의 기준이 매우 느슨하다는 것을 알 수 있다.

1. 18세 이상 65세 미만일 것
2. 해당 작업 수행에 건강상 장애가 없을 것
3. 개방처우급·완화경비처우급에 해당할 것
4. 가족·친지 또는 법 제130조의 교정위원(이하 "교정위원"이라 한다) 등과 접견·서신수수·전화통화 등으로 연락하고 있을 것
5. 집행할 형기가 7년 미만이고 가석방이 제한되지 아니할 것

외부통근의 대상자를 선정하는 주체에 따라서 외부통근의 유형을 구분하면 크게 다음의 두 가지로 구분할 수 있다. 첫째, 사법형 외부통근으로서, 이것은 법원에서 외부통근을 선고하는 것으로 현재 미국의 11개 주에서 시행하고 있다. 둘째, 행정형 외부통근으로서, 이것은 행형기관이나 가석방심사위원회에서 외부통근자를 선발하는 제도로서 현재 미국의 37개 주에서 시행하고 있으며, 나머지는 혼합형이다(이윤호, 2012:298). 예를 들어 워싱턴주는 형기만료 전 6개월까지 지역사회의 외부통근센터에 수용할 수 있도록 법적으로 허용하고 있다(Hanser, 2010:332).

플로리다 외부통근센터(Florida Work Release Centers)는 형기가 10개월 미만 남은 최소구금이 필요한 사람들을 대상으로 하는데, 일반적으로 일 외에 다른 사유로 센터를 나갈 수 없다. 일단 수용자들이 고용되면, 대상자 수입의 75%는 다양

한 비용으로 공제되는데, 여기에는 주거비 45%, 피해자배상 10%, 자녀양육비 10%, 저축 10%가 포함되며, 나머지 25%는 매 2주마다 본인에게 수당으로 지급되게 된다(Alarid, 2017:192).

플로리다 오렌지카운티 외부통근센터 FAQ

1. 외부통근센터에 입소기준은 무엇인가?
   - ▸ 오렌지카운티 구치소에 적어도 45일의 구금형이 부과되어야 함
   - ▸ 현 범죄를 포함하여 지난 5년간 2개 이상의 중범죄 유죄판결을 받지 않아야 함
   - ▸ 지난 10년 이내에 폭력 중범죄 유죄판결을 받지 않아야 함
   - ▸ 소변검사를 통과해야 함
   - ▸ 성범죄자로 고지되지 않아야 함
2. 외부통근센터에 얼마를 내야 하는가?
   - ▸ 주당 50.05달러를 내야 함
3. 입소 전의 내 일자리를 유지할 수 있는가?
   - ▸ 만약 당신의 일자리가 우리 기준에 부합하면 일자리를 유지할 수 있다.
4. 외부통근센터는 내 직장에 교통편을 제공하는가?
   - ▸ 아니오. 대중교통을 이용하거나, 고용주나 동료 또는 가족의 교통편을 이용하는 것이 가능하다.
5. 외부통근센터에 수용 중에 가족면회를 할 수 있는가?
   - ▸ 지정된 면회시간에 면회가 가능하다.
6. 재판에 가기 전에 외부통근센터 입소허가를 받을 수 있는가?
   - ▸ 그렇다. 예비선별과정을 이용가능하다.

출처: 플로리다 오렌지 카운티 외부통근센터 홈페이지(2022년 11월 검색).

지역사회 외부통근센터의 일종으로 노동윤리캠프가 있다. 노동윤리캠프(work ethic camps)는 교도소를 대신할 수 있는 120일짜리 인지행동치료 프로그램으로서,

프로그램 수료 후에는 집중감시보호관찰의 대상이 된다. 이 프로그램의 비용은 1인당 하루 $44로 구금의 반 정도인데, 지역사회프로그램 중에 노동윤리캠프의 비용이 높은 것은 재활프로그램을 많이 시행하기 때문이다. 이 곳의 프로그램은 직업훈련, 의사결정기술, 돈관리와 같은 생활기술 등의 다방면에 걸쳐있고, 노동과 치료를 결합한 중간처우소의 한 형태라고 할 수 있다. 보통 범죄자들은 대부분 약물문제를 겪는 경우가 많기 때문에, 대부분의 외부통근센터나 노동윤리캠프는 이 약물치료프로그램을 포함하고 있다(Alarid, 2017:192; Hanser, 2010:333).

크레스트 재진입 서비스팀(Community Re-Entry Services Team, CREST) 프로그램 또한 노동과 치료를 결합한 성공적인 치료공동체 프로그램의 한 예라고 할 수 있는데, 각 2개월 동안 지속되는 3단계 프로그램으로 구성되어 있다. 1-2단계에서는 치료중심의 프로그램이 시행되는 반면에, 3단계에는 일자리를 찾아 외부통근하며, 출소 후 사회에 적응할 준비를 하는 과정으로 구성되어 있다.

크레스트 약물남용프로그램

크레스트 센터는 남녀를 모두 수용하는 주거형 시설이다. 여기에서는 약물남용자들이 시설에서 지역사회로 나아가는 과도기 동안 약물중독을 회복하는 것을 돕는다. 모든 치료프로그램은 개별화되어 있으며 수행에 기반한다. 이 프로그램을 완수하기 위해서 세 단계의 과정을 충실히 통과하여야 한다.

1단계(Phase I)와 2단계(Phase II)는 남성의 경우 중앙보호관찰위반센터(Central Violation of Probation Center)에서 수용되고, 이곳을 성공적으로 수료하면 3단계(Phase III)의 외부통근센터로 보내진다. 여성 수용자의 경우는 모든 단계를 이 외부통근센터(Hazel D. Plant Women's Treatment Facility)에서 거치게 된다.

1단계: 약 2개월
• 오리엔테이션: 약 2주, 휴대폰이나 면회 불가
• 오리엔테이션 매뉴얼이 배포되고 학습해야 함
• 12단계의 자조그룹

- 동료 세미나
- 약물남용프로그램
- 사고왜곡 인지프로그램
- 스트레스 관리프로그램

2단계: 약 2달
- 주 회복치료
- 12단계 자조그룹
- 생활기술 훈련
- 동료 세미나
- 분노조절프로그램
- 효과적 의사소통프로그램
- 효과적 문제해결프로그램
- 재발방지프로그램

3단계(외부통근치료단계): 약 2달
- 재발방지프로그램 계속
- 면접 및 구직기술
- 구직 또는 교육프로그램 등록
- 매일 최소 6시간 치료서비스(만약 고용되거나 학교에 출석하면 주당 10시간 치료서비스)
- 집단의무교육 출석: 자기발견, 정기적 대면미팅, 아침 및 저녁미팅, 동료세미나
- 회복유지계획 개발
- 일기 쓰기
- 약물문제 없는 사람들과 관계 맺기
- 법적 신분 획득
- 적절한 주택 마련
- 사후관리 프로그램 예약
- 필요하다면 정신 및 신체건강서비스에 의뢰
- DOC와 MHM 프로그램의 규칙을 계속 지킴

충격구금은 구금형을 대신하는 보호관찰이 너무나 범죄자에게 관대하다는 비난을 회피하고, 지역사회감시만으로는 개선하기에 부족한 범죄자들을 대상으로 단기간의 '구금의 충격'을 주어서 초기구금의 괴로움을 맛보게 한 다음 지역사회 감시 대상자로 지정하여 보호관찰의 한계를 극복하기 위해 만든 제도이다. 병영 캠프 또한 장기간의 구금을 단기간의 힘든 구금으로 대체한다는 점에서 그 취지 가 비슷하다고 할 수 있다. 이 절에서는 이 두 가지 프로그램을 살펴본다.

충격구금(shock incarceration)은 충격보호관찰(shock probation), 충격가석방 (shock parole), 간헐구금(intermittent incarceration),[2] 분할형(split sentence)[3] 등으로도 불리는데, 적절한 대상은 성인교도소 구금경험이 없는 어린 범죄자들로서, 이들이 초기에 잊을 수 없는 힘든 경험을 하게 하면서도, 악풍감염의 위험이 적은 장점이 있는 제도이다. 충격구금은 다음의 몇 가지 특징 또는 가능성을 갖는다(Latessa and Smith, 2017:67).

첫째, 법원이 장기간의 구금형 없이 피고인 행동의 심각성에 대해 의견을 표 할 수 있다.

둘째, 구금형보다 지역사회처우가 보다 적절한 것으로 시설에서 판단된 범죄 자들을 석방할 수 있는 방법이다.

셋째, 각 사건에서 처벌과 관용의 조화를 이룰 수 있는 방법이다.

넷째, 재활이 가능한 범죄자를 지역사회처우를 하면서도, 대중이 원하는 억 제적인 형을 선고하는 방법이다.

다섯째, 짧게 구금된 범죄자들이 반사회적인 교도소하위문화에 젖어들지 않 도록 할 수 있는 방법이다.

그러나 충격구금을 비판하는 사람들은 처벌과 관용이 철학적으로 공존할 수 없는 생각이며, 한 달 정도의 구금으로도 낙인이 부여될 수 있고, 구금의 부정적

---

2 보호관찰 대상자가 주말이나 밤 시간을 구치소에서 보내는 형벌.
3 법원이 구금기간에 이어지는 보호관찰기간을 명시하여 선고하는 형.

인 영향이 오래 지속될 수 있다고 비판한다. 지난 30년 동안 충격구금은 더 많이 이용된 양형 선택지이지만, 오하이오주와 같이 90년대에 이것을 폐지한 주도 있다(Latessa and Smith, 2017:67-68).

한국에서는 소년을 대상으로 충격구금이 도입되었는데, 2007년 <소년법>을 개정하여 제32조 1항 8호에 가능한 보호처분의 유형으로서 "1개월 이내의 소년원 송치"가 새로 신설되었다(자세한 내용은 11장을 참조). 이것은 5호의 장기보호관찰과 함께 병과되는데, 한 달 이내의 짧은 소년원 구금 후에 장기보호관찰을 받게 하는 전형적인 충격구금에 해당한다. 그러나 한국의 경우 성인에 대해서는 이 충격구금이나 간헐구금, 분할형과 같이 유사한 제도를 찾아볼 수 없다.

병영훈련(correctional boot camps)은 군대의 신병들을 훈련시키는 시설이었지만, 1980년대에 들어서 범죄자를 교화시키는 한 방법으로 사용하게 되었다. 강한 군대식의 체력단련과 제식훈련을 통해 범죄자의 나쁜 습관을 없애고, 보다 규율적인 인간으로 개선하는 것을 목적으로 하는 병영훈련은 일종의 충격요법인 충격구금의 한 형태라고 할 수 있다. 법원이나 교정기관에서 대상자를 선정하면, 범죄자는 자신에게 선고된 장기구금형을 보다 단기간으로 줄이기 위해 자신의 집에서 가까운 병영훈련소에 비용을 내고 등록하는 형태로 이용된다.

최초로 병영훈련프로그램을 활용된 때는 1983년으로 미국 조지아주의 교정국이 교도소 구금을 면제하는 조건으로 실시한 특별대안적 구금프로그램(SAI, special alternative iucarceration)을 병영훈련의 효시로 들 수 있다. 병영훈련프로그램이 충격보호관찰과 다른 점은 충격보호관찰이 일반 범죄자들과 공동생활을 하면서 단지 일정기간 교정시설에 구금되는 것임에 반하여, 병영훈련프로그램은 일반 범죄자들과는 분리된 상태에서 군대와 같은 엄격한 규율과 훈련을 실시하여 대상자들의 가치나 태도변화를 강조한다는 점이다. 1983년 조지아주의 SAI 이후로 일반시민, 교정관계자, 정부관료들은 이같은 방법의 새로운 보호관찰에 많은 관심을 집중하였다. 이에 힘입어 1995년에 들어서는 미국의 36개 주에서 75개가 실시될 정도로 병영훈련프로그램은 범죄자의 사회복귀와 재범예방을 위한 새로운 교정방법으로 정착하였다(Keenan, 1996:93).

병영훈련프로그램에 대해서 많은 관심이 집중된 이유로는 몇 가지가 있다(이순래, 1999).

지역사회교정론

첫째는 병영훈련프로그램은 범죄자의 성격이나 태도변화를 적극적으로 추구한다는 점이다. 물론 재소자의 변화는 일반교정시설에서도 목적으로 하지만 병영훈련은 엄격한 규율과 혹독한 훈련에 의한 고도의 긴장상태를 인위적으로 조성하고 이를 통해서 재소자의 성격이나 태도변화를 구체적 목표로 한다는 점에서 일반교정시설과는 차이가 있다.

두 번째는 일반시민들의 기대에 부응한다는 점이다. 특히 범죄를 지은 사람을 사회로 풀어주는 보호관찰은 범죄자들에게 너무 관대한 것이며 또한 범죄자들에게 일반적인 구금조차도 편안한 것이라고 생각하는 사람들에게 병영훈련의 엄격한 규율생활과 의무적 사회봉사활동은 범죄자에게 적절한 제재가 가해져야 한다는 이들의 기대에 부응하는 범죄자 처우방법이다.

세 번째는 교도소 과밀화문제를 완화할 수 있다는 점이다. 일정기간의 구금형을 받은 사람들을 교도소에 구금하지 않고 병영훈련을 받게 하고 사후관리에 위탁하면 교도소에 수용되는 전체인원을 줄일 수 있어 점차 악화되는 교도소 과밀화문제의 완화를 기대할 수 있다.

네 번째는 교정비용을 절감할 수 있다는 점이다. 장기간의 구금형을 선고받은 범죄자를 단기간의 병영훈련을 받게 한 후에 형기를 단축시키면 그만큼 1인당 교정비용을 절감할 수 있다.

끝으로 보호관찰제도의 전반적인 활성화에 기여할 수 있다는 점이다. 보호관찰은 그 기대되는 효과에도 불구하고 보호관찰에 부과된 의무사항을 준수하지 않은 경우는 이에 대한 적절한 제재방법이 강구되지 못함으로써 보호관찰의 활성화에 장애요인으로 작용하였다. 미준수자들에 대해서 1-2주의 단기간 병영훈련을 부과하는 것은 신속하고 적합한 제재수단이 될 수 있기 때문에 보호관찰제도를 활성화하는 데에 중요한 역할을 담당할 수 있다.

병영훈련에 적합한 대상자는 첫째, 강도 높은 훈련을 이겨낼 수 있을 정도의 신체적, 정신적으로 건강한 젊은 층, 둘째, 이전에 구금경험이 없는 사람들, 셋째, 폭력범죄를 저지르지 않은 사람들이다(이순래, 1999). 조지아 병영훈련프로그램은 크게 다음의 4단계 과정을 통해 운영한다(Keenan, 1996:93-105).

제1단계(접수)는 접수과정으로 약 1주 동안 진행하며, 대상자들은 이 기간 동안에 신체적·정신적 건강에 대해서 철저한 진단을 받고 병영훈련프로그램에 관한 설명을 듣게 된다.

제2단계(작업/훈련)는 4주에 걸쳐 진행되는데, 주로 체력단련, 제식훈련, 작업으로 구성되어 있다. 이 기간에 강조되는 작업경험을 통하여 대상자가 책임감을 느낄 수 있게 하며, 경우에 따라서는 학과교육이나 다른 처우프로그램이 시행되기도 한다.

제3단계(재활교육)는, 역시 4주 과정으로, 재활교육이 본격적으로 실시되며, 이 기간에는 체력단련이나 제식훈련을 전 단계에서 만큼 강조되지 않는다. 대신에 여가교육, 생활기술 등 다양한 종류의 재활교육이 실시된다.

제4단계(석방전훈련)에서 대상자들은 석방전 상담자(prerelease counselor)에 위탁된다. 이 단계에서 대상자는 석방전 상담자로부터 직업을 찾는 방법, 직업에 응모하는 방법, 채용면접에 임하는 방법 등에 필요한 기술을 배우게 된다. 또한 대상자는 석방전 상담자와 협의하여 석방후의 계획을 수립하는데, 대상자들은 이때에 처음으로 친구나 가족들과 접촉할 수 있다.

[그림 8-3] 플로리다 마이애미 병영훈련소

출처: 유튜브 "마지막 기회, 병영캠프" 화면 캡처.

지역사회교정론

병영훈련소의 생활은 보통 군대막사에서 생활하며, 군대 스타일의 작업복을 입고, 군대호칭을 사용하며, 교관에게 존칭을 사용한다. 보통 소대는 45－60명으로 구성되는데, 모든 소대원의 행동에 대해 연대책임을 진다. 보통 90－180일 정도의 기간 동안 훈련이 이루어지며, 하루 일과의 반 정도는 약물 및 알코올교육, 개인 및 집단상담, 직업훈련, 분노조절프로그램, 학과교육등이 행해진다(Alarid, 2017:194).

병영훈련소의 일과는 매우 구조화되어 있고, 빠듯한 시간관리가 필요하다. 미네소타주 병영훈련소의 일과표를 살펴보면(이순래, 2001:246), 새벽 5시 30분에 기상하여 저녁 9시 35분에 취침할 때까지, 쉴 틈이 없이 빽빽하게 일정이 시간별

[표 8-1] 미네소타주 병영훈련소의 일과표

시간	일정
05:30	기상 / 점호
05:35-06:35	체력단련
06:35-07:00	세면
07:00-07:30	아침식사
07:30-07:45	국기게양식 행사
07:45-08:25	막사청소/ 개인신체검사
08:25-08:30	오전교육 준비
08:30-09:55	재활교육/ 막사주변 검사
10:00-11:55	학과교육/ 작업
12:00-12:30	점심식사
12:35-15:15	사회봉사노동
15:15-15:30	체력단련 준비
15:30-16:30	체력단련
16:30-16:55	세면
16:55-17:00	점호
17:00-17:30	저녁식사
17:30-18:00	국기하강식 행사/ 청소/ 강의준비
18:00-19:00	강의
19:00-20:00	재활교육
20:00-21:00	소집단모임
21:00-21:25	개별처우/ 학습
21:25-21:30	세면
21:30	점호
21:35	소등

출처: Unger, 1996:248.

로 정해져 있으며, 곳곳에 체력단련과 노동 등의 일과로 가득채워져 있음을 알 수 있다.

병영훈련소는 설치된 위치에 따라서 다음의 두 가지로 나눌 수 있다. 첫째, 교도소 내에 존재하는 형태로서, 이것은 대상자를 교도소의 재소자 중에서 선택하여 병영훈련소로 보내고, 대상자는 병영훈련소에서 점진적 단계로 가석방되어 원래 형기를 줄여서 출소를 할 수 있다. 둘째, 독립적인 지역사회시설 형태로 존재하는 유형으로, 재판시에 판사가 대상자를 선택하고, 병영훈련을 수료한 이후에는 집중감시보호관찰로 전환하는 것이다(Alarid, 2017:194).

이러한 병영훈련에 대한 평가결과는 그리 희망적이지는 못하다(이순래, 1999).

첫째, 병영훈련소가 교도소 인구를 줄이는 데 효과가 있었는지를 평가한 결과는 그리 만족스럽지 못하다. 왜냐하면 병영훈련소의 30－40%에 이르는 높은 탈락률로 인해서, 다시 교도소로 돌아가는 인구가 매우 많았기 때문이다. 또한 적절한 수용대상인 비폭력 초범자들은 교도소에 구금되는 비율이 매우 낮고, 수용되더라도 1년 미만이기 때문에, 이들을 새롭게 수용하는 것은 형사사법의 그물망 확대(net widening)의 결과를 가져왔다.

둘째, 병영훈련은 비용을 절감하는 데 한계가 있었다. 병영훈련으로 재소자의 규모를 크게 줄이지 못한 반면에, 직원의 인건비나 시설관리비 등은 줄지를 않았다.

셋째, 병영훈련은 대상자의 태도변화에 매우 뚜렷한 효과를 나타냈지만, 이들의 출소 후 재범율의 감소에는 별 영향이 없었다.

지역사회교정론

비주거형 지역사회감시 프로그램

Community Correction Theory

비주거형 지역사회감시 프로그램

이 장에서는 앞 장에서 살펴보았던 주거형 지역사회감시 프로그램에 이어서 비주거형 지역사회감시 프로그램을 살펴본다. 주거형 지역사회감시 프로그램은 범죄자의 집이 아닌 지역사회의 다양한 시설에 장기든 단기든 입소하여 처우를 받는다는 특징이 있지만, 비주거형 지역사회감시 프로그램은 기본적으로 범죄자 자신의 집에서 잠을 자며 다양한 처우를 받는다는 특징을 갖는다. 이러한 비주거형 지역사회감시 프로그램으로는 수강명령이나 사회봉사명령과 같은 가벼운 처우에서 시작하여 가택구금, 전자감시, 주간보고센터 등의 보다 강한 감시가 이루어지는 프로그램에 이르기까지 다양하다. 지역사회교정의 목적이 범죄자를 교정시설에 가두지 않고 사회에 재통합시키는 것이라는 점을 감안하면, 이런 비주거형 지역사회감시 프로그램은 이러한 교정의 이념에 가장 충실한 프로그램들이라고 할 수 있다.

수강명령(attendance center order)은 유죄가 인정된 범죄자에 대해 일정한 기간 동안 지정된 장소에 출석하여 강의, 훈련, 상담을 받도록 하는 제도로서, 경미한 범죄자에 대하여 올바른 가치관을 심어주며, 행동을 교정하여 사회에 정상적으로 복귀할 수 있도록 하는 제도이다. 이 제도는 1948년 영국 형사법에 도입되었으나 활용되지 않다가, 1960년대 이후 확대실시되었다. 현재 미국에는 이런 수강명령 제도가 없으며, 영국이나 영연방국가들에서 수강명령제도가 시행되고 있다.

　　영국의 수강명령은 21세 미만의 청소년이 징역형에 해당하는 범죄를 범하여 유죄를 인정된 경우에 징역형을 선고하지 아니하고 일정시간 수강센터(attendance centre)에 출석하여 강의, 훈련 또는 상담을 받도록 한다. 그러나 그 대상자는 초범이거나 전과가 있다고 하여도 벌금 이하의 형에 해당하는 처분을 받은 자로 경미한 범죄를 저지른 자에 한한다. 수강센터의 출석은 14세 미만의 아동은 12시간을 초과할 수 없고, 14세 이상 17세 미만의 소년은 24시간, 그리고 17세 이상 21세 미만의 소년은 36시간을 초과할 수 없다. 유사한 제도로 주간보호관찰센터명령(probation day centre order)이 있는데, 이것은 보호관찰의 준수사항의 하나로 보호관찰대상자가 보호관찰소에서 1주일에 5일씩 사회적응에 필요한 교육과 훈련을 받는다(박종선, 2007).

　　캐나다 온타리오의 윌리엄 크레이턴 청소년서비스(William W. Creighton Youth Services)에서 운영하는 수강명령센터는 보호관찰의 한 준수사항으로서 운영되는데, 여기서 시행하는 프로그램은 인지행동/변증법적 행동치료 프로그램(인지기술교육, DBT 기술교육, 약물남용지식, 피해자 이해 등), 위험/욕구/반응성에 맞춘 프로그램(성별 프로그램, 슬픔과 상실), 다양한 새로운 기술훈련(문제해결, 갈등해결, 자기관리, 친구관계), 친사회적 모델링 프로그램, 강점기반 프로그램(사회봉사와 자원봉사, 요리법, 생활기술), 문화교육과 행사(예술교육, 레저 및 레크리에이션) 등이다.[1]

　　한국의 경우 1989년 소년법 개정에 의해 도입되어 활발히 사용되고 있고, 이

---

1 https://www.creightonyouth.com/services/attendance-centre/ 2023년 2월 검색.

[표 9-1] 한국의 수강명령을 부과가능한 법조항과 수강시간

법조항	시간
형법(제62조의2)	수강을 조건으로 형의 집행유예자 받은 자 → 유예기간 범위 내(500시간 이내)
소년법(제32조)	수강명령을 받은 소년 → 100시간 범위 내
가정폭력범죄의처벌등에 관한특례법(제41조)	수강명령을 받은 자 → 각 200시간 범위 내
아동청소년의성보호에관한법률 (제21조)	수강명령을 받은 자 → 형과 함께 500시간 이내 병과
성매매알선등행위의처벌에 관한법률(제14조, 제15조)	수강명령을 받은 자 → 각 100시간 이내
성폭력범죄의 처벌 등에 관한 특례법(16조)	유죄판결을 받고 형벌과 병과되는 경우 → 500시간 범위 내

경우 12세 이상의 소년에게 부과하는 것이 가능하다. 1995년에는 수강명령을 성인범에게도 확대 적용했는데, 이를 처음으로 만들고 운영하는 영국이 소년범만을 대상으로 운영하는 것에 비해 크게 확대된 것이다. 그럼에도 불구하고 여전히 경미한 범죄자들을 대상으로 올바른 가치관을 심고, 행동을 교정하여 사회에 정상적으로 복귀하기 위하여 사용되고 있다. 현재 한국에서 수강명령을 부과할 수 있는 법조항과 수강시간은 여러 조항들이 있으며, 수강시간은 100시간 이내에서 500시간 이내로 매우 많은 시간 동안 수강을 하게 할 수 있다.

초창기에 보호관찰소에서는 외부기관에 수강명령 전문프로그램을 의뢰하여 개발 및 운영을 하도록 하기도 하였으나, 현재는 대부분 보호관찰소에서 이것을 담당하고 있다. 한국에서 운영하고 있는 프로그램들은 음주운전자나 폭주족을 위한 준법운전 프로그램, 가정폭력범에 대한 가정폭력 프로그램, 성폭력범죄자나 성매수범들을 위한 성폭력 치료프로그램, 약물사범들을 위한 약물남용 치료프로그램 등을 들 수 있다.

이들 프로그램은 대부분 인지행동 프로그램으로 채워져 있는데, 자신의 행동이 가져올 결과에 대한 이해, 왜곡된 인지의 수정, 피해자의 고통에 대한 이해, 행동이 재발하는 상황과 이들에 대한 회피능력 배양, 약물남용이 가져올 심각성, 동료압력에 대한 거부기술교육 등이 그것이다. 그 외 가정폭력이나 성폭력 프로그램에는 인지행동교육 외에도 페미니스트 이론에서 도출한 프로그램들이 함께 포

[표 9-2] 한국의 보호관찰소의 수강집행센터에서 실시하는 주요 프로그램

수강분야	주요내용
준법운전강의	▶ 음주운전자들에 대한 알코올 치료프로그램 ▶ 잘못된 운전습관의 교정 ▶ 교통관련 법규교육 ▶ 교통사고 피해 심각성의 이해
가정폭력치료	▶ 가정폭력의 범죄성 및 자기 책임에 대한 인식 ▶ 가정폭력에 관한 잘못된 인지구조 변화 ▶ 분노, 스트레스, 음주 등 폭력 유발 요인에 대한 대처기술 습득
성폭력치료	▶ 성 관련 인지왜곡과 일탈적 성적 기호의 수정 ▶ 피해자에 대한 공감능력 향상 ▶ 대처기술 및 사회적응능력 학습
약물치료	▶ 약물의 신체적, 정신적, 사회적 폐해에 대한 자각 유도 ▶ 약물 투약의 유혹에 대한 거절 훈련 ▶ 약물 투약 요인에 대한 대처기술 학습

출처: 범죄예방정책국 홈페이지 2023년 2월 검색.

함되어 있다. 예를 들어 수강명령 초기에 보호관찰소에서 시행했던 가정폭력 수강명령 전문프로그램은 분노나 폭력에 대한 지식 및 이 상황을 회피하는 방법, 외곡된 인지수정 교육 등의 인지교육 외에도, 가부장적 생각에 대한 수정 등의 프로

[표 9-3] 가정폭력 수강명령프로그램의 개요

구분	프로그램 주요내용
1회	오리엔테이션, 인성검사, 사전조사, 가정폭력방지법 이해, 집단프로그램
2회	폭력이란(폭력상황 점검하기, 가정폭력에 대한 통념, 사전조사결과발표)
3회	권력과 통제(권력과 통제 모델, 부부간의 힘의 균형)
4회	가부장제 사회에서의 남편과 아내(폭력상황 점검하기, 잘못된 여성관)
5회	가정폭력의 영향(폭력상황 점검하기, 가정내 폭력의 전수, 족보 그리기)
6회	중간평가(폭력상황 점검하기, 집단 및 개별평가, 자서전 쓰기 및 발표하기)
7회	분노관리(폭력상황 점검하기, 분노에 대한 정의, 주관적 분노, 분노방식 점검)
8회	스트레스와 폭력(폭력상황 점검하기, 주관적 스트레스, 스트레스 해결 방법)
9회	술과 폭력(폭력상황 점검하기, 알코올과 아내구타, 술에 대한 주관적 견해)
10회	의사소통 훈련(폭력상황 점검하기, 건강한 부부싸움, 집단토의)
11회	갈등해결 훈련(갈등이란, 존중이란, 지지란, 수용이란, 방어기제)
12회	책임감과 정직(부정, 최소화, 축소화, 집단토의)
13회	종결 및 평가(폭력상황 점검하기, 사후조사, 변화행동 작성하기)

출처: 보호관찰 홈페이지(검색일자 미상).

그램들이 같이 섞여 있다.

　그런데 미국에는 존재하지 않는 이 수강명령이 한국에서 매우 활발히 이용되고 있는 이유는 다음의 몇 가지를 들 수 있다.

　첫째, 미국과 달리 한국에는 범죄자들을 대상으로 한 전문적인 상담기관이 거의 없다. 예를 들어 지역사회에서 범죄자들에 대해 다양한 프로그램을 시행하는 중간처우소, 외부통근센터, 노동윤리센터, 주간보고센터 등과 같은 상담기관이 한국에는 거의 없는 반면, 미국에서는 이런 전문기관들이 즐비하기 때문에 당연히 전문상담프로그램들은 전문기관에서 시행해야 한다고 생각하는 경향이 있다.

　둘째, 법원에서 선고되는 수강명령은 구금형을 지양하면서도 범죄자들을 사회에 풀어준다는 시민들의 불만을 잠재울 수가 있으며, 한편으로 법관의 권한 강화와 다양한 양형 선택지를 제공해 준다. 그 결과로 현재 한국에서 시행되는 수강명령은 매우 형식적으로 시행되는 경향이 많다고 생각되며, 과연 이 프로그램을 이수한 범죄자들이 얼마나 개선되는지는 의문스럽다. 모 인터넷 게시판에 등록된, 다음의 수강명령 40시간을 이수한 범죄자의 후기는 수강명령이 매우 형식적으로 운영되고 있음을 보여준다. 단순히 범죄자를 괴롭혀 범죄를 억제하려면 세금이 많이 드는 수강명령보다도 가택구금과 같이 훨씬 더 싼 선택지가 있다.

수강명령 40시간 후기

아청성매수 집유 받았고 수강명령 40시간 받았습니다. 취업제한 X
○○보호관찰소에서 교육 받았구요

　　　　　　……

교육은.. 굉장히 지루했습니다
14명? 정도 수강을 같이 했고
저는 3월달에 두 번을 들었던 터이라 7월에 남은 3일(월화수)을 들었는데 웃긴거는
정해진 커리큘럼 3일차부터 들은게 아니라 1일차부터 다시 들었어요ㅋㅋㅋㅋ 이 일

정은 보호관찰소에서 잡아준거라 그냥 그러려니했습니다 그래서 내용들 다 알고 있어서
더 지루했나봅니다.

강사들은.. 그닥이었습니다 굉장히 페미니스트적인 사상이 아주 박힌 강사도 있고 흑
백논리, 고정관념이 심한 강사도 있습니다. 답변을 굉장히 강요하고 계속해서 물어봅니
다. 돌아가면서 물어보는데 꼬리의 꼬리를 무는 질문과 개인적인 이야기까지 다 꺼내게
유도해버리는 느낌? ㅋㅋ 확실한건 다들 같은 죄목으로 와서 불편한 공기는 많이 흘렀
습니다.

같이 듣는 사람들 중 몇몇은 대놓고 화내고 따지기도 해서 그땐 좀 재미있었네요

교육 40분 쉬는 시간 15~20분, 점심시간 1시간~1시간20분 정도로 유동적으로 한
점은 좋았습니다.

휴대폰 사용 금지 및 자는거 금지라고 했는데 대놓고 자는거 아니면 그냥 넘어가는거
같았고 휴대폰도 전화오는 거는 뭐 받는건 안말리는 분위기에다가.. 대놓고 하는거 아니
면 강사들 그냥 자기할 말만 하는듯 합니다. 전 교육 5일 듣는 내내 너무 지루하고 싫어
서 이것 때문이라도 다시는 죄를 짓지 않을 거 같네요

출처: 네이버 카페.

제2절 사회봉사명령

사회봉사명령(community service order)은 유죄가 인정된 범죄자에게 정상적인
사회생활을 하면서 일정한 기간 동안 무보수의 노동에 종사하도록 법원이 명령하
는 제도이다. 이것은 1972년 영국 형사법에 의해 최초로 도입되었고, 한국의 경
우 1989년 7월 1일 소년법 개정에 의해 수강명령과 함께 도입되었으며, 1995년
에 성인에게도 이것이 가능하게 되었다. 사회봉사명령은 보통 보호관찰과 함께
병과되지만 별개로도 선고할 수 있다.

사회봉사명령의 목적은 크게 두 가지로 나뉘어지는데, 하나는 범죄자를 다시 사회로 복귀시키는 것이고, 다른 하나는 범죄자를 처벌하는 것이다. 전자는 범죄자에게 건설적인 일에 참여하여 지역사회에 도움이 되는 어떤 것을 이루는 데 어떤 역할을 할 기회를 주어 지역사회의 건실한 구성원으로 다시 재통합하는 것이다. 후자는 범죄자가 자신의 시간을 희생하여 자신의 행동으로 만들어진 지역사회에 대한 빚을 갚도록 하는 것이다. 이를 위해서 범죄자가 지역사회에 끼친 손해를 만회하기 위해서는 범죄자가 하는 사회봉사 일의 최저임금과 봉사시간을 적절히 조합하여 봉사시간이 정해져야 한다. 만약 범죄자가 일자리가 없다면, 사회봉사의 시간은 주당 40시간이 부과될 것이다. 지역에 따라서는 범죄자에게 선고된 벌금도 사회봉사를 통하여 상쇄할 수도 있다(Hanser, 2010:350).

한국의 경우 다양한 법에서 사회봉사를 부과할 수 있도록 규정하고 있는데, 각 법에 따라서 사회봉사를 시킬 수 있는 봉사시간의 한도가 달라진다. 또한 생계곤란으로 벌금을 납부하지 못하는 서민들의 노역장 유치를 지양하고, 이것을 사회봉사로 대체하여 서민생활 안정 및 사회양극화 해소를 도모하기 위해 벌금미납자 사회봉사제도를 만들었는데, 이것은 벌금을 낼 경제력이 없는 300만원 이하의 벌금 선고자를 대상으로 검사의 청구 및 법원의 허가에 의해 관할 보호관찰소에서 6개월 이내에 집행하도록 하고 있다.

[표 9-4] 사회봉사명령의 관련 법조항과 봉사시간

법조항	봉사시간
형법(제62조의2)	사회봉사 또는 수강을 조건으로 형의 집행유예자 받은 자 → 유예기간 범위내(500시간 이내)
소년법(제32조)	사회봉사명령을 받은 소년 → 200시간 범위 내
가정폭력범죄의처벌등에관한특례법 (제41조)	사회봉사명령을 받은 자 → 각 200시간 범위 내
성매매알선등행위의 처벌에관한법률(제14조, 제15조)	사회봉사명령을 받은 자 → 각 100시간 범위 내
성폭력범죄의 처벌 등에 관한 특례법(제16조)	사회봉사를 조건으로 형의 집행유예를 받은 자 → 유예기간 범위 내(500시간 이내)
벌금미납자의 사회봉사 집행에 관한 특례법	대통령령으로 정한 금액 범위 내 벌금형 확정자 중 사회봉사허가를 받은 자 → 6개월 이내 집행(6개월 연장 가능)

사회봉사명령의 봉사분야는 매우 다양하다. 대표적인 봉사분야는 첫째, 농촌 지원활동으로 모내기, 벼베기, 농작물 재배, 과일수확, 농수로 정비, 농가환경 정비 등의 다양한 활동이 있으며, 둘째, 소외계층 지원활동으로서, 주거환경개선, 빨래, 청소 등 가사활동 지원 등이 가능하며, 최근 많이 하고 있는 낙후된 동네에 벽화를 조성하는 것도 이것의 일환이다. 셋째, 긴급재해복구활동으로서, 홍수, 태풍, 지진 등의 대형 재난사태 발생 시 복구활동을 할 수 있다. 넷째, 복지시설분야로서, 이것은 노인, 아동, 장애인시설 지원 및 사업보조활동이다(범죄예방정책국 홈페이지 참조).

다양한 분야에 봉사를 할 수 있다는 것은 사회봉사명령의 장점이다. 특히 봉사분야 선정을 잘 함으로써, 일종의 인지행동치료 프로그램의 역할도 할 수 있다. 예를 들어 음주운전으로 사회봉사명령을 받은 사람들을 교통사고로 인한 장애인시설에 봉사하도록 하는 것은 자신의 행동이 가져올 심각성에 대해 인지할 수 있는 좋은 기회가 될 수 있다. 그 외에 서민금융사기로 사회봉사를 선고받은 사람들을 가난하고 낙후된 지역의 주민들을 위해 주택환경개선이나 벽화마을 조성 등의 사회봉사를 배정한다든지, 아니면 농작물 절도범에게 농촌 일손돕기를 통해서 작

[그림 9-1] 농촌 일손돕기를 통한 사회봉사명령 집행

출처: 유튜브 "땀 흘리며 잃었던 나를 찾는다?!" 화면 캡처.

[그림 9-2] 사회봉사명령 80시간이 끝난 후

물재배를 돕게 만드는 것은 지역사회감시 대상자에 맞춘 반응성이 높은 전략이라고 할 수 있다.

<table>
</table>

제3절 집중감시 보호관찰

집중감시 보호관찰(Intensive Supervision Probation, ISP)은 일반적인 보호관찰보다 대상자를 더 밀착하여 감시하고, 보다 많은 접촉, 상담을 통하여 성공적인 형태의 수용처우와 비슷한 환경을 지역사회에서 조성하려는 시도라고 할 수 있다. 이를 위해서 보다 밀착한 감시를 통하여 비행기회를 억제하고, 보호관찰위반을 즉각 파악하며, 보호관찰관이 밀착감독함으로써 대상자를 보다 면밀히 파악하여 대상자에게 가장 적합한 처우를 부과하게 된다. 이것은 위험성이 높은 범죄자를 대상으로 하며, 이미 6장에서 논의한 특별한 욕구를 가진 범죄자에게 알맞은 감시방법이라고 할 수 있다.

집중감시 보호관찰에서 보호관찰관은 일반적인 보호관찰관과 달리 더 적은 대상자가 배정되며, 보통 전문화된 업무분야로 여겨지는데, 보호관찰관이 특정의 범죄유발적 욕구를 가진 대상자들에 대한 전문적인 지식을 갖추고 대상자를 처우해야 하기 때문이다. 대상자에 대한 준수사항도 많고, 더 밀착하여 감시하기 때문에 더 많은 기술적 준수사항 위반과 범죄가 발견되고, 따라서 보호관찰 취소율이 높다(Alarid, 2017:129). 초기의 집중감시 보호관찰은 감시수준을 높여서 재범율을 낮추는 것이 주목적이었으나, 현대의 집중감시 보호관찰은 감시수준을 높여서 교도소 과밀화를 낮추는 수단으로 주로 이용된다. 지역에 따라서 집중감시 보호관찰이 다양한 세부사항을 갖고 시행되지만, 집중감시 보호관찰은 보통 주당 2번에서 7번의 보호관찰관 면담, 대상자의 통행금지 시간의 설정과 주당 3번의 확인, 보호관찰관 1명당 15 – 25명 정도의 적은 대상자 배정을 통해 밀착감시를 시행한다(Latessa and Smith, 2015:273 – 274).

그럼에도 불구하고 집중감시 보호관찰에 대한 평가는 그리 높지 않다. 그것은 집중감시 보호관찰 프로그램이 다른 비교프로그램에 비해 대상자의 재범율이 큰 차이가 없었으며, 더 많은 준수사항과 더 많은 위반이나 재범의 발각으로 인해 높은 취소율을 나타냈고, 결과적으로 교도소과밀화를 완화해주지 못했으며, 교도소 구금에 비해 비용이 덜 든다고는 하더라도 생각보다는 비용이 많이 들었다는 것이다. 따라서 최근의 집중감시 보호관찰은 이런 증거에 기반하여 다음의 세 가지 형태로 변화하고 있다(Latessa and Smith, 2015:274; Alarid, 2017:129 – 130).

첫째, 인지행동프로그램에 많이 참여한 위험성이 높은 밀착감시 보호관찰의 대상자는 더 낮은 재범율을 나타내므로, 위험성이 높은 범죄자에게는 밀착감시와 함께 강한 인지행동프로그램을 시행하게 되었다.

둘째, 집중감시 보호관찰 대상자에게는 많은 준수사항과 강도 높은 감시가 시행되므로, 더 많은 위반이 발견되고 이것은 지역사회감시의 실패가 아니라 감시의 과정으로 이해하게 되었다. 따라서 대상자는 변화의 과정 중에 있기 때문에, 어느 정도의 준수사항 위반은 용인되게 되었다.

셋째, 가정이나 직장에 대한 개별방문과 전화접촉을 이용하여 대상자와 밀접한 직접접촉을 하여, 대상자들이 프로그램을 성공적으로 이수하는 비율을 높이게 되었다.

한국의 경우 집중감시 보호관찰은 2001년 2월부터 <집중보호관찰 시범실시에 관한 지침>에 따라 시범실시되었는데, 보호관찰대상자 중에서 재범의 위험성이 높은 대상자를 선정하여 직업훈련, 취업알선 등을 적극적으로 전개하여 안정적인 사회복귀를 지원하는 한편 보다 강화된 지도감독을 실시하고 있다. 집중감시 보호관찰의 대상으로는 첫째, 일정한 직업이 없거나 학업을 중도 포기한 자, 둘째, 결손 또는 해체가정으로 인하여 가족의 보호의지가 미약한 자, 셋째, 조직폭력배의 일원으로 가담 중이거나 가담전력이 있는 자, 넷째, 유해화학물질이나 마약으로 보호관찰 중인 자, 다섯째, 기타 주변상황을 고려할 때 지도, 감독을 강화할 필요가 있다고 인정되는 자이다.

집중감시 보호관찰의 접촉방법별 접촉횟수를 일반적인 예로 들면 다음의 표와 같이 가능하다. 보통 집중감시 보호관찰 대상자는 단계가 경과함에 따라서 점점 접촉횟수가 감소하게 된다. 예를 들어 집중감시 보호관찰 대상자로 지정된 이후 2개월은 월 4회 이상의 대면접촉과, 월 2회 이상의 현장접촉이 행해지며, 그 이후에는 월 3회 이상의 대면접촉과 월 1회 이상의 현장접촉이 이루어지게 된다.

[표 9-5] 집중감시 보호관찰의 접촉방법과 단계별 접촉횟수의 예

접촉방법	단계에 따른 접촉횟수
대면접촉	▸ 집중보호관찰대상자 지정일로부터 2월까지: 대면접촉 횟수 월 4회 이상 ▸ 집중보호관찰대상자 지정일로부터 3월부터: 대면접촉 횟수 월 3회 이상 ▸ 아동 성범죄자 등 고위험성범죄자는 집중 지정일로부터 2월까지 주 중 2회, 3월부터 주 중 1회, 6월부터 월 중 3회 이상
현지출장 면담	▸ 집중보호관찰대상자 지정일로부터 2월까지: 월 2회 이상 ▸ 집중보호관찰대상자 지정일로부터 3월부터: 월 1회 이상 ▸ 아동 성범죄자 등 고위험성범죄자는 집중 지정일로부터 2월까지는 3회, 3월부터는 2회, 6월부터는 1회 이상 지정 최소 기간 5월 이상 유지를 원칙으로 하되, 보호관찰관의 판단에 따라 조정 가능
비대면 감독	▸ 대면접촉과 함께 비대면 지도·감독 방식을 통해 생활상태, 신상변동 상황 등 재범 요인에 대한 지속적 확인·점검

가택구금(house arrest)은 법원이 명령한 프로그램에 참석하거나, 보호관찰관을 만날 때를 제외한 시간 동안 자신의 집에서만 지내거나 특정 시간 동안 밖에 나가지 못하도록 하는 중간처벌을 말한다. 이것은 가정구금(home confinement), 가정구류(home detention) 등의 다양한 용어로도 불리는데, 이것은 가택구금이 독재정권에서 정치인들을 탄압하기 위해 집에 가둔 것을 지칭하는 이미지를 갖고 있어 이 용어의 사용을 피하고 싶기 때문이다. 실제로 갈릴레오 갈릴레이가 "지구는 돈다"라고 이야기하여 종교재판에서 가택구금이 선고된 바와 같이 오랜 역사를 갖고 있으나, 이것이 형사사법의 제재수단으로 부활한 것은 최근에 들어서 였다.

1984년 플로리다주에서 처음으로 도입된 가택구금은 교도소과밀화에 힘입어 구금의 대안으로 급속하게 퍼져나갔다. 플로리다 지역사회통제프로그램(Florida's Community Control Program, FCCP)의 대상자는 피해자에 대한 배상과 사회봉사를 하고, 보호관찰비용을 지불하며, 알코올이나 약물검사에 순응하고, 경우에 따라 전자발찌를 착용하게 된다. 또한 이 가택구금의 대상자는 판사나 보호관찰관이 정한 특별한 목적이나 시간에만 자신의 거주지를 벗어날 수 있으며, 만약 이것을 어길 시에는 보호관찰의 기술적 위반에 해당하여 제재를 받는다(Latessa and Smith, 2015:284). 담당보호관찰관은 최대 20명까지만 담당하며, 불시에 자주 가정방문을 하며, 프로그램에 따라 컴퓨터가 무작위로 전화를 하여 재택여부를 확인하는 방법을 사용했다(Alarid, 2017:204).

가택구금의 사용목적은 다음의 여러 가지가 있다(Latessa and Smith, 2015:285; Champion, 1999:302 – 303).

첫째, 지역에 따라서 판결 전 피고인의 구금을 피하기 위해 사용된다. 다시 말해서 보석이 허용되는 피고인의 성공적인 법정출석을 위해 감시하는 도구로서 이용된다.

둘째, 교도소과밀화를 해소하는 중요한 대안이다. 교도소에 범죄자를 수용하는 것에 비해, 크게 보안의 위협도 크지 않으면서도 범죄자에 대한 인도적인 처우이기 때문에, 교도소 과밀화를 해소하는 유력한 도구가 되었다.

셋째, 보호관찰에 비해 보다 엄격한 형태의 조치가 필요할 때 가택구금은 좋은 대안이다.

넷째, 가택구금은 세금을 절약하는 비용효율적인 수단이다. 교도소에 범죄자를 구금하는 것에 비해서, 범죄자가 집에서 먹고, 자고, 입는 비용을 모두 부담하는 것은 매력적인 대안이다.

다섯째, 임신한 여성과 같은 특수한 범죄자에게 유연한 대안이 된다.

여섯째, 범죄자가 직업과 가족유대를 유지할 수 있어서, 그들의 사회복귀와 재통합에 도움이 된다.

이러한 여러 장점으로 인해 가택구금은 최근 급속히 늘어났고, 특히 전자감시기술의 발달에 따라서 더욱 유망한 교도소구금의 대안으로 떠오르게 되었다. 가택구금에 적합한 대상자로는 초범자, 비폭력범죄자, 가정환경이 좋고 가족유대가 강한 자, 약물의존이 없는 자, 고용유지 가능성이 높은 자, 30세 이상인 자이다. 만약 교도소에서 가석방된 사람이라면, 시설에서 교정사고를 일으키지 않은 자라는 조건이 더 붙는 정도이다(Champion, 1999:303).

가택구금과 관련한 쟁점은 다음의 몇 가지로 요약할 수 있다(Alarid, 2017:204; Champion, 1999:304−307).

첫째, 자신의 집에 있는 것을 처벌이나 부정적 경험을 하는 것으로 볼 수 없다는 주장이 있다. 대중은 자신의 집에서 편안히 쉬는 범죄자들에 대해 자신의 행동에 대한 대가를 치르고 있다기보다는 사치스러운 구금생활이라고 생각하는 경향이 있다. 이것을 반영하듯이 미국 대부분의 주에서 만약 가택구금이 취소되면, 이것을 구금 기간으로 산입하지 않는다.

둘째, 자신의 집에서 여전히 범죄를 범할 수 있다. 예를 들어 자신의 집에서 마약을 판매할 수 있다. 또한 밖으로 외출할 수 없는 스트레스를 가족구성원에게 풀어 가정폭력을 유발하게 할 수 있다. 이것은 가택구금이 최소한의 형사사법의 제재가 가져야 할 감시수준을 만족시키지 못하기 때문에 위헌이라는 주장과도 연결된다. 반대로 가정을 구금장소로 사용하는 것이 잔인하고 비정상적인 처벌이라는 주장도 있다.

셋째, 가택구금의 대상자를 선택하는 과정이 차별적이라는 비판이 있다. 예를 들어 가정환경이 좋고 가족유대가 강한 고용유지 가능성이 높은 자를 주로 선발한다면, 가난하고 불우한 가정에서 자란 사람들을 차별하는 것일 수 있다.

가택구금 대상자들을 집에서 나가지 못하도록 감시하는 방법은 초기에 자원봉사자가 지키는 방법도 사용하기도 했지만, 보통 가정용 전화기를 이용하여 보호관찰관이 불시에 전화를 걸어 확인하거나 불시에 방문하는 방법을 이용했다. 그러나 점점 전자감시의 발전으로 인해 전화도 보호관찰소의 컴퓨터가 전화를 하게 되고, 대상자가 발목에 차는 발찌송신기를 이용하여 전화기에 연결된 가정 내의 수신기가 신호를 받아서 대상자가 집에 있는지 확인하는 방법을 이용하게 되었다. 이처럼 가택구금은 필연적으로 전자감시와 함께 사용되게 되었다.

전자감시제도(electronic monitoring system, EMS)는 1964년에 정신병원 퇴원자 및 교도소 가석방자들에게 BTR(Behavior Transmitter-Reinforcer)라고 불리는 소형 수신기를 휴대시켜 그 행동을 감시한 데서 유래되었다. 1983년 뉴멕시코주의 잭 러브(J. Love)판사가 음주운전과 와이트칼라 보호관찰 대상자의 발목에 담뱃갑 크기의 전자발찌를 부착시켜 감시함으로써 전자감시제도가 시작되었다. 그 후 미국의 다양한 지역에서 가석방자, 보호관찰 대상자, 교도소 재소자, 판결 전 석방자들을 대상으로 전자감시가 활발히 이용되게 되었다(Champion, 1999:308).

전자감시는 크게 다음의 두 가지 유형으로 나뉘어진다(Alarid, 2017:205-208).

첫째, 가택기반 전자감시(home-based electronic monitoring)로서, 이것은 유선전화와 연결된 리시버가 송신기에서 방출하는 간헐적 또는 연속적 라디오주파수 신호를 분석해 집을 벗어나는지를 감시하는 방식을 사용한다. 이것은 라디오주파수 전자감시(home-based radio frequency electronic monitoring) 또는 수동형 전자감시시스템(passive electronic monitoring)이라고도 하는데, 1970년대 뉴멕시코주의 러브판사가 스파이더맨 만화를 보고 착안하여 손목송신기를 개발하였다. 초기에는 보호관찰소에서 전화가 오면 대상자가 손목에 찬 송신기를 유선전화와 연결된 수신기에 대어 자신의 소재를 확인하는 방식을 사용하였지만, 점점 연속적인 형태의 신호방식으로 변했다. 가택구금은 이 형태의 전자감시와 결합된다. 이런 초기방식의 단점은 대상자가 수신기의 일정 거리 내에 있는지만 확인이 가능하다는 점이다.

[그림 9-3] 가택기반 전자감시 대상자를 소재로 한 영화 디스터비아

출처: 영화 디스터비아 화면 캡처.

둘째, GPS 기반 전자감시(global positioning system)로서, 이것은 24시간 작동하는 위성에서 방출하는 위치신호를 대상자가 손목이나 발목에 찬 일체형 송수신기에서 확인하여 휴대폰 통신망을 통해 보호관찰소의 중앙컴퓨터에 위치를 보고하는 방식을 취한다. 이 방식은 대상자가 지불하는 장비임대료 외에 하루에 1명당 $11-$20 정도의 감시비용이 소요된다. 장비는 미리 프로그래밍되어 출입금지구역과 출입가능구역이 입력되고, 만약 출입금지구역에 가면 보호관찰소에 보고되게 된다. 예를 들어 도박중독자는 카지노가 출입금지구역으로 입력되고, 폭력범죄자는 피해자의 집이나 직장이 출입금지구역으로 미리 입력된다. 반면 출입가능구역도 입력이 가능한데 일반적으로 대상자의 집, 일정에 따른 직장이나 학교, 치료프로그램 장소, 허가된 약속장소 등이 여기에 해당한다. 만약 출입금지구역에 출입하거나 시간계획과 다른 시간에 출입가능구역에 가거나, 아니면 장비를 망가뜨리려고 조작하면 심각한 위반으로 보호관찰소에 바로 통보가 된다.

GPS 기반 전자감시는 다시 2개의 하위유형으로 나눌 수 있는데, 우선 수동형 GPS 시스템(passive GPS)은 낮에 위치정보가 일시적으로 전자발찌에 저장되어 있다가, 밤에 전송하는 방식이다. 따라서 대상자의 위반정보에 대한 보고가 최대

12시간까지 지체될 수 있으나, 비용이 능동형시스템에 비해 반에 불과한 장점이 있다(하루에 $4). 반면 능동형 GPS 시스템(active GPS)은 휴대폰 네트워크를 통하여 위치정보가 실시간으로 전송되는 방식이며, 전송 주기는 매 1분－10분이고 장비 대여료는 하루에 $8로 상대적으로 높다. 가장 효율적인 방식은 위험수준에 따라서 다양한 전자감시를 이용하는 것이다. 예를 들어 위험성이 낮은 대상자는 가택기반 라디오주파수 감시로, 위험성이 중간 정도의 대상자는 수동형 GPS로, 그리고 위험성이 높은 대상자는 능동형 GPS로 감시하는 것이다(Alarid, 2017:208－210).

한국의 경우 이런 형태의 가택구금(가택기반 전자감시)은 시행되고 있지 않으며, 2008년부터 능동형 GPS 전자감시제도가 시행되고 있다. <전자장치 부착 등에 관한 법률>에 따르면, 전자발찌 부착대상은 특정 성폭력범죄자, 미성년자 대상 유괴범죄, 살인범죄자, 강도범죄자가 그 대상이며, 2012년부터는 형기종료자도 검사의 청구에 의해 전자감시의 대상이 될 수 있다. 현재 한국에서 사용하고 있는 전자발찌는 1회 충전으로 8주 동안 사용이 가능하며, SK모바일 통신망을 통해 지하에서도 대략의 위치를 파악할 수 있다.

전자감시프로그램에 대한 효과를 평가한 연구들은 전자발찌를 차고 있을 때는 재범율이 떨어지지만, 전자감시 프로그램이 종료된 이후에는 다른 프로그램 참가자와 비교했을 때 재범율에 차이가 없는 것으로 나타난다. 심지어 전자감시 프로그램을 메타분석한 진드로와 동료들의 연구(Gendreau et al., 2000)에 따르면, 다른 비교집단에 비해서 전자감시 대상자들의 재범율이 오히려 5% 더 높았다. 본타와 동료들의 연구(Bonta et al., 2000)의 연구에 따르면, 강한 치료프로그램에 참여한 위험성이 높은 20%의 전자감시 대상자들의 재범율은 낮아졌지만, 위험성이 낮은 전자감시 대상자들의 재범율은 2배 이상으로 높아졌다(Latessa and Smith, 2015:288).

주간보고센터(day reporting centers, DRC)는 대상자가 자신의 집에서 거주하면서 매일 치료프로그램 참여에 대해 보고하고, 시간별 이동계획서를 제출하고, 무작위 약물검사를 받는 3단계 외래프로그램이다. 1970년대 이후에 영국의 잉글랜드와 웨일즈에서 활발히 사용했고, 미국에서는 1985년 이후 나타났다. 처음에는 청소년을 대상으로 하였으나 점점 성인으로 확대되었고, 주로 집중감시보호관찰프로그램이 없는 주에서 시행한다. 미국에서 대부분 민간시설로 운영되고 있으며, 1명의 직원이 14명의 대상자를 맡는 점에서 감시의 강도가 높음을 알 수 있다. 집중감시보호관찰에 비해 훨씬 더 많은 시간 동안 접촉을 하며, 기간은 40일에서 12개월로 다양하며, 평균적으로 6개월 정도이다. 주간보고센터의 치료과정은 보통 다음의 예와 같은 3단계의 과정으로 이루어진다(Alarid, 2017:214).

　　첫째, 1단계는 3주간 지속되며, 매일 시간계획서를 제출하며, 한 주에 2번 재발예방프로그램에 출석하고, 매 3일마다 약물검사를 하며, 보호관찰소의 무작위 전화를 하루에도 몇 번 집에서 받고 확인하는 과정이다.

　　둘째, 2단계는 2개월간 지속되며, 대상자는 파트타임 일자리를 구할 수 있으며, 1단계에 하던 프로그램이나 사회봉사에 계속 참여한다.

　　셋째, 3단계는 2 - 3개월간 지속되며, 2단계에서 2달간 조신하게 지내면 승급되는데, 매주 1번 상담 및 재발방지프로그램에 출석하며, 전일제 일자리를 얻어 출근하거나 학교에 통학하는 단계이다. 여기서 2 - 3달 사고 없이 지내면 센터를 수료하고 보호관찰관에게 배정된다.

　　캘리포니아주의 새크라멘토카운티 성인주간보고센터의 프로그램은 총 4단계의 과정으로 이루어져 있는데, 1단계에서는 오리엔테이션 및 평가, 치료계획을 작성하고, 2단계에서는 다양한 치료프로그램을 통하여 본격적인 치료가 이루어지며, 3단계에서는 2단계에서 배운 지식을 이용하여 지역사회에서 개선된 기술과 행동을 강화하고, 4단계에서는 보호관찰관의 지역사회감시하에 사회로 재진입하게 된다.

캘리포니아주의 새크라멘토카운티의 성인주간보고센터의 프로그램

캘리포니아 새크라멘토카운티의 성인 주간보고센터는 18세에서 25세의 성인남성 보호관찰 대상자들이 그들의 고객인데, 이곳은 다음과 같은 9-12개월의 4단계의 프로그램을 가지고 있다.

▸ 1단계
  - 오리엔테이션 및 평가
  - 보호관찰관, 정신건강전문가, 지역사회조직(Strategies for Change. 이하 SC), 고용 및 직업훈련기관으로 구성된 학제적 팀이 각 대상자의 성공적인 사회적응을 방해하는 문제점과 욕구를 파악하여 개별화된 치료계획을 수립

▸ 2단계
  - 가장 본격적인 치료가 이루어지는 단계
  - 치료계획에 기초하여 지역사회기관이 대상자를 상담
  - 고용 및 직업훈련 기관이 프로그램 개설하여, 구직준비, 직업찾기, 직업훈련 등을 시행
  - 정신건강전문가가 한 주에 40시간 상담하여 성공적인 사회적응을 방해하는 요소를 제거

▸ 3단계
  - 지역사회 봉사를 통해 2단계에서 배운 직업기술과 행동을 강화
  - 학제적 팀이 계속하여 대상자의 진전상황을 체크

▸ 4단계
  - 보호관찰관의 지역사회감시하에 놓이는 단계
  - 문제가 재발할 경우 다시 학제적 팀이 만든 추가 치료프로그램에 참가
  - 성공적으로 과정을 이수하면 졸업식을 하고, 법원에 대상자의 보호관찰을 종료할 것을 추천

출처: 새크라멘토 성인주간보고센터 소개문서.
    https://view.officeapps.live.com/op/view.aspx?src=https%3A%2F%2Fwww.cpoc.org%2Fsites%2Fmain%2Ffiles%2Ffile-attachments%2Fdayrpt.doc&wdOrigin=BROWSELINK.

오하이오주 신시네티에 위치한 탈버트 하우스 주간보고센터(Talbert House day-reporting center)도 유사한 규칙들을 갖고 있는데, 여기의 대상자들의 모두 보호관찰의 준수사항으로서 법원에서 주간보고명령을 받은 사람들이며, 대상자들은 오후 5시 이전에 다양한 용무를 보아야 하며, 이것은 대상자에 따라서 1-6개월 정도 지속된다. 탈버트 하우스 주간보고센터의 대상자는 약물중독자, 반복적 폭력범죄자, 아동성범죄자, 조직범죄집단 조직원, 방화범죄자 등이다. 여기에서는 다양한 내부의 치료프로그램을 시행하는데, 이들은 개인 및 집단상담, 약물중독, 사례관리, 생활기술훈련, 에이즈교육, 돈관리, 영양교육 등으로 구성된다. 그리고 모든 대상자들은 다음의 일곱 가지 규칙에 응해야 한다(Latessa and Smith, 2015:282-283).

▶ 매주 7일 보고
▶ 매일 시간계획표 작성 및 준수 감시
▶ 전자감시
▶ 정기 및 불시 소변검사
▶ 호흡검사
▶ 법원에서 명령한 금전 지불을 위한 수입에 대한 밀착감시
▶ 보호관찰소를 통한 사회봉사

알라바마의 주간보고센터에서는 약물을 멀리하고 사회에 성공적으로 적응할 수 있도록 하는 총체적 접근(holistic approach)을 사용한다. 여기에서는 아침 8시 30분부터 시작하여 일자리를 얻고 유지하도록 하기 위해 생활기술훈련, 돈관리훈련, 중장비운전교육, 학과교육, 범죄적 사고 교정교육, 약물남용 치료교육을 하며, 주간보고센터의 동료들과의 토론을 통해 자신의 행동에 대한 책임감을 키워, 출소 후에 약물을 멀리하고 재범을 하지 않는 건전한 사회구성원으로 돌아가도록 도움을 주고 있다.

[그림 9-4] 알라바마 주간보고센터

출처: 유튜브 화면 캡처.

 주간보고센터에 대한 평가에 따르면, 주간보고센터에 오래 머물렀던 사람들
이 재범율이 낮으며, 다른 지역사회 프로그램에 비해 수료율이 약 50%로 낮았다.
이것은 다른 지역사회프로그램에 비해 더 위험한 범죄자를 수용하기 때문이다.
또한 전과가 많은 젊은 수료자가 재범율이 높은 반면에, 일자리를 얻은 수료자가
낮은 재범율을 보였다(Alarid, 2017:217). 그러나 라테사와 동료들의 연구에 따르면,
오하이오의 5개 주간보고센터 수료자는 비교집단인 보호관찰대상자, 집중감시대
상자, 교도소 출소자에 비해 가장 높은 재범율을 나타냈다(Latessa and Smith,
2015:284).

제10장

회복적 사법 프로그램

Community Correction Theory

회복적 사법 프로그램

최근 형사사법 분야에서 회복적 사법 운동처럼 강하게 대두된 교정철학은 없었다고 해도 과언이 아닐 것이다. 회복적 사법이 대두된 배경에는 전통적 형사사법제도가 피해자의 욕구나 목소리를 소홀히 한 채, 범죄자의 처벌에만 집중한 나머지 범죄자에게 낙인을 찍어 범죄자를 더욱 더 지역사회에서 소외되게 함으로써, 범죄문제를 해결하는 데 실패했다는 반성이 자리잡고 있다. 범죄를 해결하는 주체로서 지역사회의 권리를 국가가 빼앗아감으로써 초래된 위기를, 다시 지역사회를 범죄해결의 주체로 되돌림으로써 범죄문제를 해결할 수 있다는 믿음이 점점 더 커지고 있다.

제1절 회복적 사법이란?

회복적 사법(restorative justice)이란 국가가 범죄자에게 낙인을 찍어 그들을 지역사회로부터 완전히 격리하는 것을 넘어, 범죄문제로 지역사회에 끼친 해악이나 관계의 손상을 범죄가 일어나기 전의 상태로 지역사회를 회복시킴으로써 범죄문제를 궁극적으로 해결하려는 시도라고 할 수 있다. 이를 위해서는 범죄문제의 해결에 이해당사자들이 모두 참여해야 하며, 그렇게 되어야만 범죄자를 용서하고 범죄발생 이전의 상태로 돌이키는 것이 가능해진다.

예를 들어 회복적 사법에 대한 가장 강한 함의를 가진 브레이스웨이트의 재통합적 수치심부여이론(Braithwaite, 1989)에 따르면, 범죄자들이 재범을 하지 않게 만들기 위해서는 그들이 범죄를 범할 때 수치심을 갖게 만들어야 한다. 수치심을 부여하는 방식은 다음의 두 가지가 있다. 하나는 전통적인 방식으로 수치심을 부여하는 해체적 수치심부여(disintegrative shaming)로서, 이것은 형사사법기관이 범죄자에게 강한 처벌을 해서 수치심을 갖게 하는 것이다. 그러나 이런 식의 수치심부여는 범죄자에게 낙인을 부여하여, 처벌을 받는 사람과 지역사회의 관계를 끊어버림으로써 다시 재범의 악순환 과정을 계속 돌게 만든다. 다른 하나는 재통합적 수치심부여(reintrative shaming)로서, 이것은 수치를 부여하면서도 범죄자와 주변의 지역사회와의 관계를 단절하지 않음으로써 결국 재범을 하지 않게 만든다.

이러한 브레이스웨이트의 논의는 범죄가 발생하기 전에 범죄자가 지역사회와 맺고 있던 관계를 다시 복원함으로써, 처벌을 하더라도 다시 범죄자를 지역사회의 구성원으로 여전히 받아들일 수 있고, 이러한 관계의 유지와 회복을 통해 범죄문제를 해결할 수 있다는 회복적 사법의 논의와 거의 정확히 맞아떨어진다. 이처럼 회복적 사법은 지역사회의 이해당사자들이 모여 문제의 해결방안을 논의하고 적절한 대안을 도출한다는 점에서 그 속성상 지역사회교정과 분리될 수가 없다.

회복적 사법 프로그램들은 다음과 같은 몇 가지 공통점을 갖는다(Alarid, 2017: 226).

첫째, 피해자와 피해자의 지지관계에 있는 사람들이 범죄피해가 그에게 신체적으로, 감정적으로, 금전적으로, 그리고 사회적으로 어떤 영향을 끼쳤는지 의사소통할 기회를 가진다.

둘째, 피해를 복구하기 위해 피해자와 가해자가 모두 받아들일 수 있는 복구계획을 설계한다.

셋째, 피해자와 가해자의 참여는 자발적이며, 모든 지역사회 만남의 조건들은 모든 당사자를 존중하는 방식으로 운영된다.

넷째, 각 당사자들은 지역사회 파트너들 및 자원봉사조직들의 도움을 받는다.

다섯째, 가해자는 자신의 범죄행동에 대한 완전한 책임을 인정하고, 회의결과를 받아들인다.

여섯째, 회복적 사법의 대부분의 프로그램은 다이버전의 한 부분으로서 지역사회에 기초해야 한다.

이상의 여러 공통요소들 중에서도 핵심적인 요소는 첫째, 피해의 회복, 둘째, 이해당사자의 자발적이고 능동적인 참여와 화해, 그리고 셋째, 지역사회 내에서의 해결이라고 할 수 있다. 이것은 피해의 회복을 위해서 지역사회의 구성원들이 참여하여 회복방안을 도출하는 회복적 사법의 속성을 그대로 나타낸 것이다. 여기에 속하는 프로그램으로는 피해자-가해자 중재, 회합과 양형써클, 지역사회배상위원회, 피해자 영향진술위원회, 배상명령, 사회봉사명령 등이 있다. 이후에서는 앞 장에서 이미 살펴본 사회봉사를 제외한 회복적 사법프로그램들을 살펴본다.

제2절 피해자-가해자 중재

피해자-가해자 중재(victim-offender mediation, VOM)는 훈련받은 중재자 앞에서 피해자와 가해자가 만나 가해자가 끼친 손해에 대해 어떻게 복구할 것인지에 대해 논의하여 해결책을 도출하는 프로그램이다. 이것은 1974년 캐나다 온타리오주의 엘마이라 피해자-가해자 화해 프로그램(victim-offender reconciliation program, VORP)에서 시작되었는데, 이 프로그램은 보호관찰관이었던 얀지(Yanzi)가 그의 친구 회사에서 피해자와 가해자가 만나서 화해를 이루도록 판사에게 명령을 내려줄 것을 요청하면서 시작되었다. 이 개인적인 선택은 이후에 수많은 피해자-가해자 중재프로그램의 출발이 되었다(이순래 외, 2016:390-391).

이 피해자-가해자 중재의 절차는 크게 네 가지의 단계로 이루어진다(이순래 외, 2016:392-393).

[그림 10-1] 피해자-가해자 중재의 절차

의뢰 ⇨ 개별미팅 ⇨ 피해자-가해자 중재 ⇨ 사후검증

첫째, 의뢰의 단계로서, 이 단계에서는 판사, 검사가 경찰, 보호관찰관, 지역사회봉사기관, 피해자 등의 의견을 듣고 적당하다고 생각하면 중재에 회부하는데, 보통 가해자가 유죄를 인정하고 반성의 기미를 보이지 않으면 의뢰가 이루어지지 않는다.

둘째, 중재인의 개별미팅의 단계로서, 중재인이 피해자와 가해자를 개별적으로 만나 중재에 참여할 의향이 있는지 확인을 하는데, 가해자와 피해자가 모두 중재에 동의하면 다음 단계로 넘어가게 된다.

셋째, 피해자-가해자 중재의 단계로서, 중재인이 피해자와 가해자가 같은 방에서 만나 범죄사실을 명확히 하고 중립적인 해결방안을 도출하게 된다. 이 과정에서 중재자와 가해자 및 피해자는 각자 자신들의 이야기와 감정을 이야기하고, 피해의 회복을 위한 방안을 검토하며, 의견이 일치하면 배상합의문을 작성한다.

넷째, 합의문에 대한 사후 검증 단계로서, 중재인은 합의문에 적힌 내용들이 충실히 이행되도록 감시하고, 가해자 및 피해자와 접촉을 유지하여 이것을 달성한다.

한국의 경우 오래 전부터 '합의'라는 명칭으로 경찰이나 검사 등이 가해자측에 중재를 유도하는 비공식적인 관행이 있었다. 이 합의도 큰 틀에서 피해자-가해자 중재에 해당하지만, 훈련된 중재인이 없고 주로 (중립적이지 않은) 가해자의 부모나 관계자가 중재에 나선다는 점에서 차이가 있다. 또한 비공식적으로 운영되는 관행이라, 경찰이나 검사가 (금품을 수수하고) 편파적인 중재를 강요하기도 하는 등의 문제점이 있었다.

그런데 2010년에 <범죄피해자보호법>의 개정으로 형사조정제도가 새롭게 도입이 되었다. 이 법상 검사가 형사조정에 회부할 권한을 갖게 되었고, 동법 시행령 제46조에 따르면, 검사가 형사조정에 회부할 수 있는 적절한 형사사건은 다음과 같다. 이 사건들은 민사재판으로 끝낼 수 있는 사건을 형사사건으로 고소한 사건들로 주로 구성되어 있으며, 2인 이상의 형사조정위원회에서 가해자와 피해자를 불러 분쟁을 조정하는 것으로 되어 있다. 이 형사조정은 중립적인 중재인을 이용한다는 점에서 합의와 큰 차이가 있다.

1. 차용금, 공사대금, 투자금등 개인 간 금전거래로 인하여 발생한 분쟁으로서 사기, 횡령, 배임 등으로 고소된 재산범죄 사건
2. 개인 간의 명예훼손·모욕, 경계 침범, 지식재산권 침해, 임금체불 등 사적 분쟁에 대한 고소사건
3. 제1호 및 제2호에서 규정한 사항 외에 형사조정에 회부하는 것이 분쟁 해결에 적합하다고 판단되는 고소사건
4. 고소사건 외에 일반 형사사건 중 제1호부터 제3호까지에 준하는 사건

이 피해자−가해자 중재제도에 대해 회의적인 사람들은 이 제도가 피해자에게 지나치게 많은 권한이 주어지는 경향이 있어 피해자가 가해자에 군림하게 된다고 비판한다. 또한 이 중재프로그램이 표준적인 소년법원 절차에 비해 더 재범률을 감소시키는지에 대한 증거가 부족하다고 주장한다. 그러나 이 제도에 우호적인 사람들은 중재에 참여하는 피해자는 전통적 절차에 참여하는 피해자에 비해 만족도가 높고, 재피해의 두려움이 적으며, 더 많은 배상을 받는 경향이 있다고 주장한다. 그리고 9,000개 이상의 청소년 피해자−가해자 중재프로그램의 효과에 대한 메타분석 결과에 따르면, 이 중재프로그램이 재범률을 34% 감소시킨 것으로 나타났다(Alarid, 2017:227).

제3절 회합과 양형서클

회합(conference)은 마오리족의 가족집단회합(family group conference, FGC)에서

유래한 것으로, 1989년 뉴질랜드에서 <아동, 청소년 및 그 가족들에 관한 법>을 통해 도입되었다. 회합은 비행청소년들을 다루기 위해서 주로 이용되는데, 비행청소년을 가족, 지역사회, 피해자의 통제하에 두고 이들이 그 청소년에게 가장 이익이 되고 가장 적합한 제재를 결정하도록 하는 것이다. 회합에 참여하는 사람들은 가족구성원 외에도 친구, 지인, 경찰, 보호관찰관 등 매우 다양한 사람들이 참여가 가능하다. 일단 회합이 성립하려면 가해자가 자신의 죄에 대해 인정해야 하며, 그렇지 않으면 회합 자체가 성립되지 않고 전통적인 절차로 넘겨진다(이순래 외, 2016:398-399).

이 회합의 절차는 크게 다음의 세 단계로 나눌 수 있는데, 첫째, 가해자가 자신의 죄를 인정하며, 둘째, 모든 참여자가 순서대로 발언권을 얻고, 문제해결에 대해 자신의 의견을 진술하고, 셋째, 모든 참여자가 어떻게 가해자가 끼친 해악을 해결할 것인지에 대해 의견을 모으고, 구체적인 프로그램에 대한 합의를 도출한다. 여기서 주로 도출되는 해결방안은 상징적 사과, 사회봉사, 가해자의 상담참여 등으로 구성된다. 회합에 참여한 청소년들은 대체로 자신이 존중받고, 자신의 감정을 표현할 기회가 많았다고 생각하는 경향이 있으며, 대체로 재범율도 낮은 것으로 나타난다(Alarid, 2017:227).

원래 이 회합의 출발은, 구금시설에 지나치게 마오리족 청소년들이 많다는 그들의 근심에서 출발하였다. 그래서 마오리족은 그들의 전통적인 문제해결 절차를 이용하여, 비행청소년들을 전통적인 형사사법절차를 거치지 않도록 하면서도, 범죄문제를 더 효율적으로 해결할 수 있는 대안으로 회합을 선호하게 되었다. 결국 이 새로운 제도의 도입으로 인해 소년사법으로부터 많은 청소년들을 다이버전할 수 있었다(이순래 외, 2016:398). 이런 회합프로그램처럼 많은 사람들이 참여하는 회복적 사법 프로그램은 양형서클이다.

양형서클은 아메리칸 인디언들에 의해 사용되었던 치유서클(healing circles)이 그 기원이 된다. 1992년 캐나다 유콘준주 법원의 판사는 경찰관을 폭행한 캐나다 원주민을 교도소에 보내는 대신, 그의 마을 구성원들을 양형서클에 참가하도록 하였다. 이 서클에 참여한 원주민들은 그 피고인을 잘 알고 그 범죄가 왜 발생했고, 그 범죄자의 개선을 위해 무엇을 해야 하는지에 대해 토론하고 대안을 제시하였다. 판사는 이를 받아들여 구금형의 양형 대신에 원주민들이 제안한 대책을 명령하였다. 일반적으로 양형서클은 다음의 다섯 단계를 거치게 된다(이순래 외, 2016:394-396).

- ▸ 1단계: 가해자가 서클 참여를 신청
- ▸ 2단계: 피해자를 위한 치유서클 개최
- ▸ 3단계: 가해자를 위한 치유서클 개최
- ▸ 4단계: 양형서클을 개최하여 양형계획을 확정
- ▸ 5단계: 사후검증 서클을 개최하여 가해자의 진전을 체크

이 양형서클에 참여하는 사람은 주선자, 가해자, 피해자, 가족, 친구, 피해자 및 가해자의 직장동료, 형사사법기관 직원, 관심있는 동네사람 등의 다양한 사람들이 참석한다. 다양한 사람들이 동시에 모여서 갈등을 해결하고, 궁극적으로 어떤 해결책이 적절한지에 대해 합의를 도출하게 된다. 주선자는 진행을 맡지만, 결론에 적극적으로 개입하지는 않으며, 상처를 치유하고 미래에 공존할 수 있도록 상호이해를 할 수 있도록 결론을 도출한다. 판사는 여러 다른 사람들의 의견 중에서 반대가 없는 좋은 해결책을 채택하는데, 이 절차는 학교에서의 집단따돌림이나 교실에서의 말썽 등의 소규모 공동체의 사건을 다루기에 적합하지만, 복잡한 대도시에서 사용하기에는 부적합하다(Alarid, 2017:228-229).

제4절 지역사회배상위원회와 피해자 영향진술위원회

지금까지 살펴본 회복적 사법 프로그램들은 유죄가 확정되지 않은 피고인들을 대상으로 행해지는 프로그램들이라면, 여기서 살펴볼 지역사회 배상위원회와 피해자 영향진술 위원회는 유죄가 확정된 이후에 행해지는 프로그램들이다. 지역사회배상위원회(community reparation board)는 현재 미국 10개 주에서 보호관찰이 선고된 비폭력 경범죄자를 대상으로 시행 중인데, 일반적으로 판사가 배상위원회

에 보호관찰의 준수사항을 결정하도록 요구하고, 위원회는 피고인에게 가장 잘 맞는 특별준수사항을 결정하게 된다. 일반적으로 지역사회배상위원회가 결정하는 준수사항은 크게 세 가지인데, 사과편지, 사회봉사, 금전적 배상이 그것이다. 만약 대상자가 이런 조건을 성공적으로 완수하게 되면, 위원회는 법원에 보호관찰을 종료할 것을 추천하게 된다. 지역사회 배상위원회는 보통 위원장과 3－5명의 위원으로 구성되고, 피해자는 위원회에 준수사항을 결정하기 전에 발언할 수 있다. 또한 위원회는 멘토로서 또는 대상자를 감시하는 종교단체의 자원봉사자와도 협력하며, 대상자의 진전 또는 퇴보를 매월 또는 매주 법원에 보고하게 된다(Alarid, 2017:229－230).

피해자 영향진술위원회(victim impact panels)도 역시 유죄가 확정된 이후 행해지는 프로그램으로서, 자발적인 가해자와 특별한 유형의 피해자(음주운전 사고, 살해당한 아이의 부모 등)가 주로 참여한다. 주된 회의 내용은 사건 이후 피해자의 삶이 어떻게 변했는지, 피해자의 권리, 그리고 가해자의 유죄판결이 가지는 전반적인 효과이다. 이 회의는 가해자를 비난하거나 수치심을 부여하기보다는 미래를 위해 보다 나은 결정을 하기 위한 것이다. 기존의 연구결과에 따르면, 가해자에 대해 동정적인 태도를 갖는 위원회는 가해자에게 수치심을 갖게 만드는 위원회에 비해 재범예방에 보다 더 효과적이었으며, 또한 청소년과 초범 음주운전자에 더 효과적이었다(Alarid, 2017:230).

제5절 배상명령

범죄자가 피해자에게 끼친 피해를 배상하는 방법은 여러 가지가 있다. 형이 확정되기 전에는 한국처럼 가해자의 가족이 나서서 피해자와 합의를 하는 방법부터 시작하여, 피해자－가해자 중재를 통하여 중재인이 적절한 금액을 배상하도록 유도하는 방법이 있다. 반면에 형이 확정된 경우에도 앞서 살펴본 지역사회배상위원회를 통하여 피해자에 대한 배상을 보호관찰의 특별준수사항으로 정하거나, 아예 범죄자의 벌금의 일부에서 충당되는 제3의 피해자기금에서 배상을 받는 방법도 있다. 이 절에서 살펴볼 방법은 피해자에 대한 가해자의 배상을 아예 법원의 판결로써 명령하는 방법이다.

보통 현대의 형사재판에서, 범죄자가 피해자에게 끼친 피해는 범죄자의 양형을 결정하는 중요한 요소로 작용한다. 또한 피해자에 대한 가해자의 구제가 이루어졌는지는 양형에서 매우 중요한 요소이다. 예를 들어 한국의 형사법원의 양형에서 가장 중요한 요소 중의 하나는 가해자가 피해자와 합의를 했는지 여부이다. 심지어 형사조정제도에서 형사조정이 이루어지면, 보통 검사는 기소유예 등의 형태로 더 이상 형사재판을 진행하지 않는다. 이처럼 가해자의 피해자에 대한 배상 여부는 형사재판에서 양형의 중요한 참작요소이기는 하지만, 형사재판에서 보통 피해자에 대한 배상을 다루지는 않는다. 만약 피해자가 자신이 입은 범죄피해로 인해 배상을 받고 싶다면, 형사재판이 끝난 후, 이 결과를 근거로 다시 가해자에게 민사소송을 제기하여야 한다. 그러나 최근에 피해자에 대한 배상의 중요성이 커짐에 따라서 각국은 형사재판에서 피해자에 대한 배상을 함께 명하는 배상명령을 활용하고 있다.

이처럼 배상명령(restitution order)은 범죄의 전후에 발생한 유형의 손해를 가해자가 부담하도록 법원이 명령하는 것을 말한다. 재판이 형사재판과 민사재판으로 나누어지기 오래 전에는 이 배상은 당연히 법원에서 선고하는 것이 관행이었다. 예를 들어 출애굽기 21장에는 절도에 대해서는 2배를 배상하도록 되어 있으며, 고조선의 8조 법금에는 절도범은 노비가 되거나 50만 전을 내도록 규정하고 있고, 함무라비 법전에는 30배(피해자가 신이나 왕족)에서 10배(피해자가 농노)를 배상하도록 규정하고 있었다(Alarid, 2017:231).

아주 오래 전에는 범죄자가 입힌 범죄피해는 하나의 혈족단위에서 피해를 입는 것으로 생각되었고, 이것의 구제 또한 혈족단위로 구제가 되었다. 그러나 이후 점점 범죄피해는 피해자나 피해자의 가족의 문제로 한정되게 되었고, 범죄로 인한 배상도 피해자의 가족에게 이루어졌다. 그러나 전제군주의 시대가 되자 범죄피해의 대상은 왕이 되었고, 왕은 피해자 대신 범죄피해에 대해 배상을 받을 권리가 주어졌고, 이것은 12세기 말까지 계속되었다. 배상은 이후 토마스경이나 벤담과 같은 계몽사상가들의 관심의 대상이 되었고, 스펜서(H. Spencer)는 교도작업을 범죄자가 끼친 해악에 대해 상응하는 금액을 배상하는 수단으로 생각했다. 그러나 1958년의 한 조사결과에 따르면, 세계 29개 국가 중에서 피해자에 대한 배상을 규정하는 국가는 거의 없었다(McCarthy and McCarthy, 1997:154-155).

미국에서는 1800년대 중반부터 중요한 관행으로 이것이 이미 정착되어 있었는데, 1925년에서 1982년 사이에 미국법에서 배상은 단지 보호관찰의 조건으로만 부과되었고, 재량적으로 결정되었다. 그러나 1980년대에 피해자권리운동에 의해 판사는 어떤 유형의 손해가 있는 피해자에게 배상을 하도록 선고하지 않으면 사유를 적어야 했고, 1990년대에 와서는 다음 세 가지 법규정을 통과시킴으로써 이전에 비해 피해자가 더 많이 배상을 받게 되었다. 첫째, 1992년에 법원이 자녀양육을 위한 배상금을 부과하도록 의무화하였고, 둘째, 1994년에 성학대, 아동성착취, 가정폭력, 텔레마케팅 사기에 대해 배상을 의무화하였으며, 셋째, 1996년에는 폭력범죄와 title 18 재산범죄(자동차절도, 방화 등)에 대해 배상을 의무화하였다(Alarid, 2017:232).

미국에서 피해자가 가해자로부터 배상받을 수 있는 손해는 ① 신체상해 또는 법원출정으로 인한 수입손해, ② 의료비용, ③ 법원출정 교통비, ④ 소송 동안의 필수적인 자녀양육비, ⑤ 사건의 수사 및 기소와 관련한 비용, ⑥ (심리)상담비용, ⑦ 성폭행 검사비, ⑧ 에이즈검사비, ⑨ 직업훈련 및 재활치료비, ⑩ 이사비용, ⑪ 사건관련 여행 및 식사비, ⑫ 매장비용이며, 배상받을 수 없는 손해는 간접적이거나 결과적 비용인데, 여기에는 변호사비와 같은 것이 포함된다. 배상받을 수 있는 주체는 피해자나 피해자의 가족, 그리고 피해자에게 각종 서비스를 제공한 병원, 쉼터 등이 가능하다. 현재 미국 성인범죄자의 경우 중범죄의 21%, 경범죄의 14%에서 배상을 하며, 청소년 사건의 경우 약 33%가 배상을 한다, 그리고 법원은 재산범죄, 여성, 백인범죄자, 고연령범죄자, 초범자에게 배상명령을 더 많이 한다(Alarid, 2017:233).

지역에 따라서 피해자에 대한 배상명령을 이행하지 않으면, 구금되기도 하지만, 여러 지역에서 단지 보호관찰의 준수사항으로 배상명령을 하기 때문에(기술적 위반), 피해자에 대한 배상이 잘 이루어지지 않는 경우도 많다. 연방의 경우 교도소에서 배상을 전액 완료해야 가석방이 가능하지만, 배상을 완료하지 못했다고

[그림 10-2] 받지 못한 배상금

출처: 유튜브 '받지 못한 배상금' 화면 캡처.

하더라도 형기종료에 의한 석방을 막을 수는 없다. [그림 10-2]에 보이는 음주운전 피해자는 젊은 신혼시절 사고를 당해 다리를 절단할 수밖에 없었고, 이 신체장애는 자녀에게 아빠의 역할을 제대로 하지 못하게 만들었을 뿐만 아니라 수입에도 막대한 지장을 주었다. 그러나 가해자는 교도소에서 단지 3,100달러만을 배상했을 뿐 더 이상 피해자에게 배상을 하지 않고, 그의 페이스북에는 라스베가스에 여러 번의 여행을 하며 카지노에 들락거리고 있었다. 이 사례는 피해자에 대한 배상에 대해 많은 신경을 쓰는 미국에서도 범죄피해자가 배상을 제대로 받는 것이 쉽지 않다는 것을 보여준다.

배상금액은 보호관찰관이 판결전조사보고서에 적절한 배상금액을 법원에 추천하는데, 금액은 범죄자가 끼친 피해에 정확히 상응하는 정도로 결정하는 것이 맞다. 그러나 애초에 이렇게 정확히 상응하는 금액의 배상이 불가능한 경우도 있을 수 있다. 예를 들어 대형 크루즈유람선을 부주의로 침몰시킨 선장에 대해서 크루즈유람선의 가격과 침몰로 인한 사망 및 부상자에 대한 배상을 요구하는 것은 불가능하다. 따라서 범죄자의 능력을 고려하여 현실적으로 가능한 배상금을 결정할 수밖에 없다.[1] 배상금액의 징수는 보호관찰관이나, 주간보고센터, 또는 배상센터 등에서 배상금을 징수하는데, 보통 중범죄자의 절반 미만이 자신의 형기에 배상을 완료하지만, 형기 내에 지나치게 덜 채우면, 공식적인 징수기관(배상센터 등)에 재입소할 수 있다. 배상징수율을 올리기 위해서는 편지나 전화를 통해서 가해자에게 이전의 좋은 배상사례를 담은 편지를 보내거나, 회복적 사법 절차를 통해 배상에 대해 논의하거나, 아니면 재판 전에 배상이 양형의 중요한 참고사항이라는 점을 주지시켜 배상을 유도하는 방법 등이 있다(Alarid, 2017:234-235).

한국의 경우 미국에 비해 상대적으로 피해자에 대한 배상이 더 어렵다. 형사법원의 판사는 피해자에 대한 배상에는 별로 관심이 없으며, 배상명령제도가 있지만 대부분의 피해자는 이런 제도를 잘 모른다. 또한 법원이나 보호관찰소에 전문적인 손해사정인이 없어, 피해금액의 정확한 산정이 어려운 폭력범죄 피해자에 대해서는 더욱 배상을 선고하기 더 어렵다. 벌금의 90%가 피해자보호기금으로 들어가는 미국과 달리 한국은 <범죄피해자 보호기금법>에 따라 단지 벌금의 6%만 피해자보호기금으로 들어가며, 이것마저도 피해자에 대한 배상보다는 전국에 산재한 범죄피해자지원단체로 대부분 지급되는 것이 현실이다. 따라서 한국의 범죄피해자는 능력 있는 가해자(?)를 만나서 합의를 하거나 민사소송을 통해 배상을 받지 않으면 거의 피해를 배상받지 못한다.

그러나 일부의 사망이나 중상해 피해자의 경우에 당장 가족의 생계가 곤란하므로, 정부에서는 범죄피해자구조기금을 만들어 이들을 구제하고 있다. <범죄피해자 보호법> 제22조에는 범죄피해자의 유형별로 구조금액을 지정하고 있는데,

[표 10-1] 범죄피해자 유형에 따른 구조금액

구조금 유형	구조금액
유족구조금	월급액이나 월실수입액 또는 평균임금에 24개월 이상 48개월 이하의 범위에서 유족의 수와 연령 및 생계유지상황 등을 고려하여 대통령령으로 정하는 개월 수를 곱한 금액
장해/중상해구조금	당시의 월급액이나 월실수입액 또는 평균임금에 2개월 이상 48개월 이하의 범위에서 피해자의 장해 또는 중상해의 정도와 부양가족의 수 및 생계유지상황 등을 고려하여 장해등급에 따라서 2개월(13-14급)에서 40개월(1급)을 곱한 금액

---

1 미연방의 경우, 벌금형의 양형기준이 있고, 이 기준에 따라서 배상액의 상한이 결정된다([표 10-3] 참조).

예를 들어 범죄피해자가 월 평균수입액이 400만원이고, 범죄피해로 인해 장해등급 1급의 장해를 입게 되었다면 1억 6천만원의 구조금액이 지급된다.

이 절에서는 벌금, 수수료, 몰수와 같은 금전적 제재를 살펴본다. 금전적 제재는 가해자가 피해자와 사회에 끼친 피해를 금전적으로 배상한다는 점에서, 그 자체로 회복적 사법에 속한다. 실제로 미국에서는 벌금의 90%가 피해자보호기금으로 쓰이고 있으며, 이것은 궁극적으로 피해자에 대한 직접적인 피해의 회복과 다름이 없다. 벌금(fines)은 형벌의 한 유형으로서 법원에서 선고하는 범죄의 심각성에 따른 금전적 제재로서 재산형에 속한다. 그러나 수수료는 재판에서 유죄를 받기까지의 비용을 말하는 것으로, 거짓말탐지기 검사비용, 지문채취비용, 전자발찌 임대료 등과 같이 범죄자를 재판하고 처우하는 데 드는 경비이다. 만약 법원에서 선고한 벌금을 납부하지 않으면, 범죄자의 재산이나 월급을 압류할 수 있으며, 압류할 것이 없는 경우에는 교도소의 노역장에 유치하여 노동을 통해 자신의 벌금을 소각해야 한다. 그러나 수수료(fees)는 범죄자가 납부할 의무가 있지만, 이를 납부하지 않는다면 보통 다른 법적 기준이 적용된다.

미국에서 벌금은 범죄의 심각성에 따라서 벌금이 고정되어 있고, 벌금의 상한이 낮아서 부유한 사람에게 별다른 처벌효과를 갖지 못한다. 예를 들어 가난한 사람에게 벌금 500만원은 큰 부담이 되겠지만, 대기업의 사장에게 벌금 500만원은 큰 부담이 되지 못한다. 따라서 미국에서는 벌금을 단일형으로 잘 쓰지 않고, 보통 다른 형벌과 함께 병과하는 경향이 있다. 이것은 고정벌금제를 채택한 한국도 동일하며, 그런 점에서 사회적 형평에 맞지 않다는 불만을 낳기도 한다. 보통 미국에서 벌금은 교통범죄나 다른 경미한 범죄에 사용되는 형벌이고, 이것은 한국 또한 마찬가지다.

[표 10-2] 전통적 벌금과 일수벌금제의 차이: 밀워키에서의 실험

범죄유형	전통적 벌금		일수벌금	
	벌금($)	최대 공탁금($)	중위 일수벌금	최대 일수벌금
기초질서위반	200	109	5	10
상점절도	500	319	16	25
손괴	500	319	16	25
좀도둑	500	139	7	25
불법무기소지	500	265	13	25
폭행	500	319	16	25
불법자동차유기	200	79	4	10
소환장발급방해	250	109	5	13
절도	500	319	16	25

출처: McCarthy and McCarthy, 1997:142

그러나 독일, 핀란드, 스웨덴, 덴마크와 같은 유럽국가들과 멕시코와 같은 남아메리카 국가들은 일수벌금제(day–fines)를 통하여 이러한 사회적 형평성을 맞추고 있는데, 이것은 피고인의 소득이나 재산 정도를 파악하여 비례적으로 벌금을 부과하는 방식이다. 이것은 미국이나 한국의 벌금이 범죄의 심각성에 따라서 정해지는 것과 달리, 여기에 범죄자의 소득수준을 추가한 것이다. 전통적 벌금제와 일수벌금제에 대한 밀워키의 실험결과에 따르면, 전통적 벌금제는 부유한 사람에게는 200달러에서 500달러 사이의 크게 부담스럽지 않은 금액이지만, 일수벌금제는 자신의 5일치 월급에서 16일치 월급을 내야 하므로 매우 부담스러운 금액이 된다. 예를 들어 한 달에 10,000달러를 버는 사람의 경우 전통적 벌금에서는 200달러나 500달러는 크게 부담스럽지 않지만, 일수벌금제에서는 범죄의 심각성에 따라서 중위 1,700달러(5일치 수입)에서 중위 5,300달러(16일치 수입)의 벌금을 낼수 있으며, 심지어 많이 내는 사람은 최대 8,300달러(25일치 수입)를 낼 수도 있다.

미연방의 경우 범죄의 심각성에 따라서 벌금의 양형기준이 정해져 있는데, 예를 들어 범죄의 심각성이 7인 범죄를 범한 피고인은 최소 1,000달러에서 최대 9,500달러의 벌금형이 선고될 수 있다.[2] 그러나 미국에서 벌금형을 받는 범죄는 대부분 교통범죄나 경범죄이기 때문에, 이런 최대 벌금형이 선고되는 경우는 잘 없다. 다만 앞서 언급한 바와 같이 이 최대 벌금액은 피해자에 대한 배상금을 결

---

2 구체적인 범죄유형별 심각성에 대해서는 [표 5–3]을 참조.

[표 10-3] 미연방의 벌금형 양형기준

범죄의 심각성 수준	최소	최대
3 이하	$200	$9,500
4-5	$500	$9,500
6-7	$1,000	$9,500
8-9	$2,000	$20,000
10-11	$4,000	$40,000
12-13	$5,500	$55,000
14-15	$7,500	$75,000
16-17	$10,000	$95,000
18-19	$10,000	$100,000
20-22	$15,000	$150,000
23-25	$20,000	$200,000
26-28	$25,000	$250,000
29-31	$30,000	$300,000
32-34	$35,000	$350,000
35-37	$40,000	$400,000
38 이상	$50,000	$500,000

출처: Breyer et al., 2021:437.

정할 때 최대 한도가 된다.

수수료(fees)는 범죄자가 유죄판결을 받고 보호관찰이 해제될 때까지의 비용이라고 할 수 있다. 이것은 법정비용(court costs)이라고도 불리는데, 보통 이 둘은 같은 의미로 사용된다. 이것은 형사사법제도 내에 행정적 비용을 부담하기 위해 범죄자가 직접적으로 법원에 내야 하는 필요적 비용을 말하는데, 만약 피고인이 무죄판결을 받는다면 그는 수수료를 부담할 필요가 없다. 예를 들어 미국에서 범죄자는 다양한 형사사법의 과정을 거치면서 피해자보호기금으로 들어가는 벌금 외에 다음과 같은 다양한 수수료를 낼 수 있다. [표 10-4]에서 필요적 수수료(manadatory fees)는 모든 범죄자가 부담해야 하는 수수료이며, 재량적 수수료(discretionary fees)는 특별한 프로그램을 이용한 경우에만 내는 수수료이다(Alarid, 2017:242).

이 수수료는 법원에 내는 비용이지만, 이 수수료를 징수할 1차적 책임은 주로 보호관찰관에게 있다. 법원은 가난한 범죄자에게 수수료를 강제할 수 없고, 따라서 압류를 통한 집행이 불가능하다. 미국에서 보호관찰소는 수수료를 거두는

[표 10-4] 형사사법기관의 서비스와 수수료의 예

서비스 유형		수수료
필요적 수수료	‣ DNA 검사	100달러
	‣ 변호사비용의 상환 또는 지정 변호사상담료(피고가 후에 가난하지 않은 것으로 밝혀진 경우에 한함)	1,000~5,000달러
재량적 수수료	‣ 보호관찰	월 60달러
	‣ 가택기반 라디오주파수 전자감시	월 20달러
	‣ GPS 전자감시	월 75달러
	‣ 시동잠금장치	월 60달러
	‣ 앤터뷰즈(알코올중독치료약)	월 80달러
	‣ 음주운전 예방프로그램	250달러
	‣ 사회봉사 행정수수료	100달러
	‣ 주거형 지역사회교정시설(외부통근센터 또는 중간처우소)	월 400달러
	‣ 약물 및 알코올 검사(소변검사)	1회당 8달러
	‣ 진료검사(정신병, 약물남용 등)	75달러
	‣ 입원 약물중독치료	무료
	‣ 외래 치료(1주일에 1번 기준)	월 40-75달러
	‣ 가난한 피고인에 대한 국선변호인	200달러
	‣ 특수재판비용(복잡한 조사, 증거검사, 심리 등)	200-1,000달러

출처: Alarid, 2017:242.

역할을 하는데, 카운티 단위의 보호관찰소들은 수수료 징수에 대한 인센티브를 두고 있고 여기에 지나치게 매달리는 경향이 있다. 보호관찰소는 대상자의 여러 가지 지불처 중에서 우선권을 결정할 수 있는 권한이 있고, 바람직한 징수의 우선 순위는 첫째, 자녀양육비, 둘째, 피해자 배상금, 셋째, 벌금, 넷째, 수수료이지만, 현실에서는 보통 가장 우선적으로 이 수수료를 먼저 징수하는 경향이 있다(Alarid, 2017:243). 보호관찰관들이 본래의 역할을 제쳐두고 이 수수료 징수에 매달리게 되면, 보호관찰의 본연의 취지를 살릴 수 없으므로, 이 수수료 징수업무를 상업적 추심회사에 맡겨 민영화하자는 논의들이 있다(McCarthy and McCarthy, 1997:152).

한국의 경우 이 형사사법기관을 거치면서 발생하는 비용을 지나치게 국고에서 부담하는 경향이 있다. 예를 들어 DNA검사나 소변검사, 모발검사 등의 비용을 따로 징수하지 않고 있으며, 보호관찰이나 GPS 전자감시 등의 비용을 청구하지 않고 있다. 예를 들어 전자감시에 대해 규정한 <전자장치의 부착 등에 관한 법률> 어디에도 전자발찌 임대료나, 통신비를 대상자가 부담하여야 한다는 규정이 없고 모두 국민의 세금으로 이 비용을 감당하고 있다. 실제로 범죄자들이 가난하여 이런 비용을 감당할 수 없는 사람이 많은 것은 사실이지만, 부유한 대상자들에게도 우리 형사사법기관은 너무 관대하다고 할 수 있다.

다만 최근에 입법한 <성폭력범죄자의 성충동 약물치료에 관한 법률>은 소위 '화학적 거세(chemical castration)'를 도입한 법률인데, 이 법 제24조에는 약물치료의 비용을 본인 부담으로 명시하고 있으며, 약물치료 비용을 부담할 능력이 안되는 경우에 한해, 동법 시행령 26조에서 소득금액증명서, 지방세 세목별 과세증명서, 국민기초생활 수급자 증명서를 확인하여 국가가 부담할 수 있도록 하고 있다.

몰수(forfeitures)는 벌금과 유사하면서도 벌금으로 환수하기 힘든 범죄로 인한 대규모 수익을 압수하는 것을 말한다. 미국의 경우 몰수는 처벌로서 인정되지 않으며, 보통 유죄판결 전에 이런 범죄수익을 압수하는 절차를 의례적으로 거치고 있다. 전체 형사재판에서 20% 정도의 사건에서 몰수가 이루어지고 있는데, 이 몰수의 정도가 당연히 판결에 영향을 미치므로, 일각에서는 적법절차에 대한 위반

[그림 10-3] 영화 "체이싱 매도프(2010)"

출처: 영화 "체이싱 매도프" 화면 캡처.

이라는 의견도 있다. 이 몰수는 피해자의 금전적 피해를 복구시켜줄 수 있는 중요한 회복적 제재라고 할 수 있는데, 2009년에는 150년 형이 선고된 버나드 매도프 (B. Madoff)의 투자사기 사건은 이듬해 영화로도 제작되었는데, 무려 92억 달러를 몰수하여 피해자들에게 50% 정도를 돌려준 바 있다.

소년사법에서의
보호관찰과 가석방

Community Correction Theory

소년사법에서의
보호관찰과 가석방

비행청소년은 일반적인 성인과는 다른 특별한 욕구를 가진 범죄자 중의 하나이다. 아직 인격이 완성되지 않은 청소년은 여전히 사회화를 통해 사회의 규범을 내면화하는 과정을 겪고 있으며, '질풍노도의 시기'라는 표현이 말해주듯이 불안정하면서도 이해하기 힘든 내면을 갖고 있다. 이러한 청소년의 문제행동은 단지 청소년만의 문제가 아니라, 그들의 부모에게도 책임이 있다는 인식이 보편적이며, 이러한 인식은 결국 소년에 대한 국친사상과 소년보호처분으로 나타나게 되었다. 이러한 제도적 배려 덕분에 소년은 형사책임이 있는 소년과, 형사책임이 없는 소년으로 나뉘어지게 되었고, 청소년의 범죄는 보통 '범죄'라고 지칭하지 않고, '비행'이라는 용어로 표현하는 관행이 보편적으로 자리잡았다.

이런 독특한 비행청소년의 지위는 성인범죄자와는 다른 경로를 통해서 처리하는 소년사법제도로 자리잡았고, 소년원이나 집단가정, 대리가정, 병영훈련 등의 많은 창의적이고 독창적인 청소년을 위한 프로그램으로 자리잡았다. 이후에서는 이러한 것들에 대해 살펴본다.

많은 사람들은 성인범죄자보다 비행청소년에게 더 많은 기회가 주어져야 하며, 심지어 실수를 2~3번 거듭하는 청소년에게도 다시 한 번 구금되지 않고 지역사회 내에서 처우받을 기회가 주어져야 한다고 믿는다(McCarthy and McCarthy, 1997:330). 소년사법과 소년보호관찰의 역사적 시초는 중세 초기의 영국에서였는데, 국친사상(parens patriae)이라고 불리는 이 사상에 따르면, "백성의 아버지인 왕은 청소년의 복지를 보호해야 한다"(Latessa and Smith, 2015:171). 다시 말해서, 청소년이 비행을 하는 것은 가정에서 부모가 제대로 보호를 하지 못한 것이고, 국가는 이 부모들을 대신해 청소년들을 보호해주어야 한다. 이러한 국친사상은 결국 소년보호처분으로 발전되었다.

역사적으로 보호관찰의 아버지로 불리는 존 오거스터스는 성인만을 대상으로 한 것이 아니라, 처음부터 많은 여자청소년들을 구금의 위험에서 구해내었다(2장 2절을 참조). 그의 이러한 노력은 1869년 마사추세츠주에서의 보호관찰제도로 발전하였고, 1878년 청소년 보호관찰제도로 발전하였다. 동시에 1875년에 어린이에 대한 잔인한 처벌 예방협회(Society for the Prevention of Cruelty to Children)가 발족되었고, 이들의 노력은 1899년 미국 시카고의 쿡카운티에서 첫 소년법원(juvenile court)을 설립하는 성과를 가져왔다. 이 소년법원은 부모가 제공해주지 못하는 소년에 대한 보호와 처우를 제공하고, 소년의 성격과 욕구를 파악하여 소년들에게 적합한 서비스를 제공하기 위해 만들어 졌다(Latessa and Smith, 2015: 171–172).

따라서 소년사법제도(juvenile justice)와 성인사법제도(criminal justice)는 다음과 같은 다양한 차이가 있다.

첫째, 성인사법제도가 법에 따른 공평한 처벌의 선고에 초점이 맞추어진 반면에, 소년사법제도는 소년의 처벌에도 관심이 있지만, 이 보다는 더 비행소년의 보호에 많은 관심을 갖는다. 따라서 소년법원판사는 광범위한 재량권을 가지고 소년들에게 부과할 처분을 결정할 수 있고, 폭넓게 다이버전이 가능하다. 심지어는 접수단계의 공무원들도 넓은 재량권을 갖는다.

둘째, 소년사법제도는 성인사법절차에서 중요시되는 적법절차의 요건이 많이 완화되어 적용된다. 미국에서 이 소년의 권리는 점점 많이 보호되고 있지만, 보통 공개재판의 권리라든지, 또는 배심재판이나 보석의 권리가 인정되지 않는 지역이 많다.

셋째, 소년사법제도에서는 비행소년에 대한 처벌보다는 보호가 중요시 된다. 따라서 다양한 형태의 보호처분이 비행소년들에게 부과되고, 이러한 처분은 대부분 지역사회처분으로 성인사법에 비해서 매우 관대한 편이다. 또한 소년보호처분은 처벌이 아니므로, 전과로 남지도 않는다.

미국의 경우 소년법원이 담당하는 대상자는 범행 당시 기준으로 10세에서 17세 사이의 청소년들을 대상으로 하며, 두 가지의 행동을 한 소년에 개입하는데, 하나는 형사법령을 위반한 청소년비행(juvenile delinquency)이며, 다른 하나는 형사법령을 위반하지 않은 지위비행(status offense) 또는 감독이 필요한 행동(conduct in need of supervision, CINS)인데, 이것은 성인이 하면 문제가 되지 않는 행동이며, 청소년이란 지위에 의해 문제가 되는 행동이다. 이 두 가지 외에도 미국의 소년법원은 학대 당하거나 유기당한 청소년에 대해서도 개입을 하기도 한다.

한국의 경우 <소년법> 제4조에 따르면, 소년법원이 개입하는 대상은 10세에서 18세까지의 청소년인데, 이들은 다시 다음의 세 가지로 나누어진다.

첫째, 범죄소년으로서, 이들은 형사법령을 위반한 14-18세의 소년들이다. 이들은 원칙적으로 형사법원에서 재판을 받는다.

둘째, 촉법소년으로서, 이들은 형사법령을 위반한 10-13세의 소년들이다. 이들은 연령상 형사책임이 없는 소년들이기 때문에, 소년법원에서 재판을 받는 것이 원칙이다.

셋째, 우범소년으로서, 이들은 형사법령을 위반하지는 않았지만, 다음의 사유가 있고 성격이나 환경에 비추어 앞으로 형사법령을 위반할 가능성이 높은 10세 이상의 소년들이다.

  가. 집단적으로 몰려다니며 주위 사람들에게 불안감을 조성하는 성벽(性癖)
      이 있는 것
  나. 정당한 이유 없이 가출하는 것

다. 술을 마시고 소란을 피우거나 유해환경에 접하는 성벽이 있는 것

한국과 미국의 소년법원의 개입 대상자들을 비교하면, 미국은 18세의 소년들은 형사법원이 개입하는 데 비해, 한국은 이들에게도 소년법원이 개입하는 차이점 있고, 형사법령을 위반한 비행청소년에 대해 한국은 연령기준을 하나 더 적용하여 13세 이하의 소년은 일괄적으로 형사처벌을 하지 않는다는 점이다. 그러나 미국의 경우 범죄의 심각성과 이전 청소년비행경력, 이전의 지역사회감시 경력 및 치료경력, 그리고 지역사회에 대한 미래의 위험을 고려하여 비행청소년들을 형사법원에 누구라도 보낼 수 있는 유연성을 가진다. 미국의 경우 만약 형사법원으로 송치되면, 청소년도 성인과 똑같이 다루어지며, 청소년의 권한을 잃게 된다 (Alarid, 2017:310−311).

제2절 소년사건의 처리과정

소년사건의 접수단계(intake stage)는 보호관찰관이 비행청소년과 그 보호자와의 면접을 통해서 현 비행 및 가정생활, 학교에서의 문제, 친구, 정신건강 및 신체건강, 약물문제 등을 조사하여 비행의 원인을 파악하고, 사건을 어떻게 진행해야 할 것인지에 대해 결정하는 선별과정이라고 할 수 있다. 경미한 경우에는 경고만으로 그칠 수도 있고, 또는 사회복지기관이나 약물법원과 같은 외부기관에 보낼 수도 있으며, 다이버전(diversion)을 고려할 수도 있다. 경미하지 않다면, 소년법원에 보내어 판결을 받게 할 수도 있는데, 만약 재판을 통해 비행소년을 공식적으로 다루고자 한다면, 비행재판청구(delinquency petition or petition)를 한다. 만약 그 정도로 심각하지 않다고 판단되면, 비공식청구(non−petition or informal petition)를 하게 된다. 비공식 재판청구가 되면 보통 경고후 부모에게 돌려보내거나, 다른 사회복지기관에 맡기거나, 또는 다이버전을 하게 된다. 반대로 공식재판청구를 하게

[그림 11-1] 미국 소년사법절차

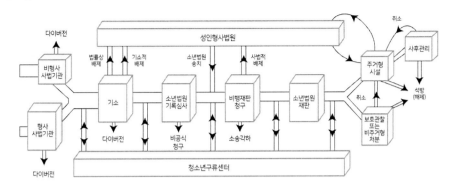

출처: Latessa and Smith, 2015:177.

되면 소년법원이나 성인법원에서 재판을 받게 된다(Alarid, 2017:312 – 313).

미국에서 일부 비행소년은 형사법원으로 송치하여 재판을 받을 수 있는데, 최근 이런 청소년의 비율이 점점 높아지고 있는 추세이다. 미국에서 형사법원으로 소년사건을 송치하는 방식은 크게 다음의 세 가지 방식이 있다(Alarid, 2017:310).

첫째, 법률상 배제(statutory exclusion)로서, 이것은 주의회가 특정 유형의 청소년 범죄자들을 소년사법제도에서 배제하고, 성인법원에서만 다룰 수 있도록 법으로 규정하는 것이다. 예를 들어 특정 유형의 범죄를 범한 청소년들은 예외 없이 형사법원에게 재판을 받게 된다.

둘째, 사법적 배제(judicial waiver)로서, 이것은 소년법원 판사가 사건을 송치할 권한을 갖는 방식이다.

셋째, 공동권한(concurrent jurisdiction)으로서, 이것은 기소적 배제(prosecutorial waiver) 또는 직접제출(direct file)이라고도 부르는데, 소년법원 판사와 검사가 형사법원으로 송치할 권한을 함께 가지는 방식이다.

접수단계에서 재판받을 법원이 결정되면 소년법원재판단계(adjudication stage)에 들어가게 되는데, 앞서 살펴본 바와 같이 소년재판에서 배심재판이나 보석 등의 권리가 제한된다. 그러나 1966년 골트사건이나 1970년 윈십(Winship) 사건 등에 대한 미국 대법원 판례들을 통해서 확립된, 재판단계에서 청소년의 권리는 다음과 같다(Allen et al., 2020:660).

1. 자신의 혐의에 대한 적절한 고지를 받을 권리
2. 변호인의 조력을 받을 권리와 소년이 빈곤할 경우 국선변호인을 선임할 권리
3. 증인을 대면하고 반대심문을 할 권리
4. 묵비권
5. 성인법원으로 이송에서 적법절차의 권리
6. 무죄추정을 받을 권리

소년법원 재판단계가 끝나면 처분단계(disposition stage)로 넘어가는데, 이 단계는 성인법원에서의 양형에 해당한다. 미국의 경우, 경미한 소년의 경우에 판사는 광범위한 재량권을 갖고, 보호관찰, 약물법원, 사회봉사 등의 다양한 처분을 내릴 수 있다. 가정의 보호가 불량한 경우에는 주거형시설 처분을 내릴 수 있는데, 대부분 기간은 최소 거주기간만 정해진다. 폭력범죄를 한 청소년에게는 전통적인 소년법원재판이 이루어지는데, 부정기형과 정기형을 판사가 선택할 수 있다. 또한 성인에 가까운 나이가 된 소년에게는 혼합형(blended sentences)을 선고할 수 있는데, 이것은 현재 미국에서 21개 주에서 운영된다. 이것은 소년법원 판사가 보호처분과 처벌을 함께 부과하는 선고형으로 지역에 따라 상이하게 운영되는데, 어떤 지역에서는 소년법원에서 부과한 형이, 소년이 성인이 되면, 성인 형사사법기관으로 이어지고, 어떤 지역에서는 소년이 소년보호처분을 위반하지 않는다면 성인처벌은 유예된다(Alarid. 2017:315 – 316).

한국의 소년사건 처리절차를 살펴보면([그림 11 – 2] 참조), 우선 우범소년, 촉법소년, 범죄소년을 발견한 경찰이나 보호자, 학교장 등이 처리를 의뢰하면 우범소년과 촉법소년은 소년법원으로 송치하게 된다. 이 과정에서 소년분류심사원이나 이것을 대신하는 소년원에 미결인 상태로 유치될 수 있으며, 그렇지 않으면 집에서 재판을 받게 된다. 만약 범죄소년이 금고 이상의 형에 해당하는 범죄사실이 발견되면 검사나 소년부판사가 형사법원으로 사건을 송치할 수 있다(미국의 공동권한에 해당). 소년부에서는 보호관찰관이나 법원의 양형조사관에게 판결전조사보고서를 작성하여 보고하도록 할 수 있으며, 이들은 소년의 다양한 배경과 범죄를 조사하여 적절한 보호처분을 법원에 추천한다.

지역사회교정론

[그림 11-2] 한국의 소년사법절차

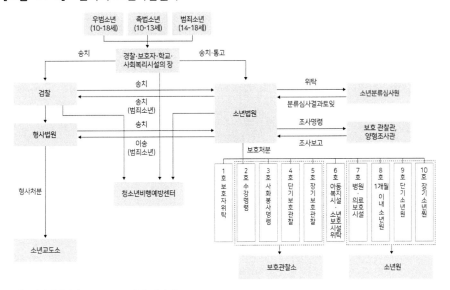

출처: 대한범죄학회, 2022:430에서 재작성.

소년분류심사원이 재판 전에 비행소년을 미결구류하여 각종 검사와 교육을 하는 시설로서 미국의 청소년구류센터(juvenile detention centers)에 해당한다면, 청소년 비행예방센터(청소년 꿈키움센터)는, 비주거형 시설로서, 법원·검찰청·학교 등에서 의뢰한 위기청소년에 대한 대안교육 및 부모 등에 대한 보호자교육을 실시하거나, 소년부 판사가 의뢰한 비행청소년의 상담조사나 지역사회 청소년에 대한 각종 심리검사 및 상담을 하는 곳이다. 예를 들어 대안교육의 교육대상은 학교 및 교육청에서 의뢰한 학교부적응 학생, 검찰에서 의뢰한 대안교육조건부 기소유예 대상자, 그리고 법원에서 의뢰한 대안교육명령 대상자이다. 교육기간은 정규과정이 각 3일, 5일, 10일, 장기과정으로 구성되며, 특별과정으로 1일 체험, 법교육, 가족 솔루션 캠프 등이 운영된다. 이곳의 가족솔루션캠프를 제외한 모든 과정은 비주거형으로 운영된다.

만약 소년법원에서 재판을 받으면, 10가지의 보호처분 중 하나를 받거나, 아니면 몇 가지를 병과받을 수 있다. <소년법> 제32조에 따르면, 소년에게 가능한 보호처분과 그 기간은 다음과 같으며, 이들은 몇 개씩 병과하여 선고될 수 있다. 예를 들어 1호, 2호, 3호, 4호를 한 대상자에게 병과할 수도 있고, 5호와 6호를 병과할 수도 있다.

1. 보호자 또는 보호자를 대신하여 소년을 보호할 수 있는 자에게 감호 위탁－6월
2. 수강명령－100시간 이내
3. 사회봉사명령－200시간 이내
4. 보호관찰관의단기(短期) 보호관찰－1년
5. 보호관찰관의장기(長期) 보호관찰－2년
6. 「아동복지법」에 따른 아동복지시설이나 그 밖의 소년보호시설에 감호 위탁－6월
7. 병원, 요양소 또는 「보호소년 등의 처우에 관한 법률」에 따른 소년의료보호시설에 위탁－6월
8. 1개월 이내의 소년원 송치
9. 단기 소년원 송치－6개월 이내
10. 장기 소년원 송치－2년 이내

장단기 보호관찰을 받거나, 수강명령, 사회봉사명령을 받는 경우에는 거주지 관할 보호관찰소에 신고하고 보호관찰관의 보호관찰을 받거나, 보호관찰소에서 개설되는 프로그램을 수강하거나, 보호관찰소에서 배정해주는 곳에서 사회봉사를 하게 된다.

제3절 소년에 대한 지역사회감시 프로그램

청소년에 대한 지역사회감시 프로그램은 소년원, 병영훈련, 집단가정, 대리가정, 야생생존캠프 등의 주거형 프로그램에서부터 보호관찰, 수강명령, 사회봉사와

배상프로그램, 가택구금, 대안교육, 또래법원, 약물법원 등의 비주거형 프로그램에 이르기까지 매우 다양하다. 이 절에서는 이미 앞에서 살펴본, 병영훈련, 보호관찰, 수강명령, 사회봉사와 배상프로그램, 가택구금, 대안교육, 약물법원을 제외한 나머지 프로그램들을 살펴본다. 또한 소년원의 경우, 지역사회감시 프로그램과 관련된 것은 우리 소년보호처분의 8호처분인 충격구금에서 이미 살펴보았고, 나머지 단기와 장기 소년원처분은 시설 내 프로그램에 가까우므로 생략한다.

1. 일시 쉼터 프로그램

일시 쉼터 프로그램(temporary shelter programs)은 부모의 사정으로 키울 형편이 안되거나, 부모의 가출 등으로 부모의 연락이 끊긴 요보호 비행청소년들을 일정 기간 동안 대신 키워줄 수 있는 사람에게 위탁하는 프로그램이다. 여기에 속하는 프로그램으로는 대리가정, 집단가정(그룹홈)이 있다(McCarthy and McCarthy, 1997:340). 이 중 대리가정(foster homes)은 현재의 가정에서 적응상 문제가 있는 비행청소년들을 실제 가정에 두지 않고 대리할 수 있는 가정에 보내어 24시간 보호와 훈련을 받도록 하는 제도로서, 비행청소년에게 어려운 시기에 따뜻한 감정적 물질적 자원을 제공하는 가정분위기를 제공할 수 있다. 그러나 한편으로는 대리가정을 확보하는 것이 쉽지 않으며, 일부 비행청소년은 지나치게 거칠어 대리가정에서 키우기 쉽지 않은 경우가 많다(이윤호, 2012:350-351).

실제로 대리가정은 비행청소년들을 대상으로 하기보다는 부모의 보호가 제대로 되지 못하는 학대나 유기 아동들을 대상으로 활발히 운영되고 있다. 일반적으로 비행청소년들은 어느 정도 나이가 있는 경우가 많아서, 자신의 자녀처럼 거친 비행청소년들을 헌신적으로 키워줄 수 있는 가정을 확보하기가 어렵다. 한국에서도 가정위탁보호제도라는 이름으로 2003년부터 시행하고 있는데, 이것은 소년법의 보호처분 중 1호처분(보호자나 보호자를 대신할 수 있는 자에게 위탁)을 통해 부모의 보호가 제대로 이루어지지 못하는 청소년들을 고아원과 같은 복지시설에 보내지 않고 가정적 분위기에서 양육하는 제도로 시행되고 있다. 위탁을 맡게 되는 대리부모는 범죄, 아동학대, 약물 전력이 없어야 하며, 약간의 교육도 이수해야 한다. 이 대리부모는 친권자가 나타날 때까지 아동에 대한 양육권을 가지며, 정부에서는 소액인 아동 1인당 월 12만원 이상의 양육보조금이 지원된다. 계약은 1년마다 갱신되며, 특별한 사유가 없는 한 18세에 이를 때까지 갱신되며, 대리부모의 요청이 있을 때 다른 보호형태로 전환하게 된다.

집단가정(group homes)은 법원에 의해 위탁되었거나, 보호관찰의 조건으로 위탁된 청소년들에게 가족적인 분위기에서 함께 생활하도록 하는 시설을 말한다. 보통 일반 가정처럼 운영되며 서로 관련이 없는 청소년들이 다양한 기간 동안 함께 거주한다. 이것은 정상적인 가족생활, 학교출석, 취업유지, 문제해결을 위한 부모와의 노력, 그리고 지역사회에의 참여 등을 강조한다(이윤호, 2012:351). 집단가정은 소년사법제도의 중간처우소라고 할 수 있는데, 성인의 중간처우소보다 규모가 작아서 보통 5~16명 정도가 거주하며, 두당 하루 비용은 115달러 정도이다(Allen et al., 2022:690; Alarid, 2017:319).

집단가정의 장점은 첫째, 청소년범죄자의 탈시설화에 기여하며, 둘째, 사회복귀에 도움이 되고, 셋째, 본래 가정과의 가족관계나, 친구관계의 유지가 가능하며, 넷째, 지역사회에서의 생존에 필요한 정보, 기술 등을 교육하기 때문에 정상적인 사회화에 기여한다는 점이다(이윤호, 2012:351－352). 그러나 집단가정에 대한 평가 연구들의 결과는 어느 정도 효과가 있지만 이것이 장기적이지는 않다는 것이다. 이런 효과는 집단가정에 들어오는 청소년들이 보통 심각한 정신적, 행위적 문제를 갖고 있고, 비행청소년들이 모여서 오히려 비행을 조장하기 때문일 수 있다 (Allen et al., 2022:691－692).

한국에서 비행청소년들을 위한 집단가정이 최초로 만들어진 것은 2004년에 전주보호관찰소에서 만든 '비행청소년 맞춤형 그룹홈'이다. 이 집단가정은 지역사회 단체 및 시민들의 적극적인 후원으로 총 3억 6천만원 상당의 건축비용을 마련하였고, 법원에서 사회봉사명령을 받은 미장, 전기 등 건축기능보유 사회봉사자 827명이 5개월 동안 투입되어 만들어졌다. "천사의 집"으로 명명된 그룹홈은 장기간 가출 및 가정학대 등으로 인하여 정서적인 불안을 겪고 있는 불우비행청소년의 심리상태를 고려한 각종 상담·편의시설을 마련하고, 대지 103평(건평 83평)의 3층건물로 지어졌다. 거주 청소년들의 심리치료 공간인 집단상담실, 인터넷 휴게실, 자원봉사자 숙소 등 최신식 시설과 함께 농구장 등 체육시설과 정신적인 안

[그림 11-3]　청소년 회복센터(집단가정)

출처: 유튜브 화면 캡처.

정을 위한 넓은 정원을 갖추었다. 천사의 집에는 보호관찰청소년 등 10여 명의
비행청소년들이 대리부모인 천주교 전주교구 소속 신부, 수녀와 자원봉사들의 보
살핌 속에 학비 등 일체 생활비를 무료로 제공 받았다(법무부, 2004).

2. 야생도전프로그램

　야생도전프로그램(wilderness challenge programs or outward bound)는 야외활동
기술기반의 주거형 프로그램인데, 주로 생존기술과 팀워크를 통해 3일에서 25주
사이의 기간 동안 정신적, 신체적 엄격한 활동을 통해 청소년의 자아존중감을 향
상시키는 것을 목적으로 하는 프로그램이다. 주로 카누타기, 배낭산행, 암벽등반,
야영훈련 등으로 구성되는데, 어려운 일을 해결해 나가는 과정에서 자신의 가능
성과 장점을 발견하고 이 과정에서 자아존중감을 높여 비행을 예방하려는 목적으
로 행해진다. 적합한 대상은 병영훈련과 유사하게 신체 건강한 초범 중범죄자들
이다(Alarid, 2017:318).

처음에 야생도전프로그램은 청소년의 재범을 감소시키기 위한 것이 아니었다. 2차 대전 시기에 영국의 젊은 선원들이 배를 버려야 했을 때 쉽게 자신의 목숨을 포기한 것에 비해서, 나이가 든 선원들은 그들이 신체적으로는 열등했음에도 어떻게든 살아남으려 노력한 것에 착안하여 이 프로그램은 개발되었다. 이 프로그램은 처음에는 체력단련에 집중했지만, 더 중요한 것으로 집단적 자부심, 자존감, 그리고 선원들 간의 신뢰를 기르는 것에 집중했다. 이 프로그램의 성공으로 인해, 청소년을 위한 프로그램으로 가능성이 있음을 알게 되었고, 1962년에 처음으로 콜로라도의 로키산맥에서 비행청소년을 위한 프로그램이 시작되었다. 이 야생도전프로그램은 전형적으로 다음과 같은 네 가지의 기본단계를 갖는다(McCarthy and McCarthy, 1997:359).

1. 기초 생존기술에 대한 훈련단계
2. 오랜 시간의 탐험
3. 혼자서의 생존
4. 마지막 점검

전국 소년원생들을 대상으로 하는 보이스카웃 야영훈련은 평소에 자아존중감이 낮은 비행청소년들이, 새로운 환경에서의 도전을 통해 자신의 가능성과 장점을 발견하고, 이를 통해 비행을 근절하고 사회의 성숙한 구성원으로 거듭나는 데 도움을 주기 위해 행해지고 있는 야생도전프로그램의 한 예라고 할 수 있다.

소년원학생, 자연 속에서 새로운 나를 만나다
- 소년원학생 야영훈련장 개영 -

법무부는 소년원학생들의 심신수련과 지·덕·체의 조화로운 성장, 발달을 도모하기 위하여 2009. 4. 20.(월) 11:30 소년원학생 전용 야영장인 대덕청소년수련원(대전시 동구 대성동 소재)에서 『2009년 전국 소년원학생 야영훈련 개영식』 행사를 개최하였다. 이날 개영식에는 소병철 법무부 범죄예방정책국장을 비롯하여 이동환 대덕소년원장, 양

홍규 한국스카우트 대전연맹 부연맹장, 이태문 소년보호위원 대덕소년협의회장, 대산학교(대덕소년원)와 고봉중·고등학교(서울소년원) 학생, 교사 등이 참석하여 야영훈련장 개영을 축하하였다.

대덕청소년수련원은 1986년에 소년원학생들의 심신단련을 목적으로 개장한 이래, 지금까지 총 224회에 걸쳐 1만 400여 명의 학생들이 자연을 이해하며 아름다운 심성과 협동정신을 기르는 체험학습의 장으로 운영되어 왔다. 이번 야영훈련은 2009. 4. 20.~ 6. 26.까지 고봉중·고등학교(서울소년원)을 시작으로 부산, 대구, 광주, 전주, 안양, 춘천, 대덕 등 전국 8개 기관 소년원학생 중 선발된 20~30명을 대상으로 각각 4박 5일간의 일정에 따라 진행된다.

소년원 학생들은 야영 기간 동안 스카우트로서 갖추어야 할 기본 훈련, 구급법 및 자연관찰 학습, 극기훈련 이 외에도 공동체 훈련, 사물놀이, 댄스스포츠, 봉사활동, 캠프파이어 등 다채로운 프로 그램에 참여한다. 특히, "법질서 바로세우기"를 추진하고 있는 법무부는 산하 한국 법문화진흥센터를 활용, 야영훈련에 참가한 소년원학생들을 대상으로 청소년 법교육 체험 프로그램을 운영하는 등 새로운 접근과 시도를 통해 야영훈련의 내실을 기하고 있다.

2009년 제1기로 야영훈련에 참여하는 황모군(서울소년원 고1반)은 "난생 처음 접해보는 야영훈련이라 너무 가슴이 설레고, 이곳에서 경험하게 될 새로운 것들에 대한 기대도 무척 크며, 이런 소중한 기회를 주신 모든 분들에게 깊이 감사드린다."고 참가소감을 말했다. 소년보호기관 선진화 전략인 "2009 소년원 희망 프로젝트"를 통해 열린 교육시스템 구축을 추진하고 있는 소병철 법무부 범죄예방 정책국장은 개영사를 통해 앞으로도 국토순례, 스키캠프, 노인복지·장애인 시설방문 봉사활동, 문화예술 공연관람 등 다양한 개방적 체험학습 프로그램을 확대 운영하여 소년원 학생들이 건강한 사회 구성원으로 자리매김할 수 있도록 지원할 계획임을 밝혔다.

출처: 2009년 4월 20일 법무부 보도자료.

3. 멘토링

미국에서 멘토링(mentoring)이 처음으로 대두된 시점은 1904년 비영리단체에 의해서 시행된 빅브라더스/빅시스터스(Big Brothers/Big Sisters) 프로그램이 큰 호응을 얻은 것에서 시작된다. 이 프로그램은 주로 한부모가정의 청소년들을 대상으로 그들이 보고 배울 수 있는 바람직한 성인의 모델을 제시하고 이들을 바람직한 사회구성원으로 이끌어주기 위해 시작되었다. 이 프로그램의 인기에 힘입어 1992년 <소년사법 및 비행예방법>의 개정에, 멘토링 프로그램을 지원하는 근거가 포함되고, 미국에서 비행소년에 대한 멘토링이 획기적으로 확대되는 계기가 되었다.

비행청소년에 대한 멘토링프로그램은 가족 외의 선배나 다른 성인을 지지적인 조언자(mentor)로 활용하여 위기청소년과 건전한 관계를 갖도록 위기청소년과 적절한 성인 자원봉사자를 매칭한다. 적절한 매칭대상은 같은 성별의 성실한 자원봉사자이며, 이들은 보통 청소년과 유사한 관심사를 공유하기 때문에, 소년과 재미있는 활동에 같이 시간을 보내고, 이들의 문제를 듣고 해결하는데 쉽게 도움을 줄 수 있다. 현재 미국에서 3백만 명의 소년에 대해 5,000여 개의 멘토링 프로그램이 운영 중이다(Alarid, 2017:319 – 320).

1992년 미연방 차원에서 시작된 멘토링 프로그램인 점프(juvenile mentoring program, JUMP)는 학교에서 중도탈락하거나 갱이나 약물남용에 개입할 위험이 높은 소년들을 위해서 만들어진 1대1 멘토링 프로그램이다. 이 프로그램은 비행의 위험요인을 차단하는 것 외에도 보호요인을 강화하는 것이 중요하다는 인식하에 인위적으로 비행청소년과 유대를 쌓을 수 있는 멘토를 매칭시켜 비행을 예방하려

234

는 목적을 갖고 있다. 점프의 중요한 활동지침은 크게 다음의 몇 가지로 나눌 수 있다. 첫째, 학업성적을 개선하고, 중도탈락률을 감소시키고 비행을 줄이기 위해 학교와 같은 지역사회의 다양한 기관과 협력관계를 유지한다. 둘째, 청소년 멘티들에게 안전한 환경을 제공하기 위하여 모든 자원봉사자들의 개인적 배경을 심사하고 문제없는 우수한 자원봉사자들을 매칭한다. 셋째, 매칭이 성공적으로 이루어지고 청소년들의 기회를 극대화하기 위해 대상 청소년들을 주의깊게 평가한다. 넷째, 멘토와 프로젝트 활동은 청소년의 기회와 경험을 강화하고 풍요롭게 하도록 고안한다. 다섯째, 점프에 대한 자체평가와 전국적인 평가가 가능하도록 프로그램에 관련된 데이터를 수집하고 보고한다(김지선, 2002:58 – 61).

현실에서 점프 프로그램의 멘토와 멘티의 매칭에서 사용되는 기준은 성별과 인종이었는데, 남성멘토의 96.8%가 남자청소년과 매칭이 되었고, 여성멘토의 80.4%가 여자청소년과 매칭이 되었다. 또한 청소년의 60% 정도는 같은 인종의 멘토와 매칭이 되었다. 이것은 성별과 인종이 그들의 공통된 흥미와 그들이 처한 처지를 나타내는 척도이기 때문이기도 하고, 멘토의 공급량에 따른 결과이기도 하다. 멘토와 멘티의 성별이 같은 것이 좋은지, 아니면 다른 것이 좋은지에 대해서는 아직 알려져 있지 않다. 예를 들어 아버지가 없는 여자청소년은 아버지의 롤모델이 되어줄 수 있는 남성멘토가 더 적합하다는 주장도 있지만, 경험적 연구결과는 없다(김지선, 2002:77 – 78). 이 책의 [그림 5 – 5]에 제시된 동영상은 여성멘토가 남자청소년 멘티에게 훌륭한 도움을 주는 내용이 포함되어 있다.

4. 가족참여치료

최근 소년을 위한 프로그램으로 대두되고 있는 것은 가족참여치료(family therapy)인데, 이것은 비행청소년의 교정에 부모가 참여하여 핵심역할을 하는 프로그램을 말한다. 이런 기회에 초점을 맞춘 감시(opportunity – focused supervision)는 청소년을 감시하는데 매우 효과적인데, 이것은 청소년과 그의 부모에게 청소년이 범죄기회에 노출을 줄이는 방법과 방과 후에 시간을 생산적으로 사용하는 방법에 대해 가르친다. 부모는 청소년이 보호관찰관 면담과 사회봉사를 하러 갈 때 차에

태우고 다니지만, 그들 또한 치료프로그램에 참여할 수도 있다(Alarid, 2017:320).

실제로 비행청소년의 문제가 대부분 가정에서의 부모의 보호가 부실한 데서 기인한다는 점을 고려하면, 지금까지 비행청소년에 대한 프로그램이 부모들의 참여를 배제해온 점은 의아스럽다. 또한 청소년을 가장 잘 감시할 수 있는 사람들도 부모들이므로, 이들이 비행청소년의 치료에 참여하는 것은 매우 자연스럽다. 따라서 우리의 소년법원과 보호관찰에서도 이것을 잘 인식하고 최근에는 법원에서 보호자특별교육명령을 자주 시행하고 있다. 앞서 소개한 청소년비행예방센터(청소년꿈키움센터)에서는 대안교육과 함께 보호자교육을 진행하고 있는데, 이 보호자교육의 내용을 살펴보면, 비행청소년의 보호자가 교육에 적극 참여하여 교육을 받도록 하고 있는 것을 알 수 있다.

청소년비행예방센터의 보호자교육

▶ 교육대상
  • 자원참가자
    - 위탁소년 및 상담조사 대상 학생 보호자
    - 학교폭력 가해학생 보호자교육 대상자
  • 의무참가자
    - 법원 판사가 명령한 '보호자특별교육' 대상자
▶ 교육과정
  • 교육과정: 4시간, 8시간, 12시간 등
  • 자원 참가자
    - 위탁소년 보호자: 면회 전후 활용 매일 실시
    - 상담조사 보호자: 교육개시일 등 집중교육 실시
    - 학교폭력 가해학생 보호자: 지정 교육시간 집중교육 실시
  • 의무참가자
    - 1일 7교시(09:30~17:30)를 원칙으로 하되, 대상자의 통학거리 및 시간을 고려하여 탄력적으로 운영
    - 1교시 교육은 휴식시간 10분을 포함하여 50분 이상으로 운영

▸ 교육프로그램
  • 자체 개발한 4차시 교육프로그램 운영
  • 신뢰감 형성하기, 가족탐색, 갈등해결, 희망열기 등
  • 학교폭력 가해학생 보호자교육 프로그램 등

5. 또래법원

또래법원(youth courts or teen courts)은 경미한 비행을 한 청소년들을 대상으로 하는 재판에 또래의 청소년(친구)들이 검사나 배심원 등으로 참여하여 다양한 판결을 내리는 법원이다. 이 또래법원은 1962년 뉴욕주의 이타카(Ithaca)에서 처음으로 시작되어 매우 활발히 시행되고 있는 회복적 사법에 입각한 프로그램이다. 또래법원은 소년법원(juvenile courts)에 의해 운영되기도 하고, 그 외에도 보호관찰소, 경찰, 학교, 그리고 비영리기관 등의 다양한 주체에 의해 설립되고 운영된다. 또래 법원에서 다루는 비행유형은 절도, 알코올/약물비행, 손괴, 기초질서위반, 폭행, 교통, 수업결석 등이 대부분이다(McCarthy and McCarthy, 1997:346).

또래법원은 두 가지의 기본 전제하에 성립되는데, 첫째, 나쁜 행동을 한 소년은, 그들이 권위적인 인물로 생각하는 사람들이나 부모들보다 다른 청소년들의 말에 더 귀를 기울이는 경향이 있고, 따라서 또래법원은 이 점에서 청소년비행을 해결하기에 유리하다. 둘째, 학교가 청소년들의 잘못된 행동을 다루는데 점점 더 처벌적인 제재를 더 많이 사용해왔고, 또래법원은 청소년들을 처벌이 아닌 보호처분하는 데 더 유리하다(Alarid, 2017:314).

이처럼 또래법원은 비행이 일어난 학교 안에서, 또는 청소년집단 안에서 관련 당사자들이 참여하여 비행문제를 해결한다는 점에서 무척이나 회복적 사법에 잘 부합한다. 또한 또래법원에 참여하는 청소년들은 피고의 행동을 개선하기 위해 필요한 것이 무엇인지에 대해 잘 알고, 이들에 대해 피해자에 대한 배상, 특정 장소나 시간대의 통행금지, 보고서 제출, 사과하기, 화장실청소 등의 창의적이고 피고에게 적합한 해결책을 제시할 수 있다.

[그림 11-4] 청소년이 청소년에게 형을 선고한다

출처: 유튜브 화면 캡처.

　　일반적으로 또래법원이 운영되는 방식은 크게 두 가지인데, 하나는 재판모델이고 다른 하나는 또래 배심원 모델이다. 재판모델(trial models)은 청소년이 판사의 역할을 하는 경우도 있으나 대부분 성인이 판사역할을 하고 청소년이 배심원의 역할을 한다. 또래 배심원 모델(peer jury model)은 재판이 없고, 또래 배심원들이 직접 피고청소년에게 질문을 한다. 또래법원의 절차는 크게 다음의 3단계로 나뉘어진다(McCarthy and McCarthy, 1997:346).

　　첫째 단계는 피고청소년이 자신의 비행에 대해서 설명하는 회의를 열고,

　　둘째 단계는 자신의 죄를 인정하는 피고인의 말과 행동에 대해 또래 배심원들이 평가하고 판결하며,

　　셋째 단계는 피고가 배심원들이 결정한 사회봉사시간과 미래의 배심원임무 할당을 수행함으로써 자신의 책임을 받아들이는 기회를 얻는다.

　　피고에게는 배심원들이 결정한 제재를 수행할 5주의 시간이 주어지고, 만약 이것을 완수하지 못한다면 소년법원에서의 비행재판이 청구된다. 그러나 피고가 이들을 성공적으로 완수한다면, 모든 혐의는 소각된다(McCarthy and McCarthy, 1997:346).

제12장

범죄자의 재진입과 지역사회감시관

Community Correction Theory

범죄자의 재진입과 지역사회감시관

이 장에서는 범죄자가 중범죄로 유죄판결을 받았을 때, 결과적으로 나타나는 부수적 결과와 지역사회감시관들을 다룬다. 이들은 범죄자가 지역사회로 재진입하는 과정에서 겪게 되는 권리제한들이며, 보호관찰관과 같은 지역사회감시관들은 범죄자들이 이러한 어려움을 극복하여 건전한 사회인으로 재통합하도록 도움을 주는 사람들이다.

제1절　범죄자의 재진입과 부수적 결과

재진입(reentry)이란 보호관찰관, 치료전문가, 시민들이 협력하여 재소자가 다시 모범적인 시민으로서 지역사회로 돌아가기 위한 준비를 하는 어떤 활동이나 프로그램을 말한다. 출소자가 성공적으로 사회에 재진입하는 데는 다음과 같은 몇 가지 중요한 어려움이 존재한다(Alarid, 2017:251).

첫째, 빈곤한 출소자는 자신의 신체적, 정신적 치료가 필요하지만, 보통 이들은 치료를 위한 자격과 경제적 여유가 없다. 왜냐하면 오랜 공백을 가진 출소자들이 의료보험 등의 자격을 얻는데 시간이 걸리기 때문이다.

둘째, 출소자는 출소하자마자 적당한 주택, 안정적인 직장, 약물의 회피 등과 이러한 활동을 위한 교통수단 등이 필요한데, 이러한 것들을 갑자기 마련하는 것은 더욱 쉽지 않다.

셋째, 여성 출소자의 경우 가정학대로부터 보호받고, 가족들과의 재결합 등이 더욱 필요한데, 보통 수감 직후에 이혼이나 별거 등을 경험하는 경우가 많아, 출소 후 적응이 더욱 어렵다.

보통 사회에 재진입하는 단계에 있는 사람들은 가장 먼저 일자리를 필요로 한다. 그러나 출소자가 안정적인 일자리를 얻는 것은 시간이 걸리는 더딘 과정이다. 따라서 이런 시간이 걸리는 과정을 견뎌내기 위해서는 출소자에 대한 주변 가족이나 이웃의 지지와 인내가 필요한 것이 사실이다. 그러나 현실적으로 새롭게 사회에 재진입해야 하는 범죄자들은 이런 따뜻한 지지보다는 주변의 차가운 반응을 먼저 접하는 것이 현실이다. 특히 중범죄자에 대한 낙인과 방어적인 주변의 분위기는, 중범죄자들이 가석방되거나, 심지어 형기를 모두 마친 경우에도 다양한 제한을 만들어 낸다. 보통 경범죄를 한 경우에는 큰 제한이 가해지지 않지만, 중범죄를 한 경우에는 형기를 복역하는 중에는 물론이고, 형기가 만료된 이후에도 다양한 제한이 가해진다.

이처럼 범죄의 결과로서 시민권자가 누릴 수 있는 다양한 권리가 제한되는 것을 부수적 결과(collateral consequences) 또는 시민권 상실(civil disabilities)라고 한다. 반면에 자신의 범죄로 인해서 벌금, 보호관찰, 구금형과 같이 형벌을 받는 것을 직접적 결과(direct consequencies)라고 한다. 미국에서는 중범죄자는 영구적 또는 일시적으로 다양한 시민적, 정치적 권리를 잃는데, 예를 들면 다음과 같은 다양한 부수적 결과가 가능하다(Alarid and Carmen, 2011:350－351).

  ▸ 투표권, 배심원이 될 자격 상실
  ▸ 신뢰있는 증인의 자격 상실
  ▸ 직업면허 제한
  ▸ 보증인이 될 자격 상실
  ▸ 총기소지 권리 상실
  ▸ 복지혜택 상실

- ▸ 친권 상실
- ▸ 이혼사유가 됨
- ▸ 군입대 금지
- ▸ 불명예 제대
- ▸ 조합간부 자격 상실
- ▸ 연금 수혜자격 상실
- ▸ 일부 공무원으로 일할 자격 상실
- ▸ 서기로 일할 자격 상실
- ▸ 지역경찰에 등록(성범죄자)
- ▸ 연방 대학학비 보조금 수혜자격 상실(약물 중범죄자)
- ▸ 공공주택(section 8 housing) 거주자격 상실(약물 중범죄자)
- ▸ 구금되어 있는 동안 사회보장, 의료보장 정지
- ▸ 귀화자격 상실

이렇게 범죄자들의 권리를 제한하는 근거는 첫째, 법원체계, 공무원, 다른 정부 영역의 신뢰성을 유지하기 위해 필요하며, 둘째, 범죄자들의 권리를 제한하지 않으면, 법을 위반하지 않고 사는 납세자의 권리를 줄이게 되고, 셋째, 공공의 안전을 보호하기 위해서이다. 미국에서 주별로 교도소 출소자의 재진입 기간 중에 제한되는 권리의 수는 다음과 같다. 지역에 따라서 많게는 40개 이상의 제한을 둔 지역이 있는가 하면, 20개 이하의 적은 제한을 둔 지역도 있다. 보통 30－40개 정도의 제한을 둔 지역이 평균적이라는 것을 알 수 있다([그림 12－1] 참조).

이러한 권리제한들을 구체적으로 살펴보면, 먼저 중범죄자의 투표권을 제한하는 것이 1974년 합헌으로 인정되었는데, 현재 미국 흑인의 13%가 투표권이 박탈된 인구이다. 대부분의 주는 자신의 형기를 모두 복역한 경우에 투표를 허용하고 있다. 반면에 출소 이후에도 투표를 허용하지 않는 주는 2004년에 알라바마주를 비롯한 12개 주였으나, 2017년에 4개 주로 줄어들었다. 마인주와 버몬트주는 부재자 투표를 통해 재소자의 투표도 허용하고 있으며, 최근에는 재소자에게도 투표를 허용하는 쪽으로 여론이 형성되고 있다(Alarid, 2017:259－260; (Alarid and Carmen, 2011:355).

[그림 12-1] 미국의 지역별 재진입 기간 중 권리제한 수

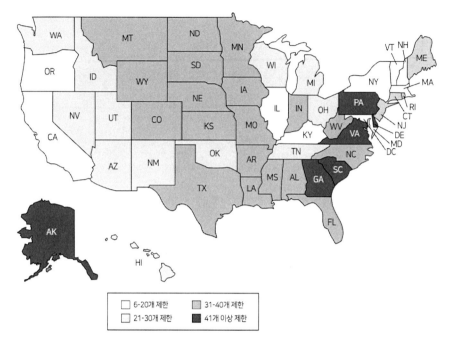

다음으로 고용에서의 부수적 결과를 살펴보면, 보통 중범죄자는 직업면허가 제한된다. 미국에서 면허를 필요로 하는 직업은 그 사람이 성실한 사람이어야 한다는 전제가 있으며, 특히 무장경호원, 잠금장치 제조회사, 사설경비 등의 보안관련 직종은 보다 엄격하게 범죄자의 면허를 제한한다. 그 외에도 면허를 필요로 하는 직종은 회계사, 침술가, 항공기 정비 및 조종사, 주류업, 부동산중개업, 경매업, 변호사, 은행, 보일러, 의사, 영양사, 응급구호사, 전기기사, 엔지니어, 마사지업, 산파, 안경사, 약사, 배관공, 위생사, 건축사, 문신시술사, 사회복지사 등 매우 많고, 이들 직업에 보통 중범죄자는 면허가 정지되거나 취소된다(Alarid and Carmen, 2011:357).

또한 돈을 다루는 경리, 은행, 창고, 운송회사, 추심업, 티켓판매업 등은 보증을 요구할 수 있는데, 보통 전과자는 이런 보증을 받기가 어렵다. 이를 위해 미국에서는 중범죄자의 취업을 위한 연방신용보증제도(1966)를 만들었는데, 신용보증회사들이 전과자나 파산자의 보증을 해주지 않기 때문에 전과자들의 취업이 매우

어려운 문제점을 개선하기 위하여, 고용주가 전과자를 고용하여 입은 손해에 대해 자기부담금 없이 100% 보상해주는 제도이다. 물론 보험료는 고용된 전과자가 납부하며, 돌려받지는 못한다. 일반적인 전과자에 대한 신용보증 절차는 먼저 전과자가 일자리를 찾기 전까지 무료로 신용보증을 시작해서, 6개월 후 스스로 파기 가능하다. 보통 두당 $5,000~$25,000 정도를 자기부담금 없이 보증이 가능하며, 6개월 후 보증을 계속하려면 업주가 가입하여 보험금을 내야 한다(Alarid, 2017:256-257).

또한 미국에서는 출소자의 취업을 더욱 촉진하기 위해서 동등기회위원회(equal opportunity commission) 정책을 만들었는데, 이것은 15인 이상의 사업체에 적용된다. 이것은 고용주가 입사지원자의 범죄경력을 법집행기관에 요청해서 검토할 수 있지만, 단지 중범죄전과만으로 고용을 배제할 수 없도록 한 제도이다. 만약 전과를 검토한 후, 전과자를 고용을 하지 않을 시에는 전과 외의 납득할 만한 다른 사유(특정 업무에 부적합한 전과)를 보고하여야 한다. 현재 적어도 10개 주는 전과확인금지법(ban-the-box law)을 만들어, 특별한 직업 외에는 아예 고용주가 전과조회를 못하도록 했는데, 마사추세츠, 뉴욕, 위스컨신주가 여기에 해당한다. 그리고 미네소타주는 고용주가 고용을 결정하기 전까지 전과기록을 못보도록 하고 있다(Alarid, 2017:258).

그리고 약물 중범죄자의 경우 대학학자금 보조금을 제한하는데, 초범은 1년, 재범은 2년, 3범 또는 약물판매범은 무기한 제한이 되며, 이것은 약물 재활프로그램 참여로 단축되기도 한다. 그리고 약물범죄자는 복지혜택도 보통 거부되는데, 연방법은 약물범죄자에 대한 푸드스탬프와 복지혜택을 모두 제하며, 11개 주는 연방과 같이 모두 제한하나, 13개 주는 범죄자의 자녀를 위해 모두 제한하지는 않고 반 정도의 주는 기간을 제한적으로 운용한다. 그리고 약물범죄자는 공공주택 거주도 제한되는데, 약물범죄로 공공주택에서 퇴거되면 3년 동안 입주가 불가하다. 그리고 등록된 성범죄자나 집에서 히로뽕을 제조한 약물범죄자는 영구히 공공주택 거주가 제한된다(Alarid, 2017:261-262).

한국의 경우도 특정의 범죄자는 권리가 제한된다. <형법> 제43조에 따르면, 사형, 무기징역 또는 무기금고의 판결을 받은 자는 다음 네 가지의 자격을 상실한다.

1. 공무원이 되는 자격
2. 공법상의 선거권과 피선거권
3. 법률로 요건을 정한 공법상의 업무에 관한 자격
4. 법인의 이사, 감사 또는 지배인 기타 법인의 업무에 관한 검사역이나 재산
   관리인이 되는 자격

그리고 유기징역이나 유기금고의 판결을 받은 자는 형집행이 종료되거나 면제될 때까지 위의 조항 1호, 2호, 3호의 자격이 상실된다. 그러나 <공직선거법>제18조 2항에 따르면, "1년 이상의 징역 또는 금고의 형의 선고를 받고 그 집행이 종료되지 아니하거나 그 집행을 받지 아니하기로 확정되지 아니한 사람. 다만, 그 형의 집행유예를 선고받고 유예기간 중에 있는 사람은 제외한다"라고 규정하여, 1년 이상 구금형을 받고 형기를 마치지 않은 사람은 투표권이 제한된다. 다만 집행유예 기간 중인 범죄자는 투표권이 있으나, 피선거권은 제한된다(동법 19조). 그 외 성범죄자의 경우에는 법원에서 취업제한명령을 할 수 있는데, 보통 각종 교육기관, 청소년상담시설, 학원, 문화시설, 사회복지관, 쉼터, 체육시설, 청소년 게임장 및 노래연습장 등의 취업이 제한된다.

제2절 지역사회감시관의 역할과 유형

지역사회감시관(community supervision officers)이란 가석방담당관(parole offi-cers)이나 보호관찰관(probation officers)과 같이 지역사회에서 범죄자를 감시하고 그들이 생활을 개선하고 새 삶을 살 수 있도록 도와주는 사람들을 말한다. 미국에서 가석방담당관은 교정국 소속으로서, 출소 전부터 출소 후의 생활계획을 짜고 출소한 이후에는 이들이 재범을 하지 않고 계획대로 살도록 감시하는 사람들이다. 그러나 한국에는 이런 제도가 없고 가석방자도 지역사회감시를 보호관찰관이 맡

고 있으므로, 사실상 한국에서는 지역사회감시관과 보호관찰관은 같은 의미라고 할 수 있다.

지역사회감시관은 다음과 같은 여러 가지 일을 하는데, 첫째, 가정방문이나 현장점검 등을 통해 감시의 준수사항을 지키는지 확인하고, 둘째, 대상자가 일자리를 찾고 유지하며, 약물이나 알코올에 빠지지 않고 변화하도록 동기부여를 하며, 셋째, 대상자가 그들의 욕구에 따라서 약물 및 알코올치료프로그램, 분노조절프로그램, 자녀양육교육, 그리고 다른 지역사회기반 봉사에 참여를 유도하고, 넷째, 대상자가 어떤 중요한 위반이나 새로운 범죄를 했는지를 수사하고 보고서를 작성하며, 그리고 마지막으로 대상자가 배상금을 지불하고 사회봉사의무를 다하도록 하기 위해 노력하는 일을 한다(Alarid, 2017:283).

오린과 동료들(Ohlin et al., 1956)과 그레이서(Glaser, 1969)는 지역사회감시관의 유형을 감시에 대한 강조와 원호에 대한 강조를 교차하여 다음의 네 가지 유형, 즉 처벌적 감시관, 보호적 감시관, 복지적 감시관, 수동적 감시관으로 분류하는데 기여했다(Latessa and Smith, 2015:203–204; 이윤호, 2012:336–337 참조).

첫째, 처벌적 감시관(punitive officers)은 자신을 주류사회의 도덕을 수호하는 사람으로 생각하고, 범죄자를 위협과 처벌의 수단을 이용하여 순응시키려고 하며, 통제와 사회보호 그리고 감시대상자에 대한 지속적인 의심을 강조하는 사람이다.

둘째, 보호적 감시관(protective officers)은 범죄자를 보호하는 것과 지역사회를 보호하는 것 사이에서 망설이는 사람으로서, 도움을 주거나 잔소리를 하는 방법을 주로 사용하는데 대안적으로 칭찬과 비난을 하기도 한다. 이들은 범죄자와 지역사회의 다른 사람들과의 감정적 개입에서 우유부단한 사람으로 여겨지며, 어떤 사람을 편들 때 비일관적인 사람으로 여겨진다.

셋째, 복지적 감시관(welfare officers)은 대상자의 복지를 개선하는 것이 가장 중요한 목표라고 생각하는데, 이들은 대상자에게 부과된 제한 내에서 대상자를 도와줌으로써 이 목표를 달성하려고 하는 사람들이다. 이들은 진정한 지역사회 보호를 위해서는 개인의 적응이 중요하며, 대상자가 겉으로 나타내는 순응은 단지 일시적이며, 결국 장기적으로는 실패할 것이라 생각한다. 이들은 객관적이고 이론에 기초한 대상자의 욕구와 능력에 대한 평가에 근거하여, 대상자에 대한 평가등급이나 처우기술을 결정한다.

[표 12-1] 지역사회 감시관의 유형

원호에 대한 강조	감시에 대한 강조	
	높음	낮음
높음	보호적 감시관	복지적 감시관
낮음	처벌적 감시관	수동적 감시관

출처: Latessa and Smith, 2015:204 참조.

넷째, 수동적 감시관(passive officers)은 자신의 일을 단지 명예직이라고 생각하며 단지 최소한의 노력만을 하는 사람들이다. 이들은 자신들의 업무에서 갈등이 발생하지 않고 겉만 번지르하면 된다고 생각하는 사람들이다.

또 다른 지역사회감시관에 대한 유형론을 만든 사람은 크락카스(Klockars, 1972)이다. 그는 지역사회감시관을 유사하게 다음의 네 가지로 나누었다(Latessa and Smith, 2015:204－205; Alarid, 2017:284).

첫째, 법집행관(law enforcers)으로서, 이들은 감시, 권위, 법준수에 대한 엄격성을 강조하는 보호관찰관이다. 준수사항 위반자에 대해 단계적 제재보다는 신속한 구금을 선호하며, 대체로 위반행동에 대해 낮은 관용을 보이기 때문에 대상자와 래포를 잘 형성하지 못하고, 결과적으로 보호관찰취소율을 높이는 유형이다.

둘째, 치료책임자(therapeutic agents)로서, 이들은 자신의 역할을 치료를 시행하고, 대상자를 도우며, 대상자를 지지하고 지도하며, 대상자가 감시목표를 달성했을 때 보상을 제공하는 역할로 인식하는 사람들이다. 따라서 대상자와 치료를 위한 협조관계를 구축하는데 많은 시간과 감정적 투자를 하며, 대상자가 궁극적으로는 변할 것이라는 믿음 때문에 보호관찰의 취소를 머뭇거리거나 지나치게 오랜 시간을 끌 수 있고, 결과적으로 다른 동료들은 이런 유형을 지나치게 유하거나 잘 속는 사람이라고 인식한다.

셋째, 종합적 감시관(synthetic officers)으로서, 감시와 통제 두 요소를 통해 치료와 사회복귀를 균형있게 고려하는 보호관찰관이다. 이들은 대상자가 그들의 예전 행동이 어떤 문제가 있는지, 그리고 어떻게 새로운 지지적 관계와 행동방식을 만들 수 있는지를 이해하도록 도와야 한다는 생각을 가진다. 대상자에게 동기강화면접을 하고 래포를 형성하지만, 대상자를 단호하면서도 공정하게 대하며, 지역

[그림 12-2] 보호관찰관의 청소년상담

출처: 유튜브 화면 캡처.

사회와의 파트너십과 대상자 가족구성원으로부터 지지를 추구하지만 필요할 때는 규칙을 집행하고 제한을 설정하기를 꺼리지 않는다. 보호관찰의 취소 시 구금보다는 단계적 제재를 선호하고, 이러한 제재를 변화과정을 증진하는 메커니즘으로 보며, 처벌과 치료를 각각의 사례에 따라서 적용하며, 대상자에 대한 제한을 설정하면서도 대상자가 변화하도록 동기를 부여하는 사람들로, 가장 바람직한 유형이라고 할 수 있다.

넷째, 시류에 편승하는 사람(time-servers)으로서, 많은 경험을 가지고 있지만 자신의 기법이나 방식을 개선할 욕구가 거의 없는 사람이다. 자신의 일에서의 행동은 규칙을 따르고 최소한의 책임감을 갖지만, 의욕이 없고 더 이상 개선을 하려고 하지 않으며, 가능한한 서류업무작업을 적게 하려고 하는 유형이다. 지역사회 감시 대상자는 이런 유형의 보호관찰관을 다소 딱딱하고 도움이 되지 않는다고 비난하지만, 법집행관보다는 기술적인 위반에 대해 관대하다고도 느낀다.

보호관찰관의 이런 유형별 업무태도의 차이는 사실 보호관찰관이 업무에서 겪는 스트레스 및 긴장과 이로 인한 기력소진(burnout)과 관련이 있다. 따라서 보호관찰관을 채용할 때부터 이런 부정적인 경험을 덜 겪을 것으로 예상되는 사람들을 선별해야 할 필요가 있으며, 교육훈련에서도 이 점에 대해 노력을 기울여야 한다.

보통 보호관찰관의 성별에 따라서는 이런 부정적인 경험을 겪는 비율은 큰 차이가 없지만, 연령에 따라서는 차이가 있는 것으로 알려져 있다. 연령이 높은 보호관찰관일수록 보다 많은 감정적 소진을 경험하고 낮은 개인적 성취감을 느끼는 것으로 보이며, 이것은 결국 대상자와의 접촉빈도를 줄이게 된다. 반대로 젊은 지역사회감시관 역시 이러한 감정적 소진과 역할갈등을 느끼지만, 이들은 더 적극적으로 이런 갈등상황을 해결하기 위해 대상자들과 더 많은 접촉을 하고, 결과적으로 감정적 소진을 덜 겪는다(Champion, 1999:392).

좀 더 나은 지역사회감시 서비스를 제공하기 위해서는 보호관찰관의 스트레스를 덜 느끼는 환경을 만들 필요가 있다. 보호관찰관이 스트레스를 받게 만드는 원천은 크게 다음의 몇 가지로 나눌 수 있다(Champion, 1999:393-397).

첫째, 낮은 직업만족도(low job satisfaction)는 보호관찰관의 스트레스를 증가시키는데, 이것은 주로 낮은 임금과 지나치게 많은 업무량과 관련이 있다. 시설내 프로그램에 비해 지역사회교정이 점점 확대되고 있는 상황에서 적절한 수의 보호관찰관을 채용하고 확보해야 할 필요가 있다.

둘째, 역할갈등(role conflict)과 역할의 모호함(role ambiguity)은 보호관찰관의 스트레스를 증가시킨다. 이것은 보호관찰관의 업무범위, 책임의 범위, 업무에서의 역할, 그리고 업무에서의 지켜야할 윤리에 대해 명확한 매뉴얼이 마련되어 있지 않은 경우에 더 심하게 나타난다. 예를 들어 가장 쉬운 예로, 보호관찰관이 대상자에 대한 감시에 집중해야 하는지, 아니면 원호에 집중해야 하는지는 명확히 매뉴얼에 명시되어 있지 않고 모두 잘 해야 하는 것으로 알려진다. 그러나 실제 업무에서 보통 보호관찰관은 양자택일을 해야하는 상황을 쉽게 만난다. 또 하나의 예로, 보호관찰관이 대상자와의 면담 중에 부적절한 사실이지만 대상자의 생계에 도움이 되는 사실을 알게 되었을 때, 이것에 대해 통제를 해야 하는지 아니면 묵인해야 하는지 역할갈등을 겪을 수 있다. 이런 역할갈등은 심지어 업무범위가 명확한 경우에도 발생한다. 미국의 보호관찰관의 중요 업무 중 하나인 수수료를 징수하는 업무를 하는 보호관찰관은 자신이 대상자의 재활을 도와주는 사람인지, 아니면 법을 집행하는 사람인지, 아니면 채권추심업체의 직원인지 헷갈리는 역할갈등을 겪을 수 있다.

셋째, 보호관찰관과 대상자의 상호작용(officer-client interaction)으로서, 보호관찰관은 대상자를 도와주려고 할 때 대상자의 큰 적대적인 반응을 경험할 수 있다. 이 문제는 보호관찰관과 대상자의 잘못된 매칭에 의해서도 나타나므로, 체계적인 보호관찰관-대상자 매칭을 통해서 이런 문제를 많이 감소시킬 수 있다.

넷째, 과중한 문서작업량과 실적압력(excessive paperwork and peformance pressure)으로서, 이미 언급한 과중한 업무부담은 과중한 문서작업량을 가져오고 이것은 스트레스의 원인이 된다. 보통 보호관찰관의 채용속도는 보호관찰관의 업무증가를 따라가지 못하므로, 보호관찰관은 과중한 문서작업을 해야 한다. 또한 보호관찰관 개개인은 매우 다양한 업무를 하고 있는데, 업무의 관료제화는 이 개성있고 다양한 업무들을 하나의 객관적인 기준으로 평가하려고 하는 데서 스트레스는 유발된다. 또한 보호관찰소와 같은 교정기관은 실패에 초점이 맞추어진 기관이기 때문에, 많은 성공사례에 대해서는 별로 관심을 갖지 않고, 성과에 대해서 인식하지 못하는 경향이 있다.

다섯째, 보호관찰관의 낮은 자존감과 낮은 대중적 이미지(low self-esteem and poor public image)가 스트레스를 유발하는데, 이것은 더 좋은 자원들을 채용하려는 노력에 의해서 개선될 수 있다.

여섯째, 직무위험과 책임을 질 위험(job risk and liabilities)으로서, 이것은 보호관찰관이 위험한 범죄자를 다루기 때문에 나타나는 위험이라고 할 수 있다. 이것은 보호관찰관의 관련 법률지식에 대한 재교육을 철저히 함으로써 일부 해결될 수 있다.

보호관찰관은 일정 범위에서 법적으로 면책권을 갖는데, 이것은 보호관찰이 소신을 가지고 자신의 직무를 충실히 수행하기 위해 필요한 권리이다. 보호관찰관의 이러한 면책권은 다음의 두 가지 유형으로 구분할 수 있다(Alarid, 2017: 296–297).

첫째, 절대적 면책(absolute immunity)으로서, 이것은 보호관찰관이 고의적으로 또는 악의적으로 나쁜 짓을 하지 않았다면, 어떤 법적 행동으로 인해 공무원이 소송을 당하지 않을 권리를 말한다. 보호관찰관은 준사법기능을 할 때에 한해서 절대적 면책권을 가지는데, 법원에 판결전보고서를 제출할 때가 여기에 해당한다. 따라서 판결전 보고서에 사실과 다른 것이 기재되어도 고의가 아니라면 소송당하지 않을 권리를 가진다.

둘째, 조건부 면책(qualified immunity)으로서, 이것은 기관의 정책에 따른 직원이 소송으로부터 자유로울 권리를 말한다. 만약 보호관찰관의 행동이 "객관적으로 합리적"인 것으로 나타날 때, 그들의 잘못된 행동에 대해서도 면책권을 갖는다. 보통 자신의 업무를 잘하고 기관의 정책을 따른 보호관찰관은, 형사소송사건 외에는, 조건부 면책권을 갖는다.

제4절 보호관찰관의 채용과 교육훈련

미국에서 보호관찰관으로 채용되기 위해서는 중범죄 전과가 없어야 하며 시민권자로 한정된다. 한국의 경우도 보통 공무원을 채용하기 전에 전과조회를 하므로 이것은 마찬가지라고 할 수 있다. 미국에서 보호관찰관을 채용하는 역사적으로 형성되어온 방식은 다음의 두 가지가 있다. 첫째, 임명제(appointment system)로서, 이것은 법원선정위원회가 보호관찰소장을 임명하고, 소장은 신입 보호관찰관들을 고용하고 기존 보호관찰관들을 해고하는 방식이다. 이 방식은 정치적으로 소장이 임명될 수 있어, 보호관찰소장에 필요한 능력이나 경험을 갖지 못해 문제가 되기도 한다. 또한 임명제 소장은 자신이 선호하는 정책을 소신 있게 펴는 데 한계가 있다. 둘째, 능력본위제(merit system)로서, 이것은 최소한의 고용기준을 충족하는 지원자들이 경쟁시험을 통해 채용된다. 보통 시험성적의 순위에 따라 또는 교육수준과 경력에 기초한 등급에 따라 채용된다. 이 방식은 보통 중간 정도 등급 이하의 보호관찰관을 고용하는데 사용되고, 소장은 보호관찰소 내의 연공서열에 따라 선택된다(Alarid, 2017:284－285).

보호관찰관에게 필요한 능력은 다음의 몇 가지로 나눌 수 있다.

첫째, 자신이 맡게 되는 대상자인 비행청소년이나 범죄자에 대한 일반적인 지식을 갖추어야 한다. 이러한 지식으로는 청소년이나 성인이 왜 비행을 시작하고 지속하는지, 그리고 범죄경력을 중단하는지에 대한 범죄학이론에 대한 지식을 충분히 갖추어야 한다. 이런 지식을 갖추지 못하고 단순히 비행청소년이 비행을 하게 만드는 상황적인 특성(예, 가출생계비)만 이해한다면, 비행청소년이 비행을 멈추도록 만드는 것은 매우 어려울 것이다.

둘째, 보호관찰관은 기본적인 상담능력과 위기개입의 시점을 판단하고, 적절한 프로그램이 무엇인지를 판단할 능력을 갖추어야 한다. 이것은 첫 번째의 능력과도 관련되는 것이지만, 보다 구체적으로 상담과 구체적인 위기개입의 시점에 대해 판단하는 추가적인 능력이 필요하다. 이러한 범죄학적 지식과 상담능력은 보호관찰관의 업무에서 예상하지 못한 상황을 만날 가능성을 줄이므로, 업무스트레스를 감소시키는 데도 매우 요긴하다.

셋째, 보호관찰관은 모든 분야에 전문가가 될 수는 없으므로, 다양한 사회의 자원을 동원할 수 있어야 하므로, 자신이 담당하는 지역사회의 특성에 대한 깊은 이해가 필요하다. 지역사회에 어떤 자원이 어디에 있고, 이것이 언제 이용가능하며, 이용을 위해서 어떤 사람을 접촉하는 것이 좋은지에 대해 평소에 숙지하고 있어야 한다. 예를 들어 지역사회의 약물중독치료프로그램이 어디에 있고, 이것을 담당하는 사람에 대해 평소에 긴밀한 관계를 맺어두는 것은 효과적인 보호관찰의 업무를 위해 매우 필요한 것이다.

넷째, 경우에 따라서, 외국인이 많이 사는 지역을 담당하는 보호관찰관은 그 지역에 많이 사는 외국인들의 모국어를 습득할 필요가 있다. 예를 들어 차이나타운을 담당하는 보호관찰관은 중국어를 모른다면 이들과의 상담이나 적절한 서비스 중개가 어려울 것이다.

[표 12-2] 한국의 보호관찰직 채용시험 과목(2023년)

급수	필수	선택
9급	국어, 영어, 한국사, 형소법, 사회복지학	
7급	헌법, 형소법, 심리학, 형사정책	
5급	형법, 형소법, 심리학, 형사정책	교육학, 사회학, 사회복지학

출처: 인사혁신처, 2023.

이런 보호관찰관에 필수적인 능력들은 채용과 보수교육을 통해서도 일부 해결할 수 있다. 예를 들어 채용 시에 관련 분야를 전공한 학위자나 경력자를 뽑는다든지, 아니면 필요한 분야의 지식을 시험과목으로 선택하는 것이다. 그러나 한국의 보호관찰직 채용은 과연 이런 조건을 만족하고 있는지 의문스럽다. 현재 한국에서 대학진학율이 80% 가까이 됨에도 불구하고, 9급 공무원 시험에는 아직도 국어, 영어, 한국사가 필수이며, 그 외 두 과목만 업무와 관련된 전문과목들이 포함되어 있다. 예를 들어 보호관찰직 공무원을 뽑는 시험에서 이 전문과목은 형소법과 사회복지학이다. 그러나 보호관찰직 업무에 이 두 과목만 있어도 될지는 매우 의심스럽다. 보호관찰직은 일반행정직과 달리 매우 전문적인 분야이기 때문에, 특히 비행청소년에 대한 이해가 깊어야 한다. 그럼에도 불구하고 범죄학(형사정책) 과목이 없다는 것은, 이들이 보호관찰소에서 비행청소년이 비행을 하게 만드는 요인을 파악하고 차단하게 만드는 데 큰 장애로 작용할 것이다.

미국 노스캐롤라이나주 보호관찰소의 채용공고를 예를 들면, 보호관찰관으로 대졸 이상을 뽑고 있으며, 형사사법학, 범죄학, 심리학, 사회학, 인간관계/경영/행정학 분야 전공자로 제한하여 보호관찰관을 선발한다. 또한 대학원 수료자나 보호관찰직 경력자, 법학박사나 관련 분야 석사, 관련 분야 경력자는 우대한다(박스글 참조). 또한 꼭 노스캐롤라이나주가 아니더라도 미국은 모든 지역에서 보호관찰관이나 가석방담당관의 자격을 대졸로 한정하고 있는데, 대학진학율이 한국에 비해 상대적으로 낮은 것을 감안하면, 보호관찰관의 업무분야를 매우 전문적인 영역으로 인식하고 있음을 보여준다. 월급은 최하위직인 CL23의 44,379달러의 연봉에서 시작하여 상위직인 CL28의 109,670달러까지 매우 다양하다. 한국의 경우 공안직으로서 경찰의 연봉과 동일하다.

노스캐롤라이나주 보호관찰관 채용공고(지원자격 및 연봉)

- 모든 지원자는 형사사법학, 범죄학, 심리학, 사회학, 인간관계/경영/행정학 분야 중 하나에서 학사학위 소지자여야 함
- 대학 평점 2.9 이상, 4.0 이상 우대. 또는 전공 평균학점 3.5 이상.
- 대학원 졸, 또는 보호관찰관 직급 CL25에서의 경력 1년을 포함한 2년의 전문분야 경력자, 또는 법학박사 또는 관련 분야 석사 우대. 보호관찰, 판결 전 서비스, 가석방, 교정, 범죄수사, 약물치료 분야 경력 우대. 경찰, 또는 기타 경비업체, 자원봉사 경력은 제외
- 범죄자를 효과적으로 다룰 수 있는 신체능력. 좋은 시력(교정시력 불가). 보통 이상의 청력, 신체검사와 약물검사를 통과해야 함.
- 초봉: CL23 - $44,379 - $68,153 CL25 - $48,456 - $77,567 CL27 - $56,277 - $91,510 CL28 - $67,461 - $109,670

출처: 구글 채용정보. 2023년 2월 검색.

　　보호관찰관이 다양한 대면 상호작용에 익숙해지고 잠재적으로 어떤 것이 문제가 되는 대면상황인지에 대해 알게 되면, 스트레스를 적어도 최소화할 수 있다. 잘 훈련받은 보호관찰관은 이런 문제상황을 빨리 깨닫고 스트레스를 최소화할 수 있으며, 이런 점에서 보호관찰관의 교육훈련은 매우 중요하다(Champion, 1999:393). 미국의 보호관찰관에 대한 신입교육은 다음의 예처럼 보호관찰관이 실무의 도처에서 필요한 다양한 능력에 대한 교육으로 이루어져 있다.

지역사회감시관 신입교육의 주제와 시간(예)

Ⅰ. 지역사회교정의 이해(4시간)

Ⅱ. 법적 쟁점(14시간)
    판결전조사보고서(4)
    기술적 위반과 제재, 취소심리(4)
    수사, 압수, 검거절차(6)

Ⅲ. 지역사회감시관과 대상자의 관계(18시간)
    범죄자 행동의 이해(4)
    인지-행동 상담(6)
    위기개입-가정방문(4)
    약물중독 범죄자와 정신건강 쟁점(12)
    동기강화면접법(4)
    증거기반프로그램(4)
    지역사회자원(2)

Ⅳ. 사례관리(44시간)
    범죄자의 위험성과 욕구에 대한 집중(8)
    치료계획과 범죄자 감시(20)
    가석방/보호관찰 위반과 취소(6)
    보고서/글쓰기 기법(10)

Ⅴ. 방어기술(18)
    통제, 제한, 방어기술(8)
    언어를 통한 상태완화(10)

Ⅵ. 전문가 행동과 윤리(20시간)
    시나리오 역할상담과 윤리(12)
    법정태도와 증언(8)

Ⅶ. 기타(12시간)
    약물/알코올 검사(2)
    갱단원의 구별(2)
    노동자 건강/스트레스 감소(2)
    서면/구술시험(6)

총 훈련시간(150시간)

출처: Alarid, 2017:288.

한국의 경우 보호관찰관에 대한 교육은 법무부의 법무연수원에서 총 4주간 교육하며, 교육 내용은 주로 실무에 필요한 내용으로 구성된다. 법무연수원의 보호관찰관 신입교육의 강좌목록은 다음과 같다.

법무연수원 신입교육 강좌목록

- 재범위험성평가도구의 이해
- 보호관찰 법령의 이해
- 보고서 작성 및 사무처리규정
- 성희롱 예방교육
- 교수학습지도법
- 보호관찰 지도감독 실무
- 제재조치 업무 2
- 보호관찰 비전 및 발전 방향
- 보호관찰 제도론
- 갱생보호업무의 이해
- 보호관찰 지도감독 실무
- 보호관찰법령의 이해
- 제재조치 실무 1
- 보호업무와인권
- 보호관찰 현장의 이해
- 청소년의 이해
- 교무실무
- 비행예방교육의 이해
- 전자감독제도의 이해
- 예체능 1
- 보호관찰 상황관리
- 소년보호 법령의 이해

- 소년보호 비전 및 발전방향
- 담임교사의 역할
- 소년원생 사회정착지원 실무
- 생활지도 및 수용관리실무
- 보안장비 사용법
- 비행청소년 상담기법
- KICS의 이해 및 활동
- 소년보호교사의 역할과 자세
- 예체능 2
- 현장학습(국립현충원, 서울보호관찰소, 안산청소년비행예방센터)
- 사회봉사명령 집행 실무
- 분임발표
- 수강명령 집행 실무
- 보호관찰 상황 역할극
- 조사업무의이해
- 소통과 직장예절
- 예체능 3
- 보호관찰대상자 사범별지도기법
- 봉사활동
- 외국보호관찰제도의 이해
- 인사실무
- 반부패 청렴 및 복무의 이해
- 예체능
- 팀스(teams)의 이해
- 국가비상대비태세 및 위기관리 대응

지역사회감시관에 대한 보수교육은 미국의 경우 보호관찰이 대부분 카운티 단위에서 운영되어 분산화되어 있으므로, 한 장소에 모아서 교육하는 경우는 잘 없고, 주로 내부교육의 형태로 무기사용이나 인지행동치료기법 등에 대해 교육하고 있다. 한국의 경우 코로나와 편의성의 문제로 최근 스마트폰 앱을 이용한 사이버교육이 늘고 있다.

[그림 12-3] 스마트폰 앱을 이용한 법무연수원 사이버강의

미국에서 보호관찰관의 무기휴대는 점점 증가하는 추세인데, 연방보호관찰의 경우, 94개 지역에서 85개가 보호관찰관이 권총을 휴대하는 것을 허용한다. 무기를 사용할 수 있는 상황은 자기방어를 위해서나, 아니면 사망이나 심각한 상해를 입을 수 있는 상황이라고 믿을 때 사용가능하다. 보통 청소년을 대상으로 하는 보호관찰관은 무기를 휴대하지 않으며, 성인대상자를 관리하는 보호관찰관은 무기를 휴대할 수 있는 곳이 많다. 미국 52개 주 중에서 성인보호관찰의 경우 휴대하지 않는 주가 17개, 의무적으로 휴대하는 주가 17개, 카운티에 따라 다른 주가 6개, 선택적으로 휴대할 수 있는 주가 9개, 보호관찰관이 하는 업무에 따라서 다른

주가 3개주가 있다(Alarid, 2017:289 – 290). 한국의 경우는 평상시에는 휴대하지 않으나, 지명수배자의 검거나 대상자의 난동, 긴급구인할 때는 보호장구함에 상시 비치된 수갑, 포승, 가스총을 사용한다.

부록

신 고 서

※ 신고한 내용은 외부에 유출되지 않으며 보호관찰 목적으로만 사용됩니다.

성 명: 이 몽 룡	주민등록번호: 000000 - 0000000
판결(처분)기관: 서울가정법원	판결(처분)일자: 2006. 1. 24

처분 내용	1소년법상(1호, 2호, 3호, 4호, 5호, 6호, 8호), 임시퇴원, 선도위탁(1급, 2급), 가정보호처분, 집행유예(징역·금고 년 월, 유예기간 년 월), 선고유예(징역 월) 가석방, 가출소, 가종료, 감호가석방 (해당되는 모든 처분내용에 ○표시)		
	보호관찰 2 년 월	사회봉사명령 40 시간	수강명령 40 시간
	특별준수사항 부과유무	있음✔ 없음☐ 내용(야간외출제한 6개월)	

1. 주소 · 연락처

주민등록주소: 서울시 동대문구 휘경 2동 43-1 ☎(집전화) 02-2216-4616	거주지주소 (주민등록주소와 다를 경우 기재): ☎(집전화)

휴대전화: 010-123-4567	이메일 등: qhgh@hotmail.com	기타연락처: 011-700-0007 (부)

귀하의 보호관찰 사실이 공개된 범위	가족✔,직장☐,학교☐,친구☐,이웃☐,친인척☐

우편물 수령지	주민등록주소☐, 거주지주소✔, 판결정문주소☐, 직장주소☐, 기타주소☐ (기타주소:)

2. 직 업 (무직이면 전직업과 우편물 수령지 기재 후 3번으로 가십시오.) 전직(前職):

직 업: 학 생	직장주소:
직장명:	☎

3. 학 력 (최종학력을 기재하십시오.)

최종학력: 서울시(군) 학산고등학교   과   2학년   5반 (담임: 허 준 호)
　　　　　재학✔, 졸업☐, 중퇴☐, 휴학☐ (년   월)

4. 죄 명

사 범	교 통 사 범	죄 명	도로교통법위반(무면허운전)

※ 보호관찰이 없는 단독사회봉사명령 신고자는 2페이지 8번, 10번 작성 후 4페이지로 가십시오.

5. 직업 상세사항

부 서 : 직 위 :	근무형태 : 일근□, 야근□, 2교대□, 3교대□, 기타□ ( )	급여액 : 만원	근무시작일 : 년 월 일
근무시간대 : : ~ : (시간/일)		급여형태 : 연봉□, 월급□, 주급□, 일급□, 시급□	

6. 학력 상세사항

출신학교명 : **송례** 초등학교 **원광** 중학교 **학산** 고등학교   대학(교)
중퇴·미진학 사유:	최종 재학 1년 동안 결석일수 : 총 일

7. 종교·취미

종교(교회·사찰 등 이름) : **기독교 (금란교회)**	취미·특기 : **컴퓨터게임, 만화그리기**

8. 자격증(해당사항 없으면 표시 후 9번으로 가십시오.) 없음 □

자격 명칭	1. **워드프로세서 2급** 2.	취득 시기	1. **2004** 년 **2** 월 2. 년 월
운전 면허 상태	있음□, 취소□, 정지□, 무면허□	면허 종별	1종 □, 2종 □, 특수 □, 원동기✔, 해당없음 □

9. 가족 및 혼인 관련

가족 관련	조부□, 조모□, 친부✔, 계부□, 친모✔, 계모□, 배우자□, 기타동거인( ) 형제관계 : (**01**)남 (**01**)녀 중 (**02**)째
혼인 관련	미혼✔, 기혼□, 동거□, 별거□, 이혼□, 사별□, 기타( )

10. 경제상태

가족 중 생계책임자 : 부	국가지원여부 : 수급권자□, 기타 복지수당□, 해당없음□
거주 형태	자택□, 전세□, 월세✔, 무상□, 기타□ (보증금: **3000** 만원, 월세 : **150** 만원), (면적 : **18** 평, 방 **03** 개)
채무 : 원 (은행□, 카드□, 사채□, 기타□)	저축액 : 원
차량(원동기포함): 있음□, 없음□	차종 : 색깔 :	차량번호 :	보험가입 : 책임□, 종합□, 무보험□

11. 음주 및 흡연 관련(해당사항 없으면 표시 후 12번으로 가십시오.) 없음☐

시작나이 : 　음주 만 *16* 세 　흡연 만 *16* 세	음주정도 : 　월　*01*　회	1회 음주량: 소주 *01* 병, 맥주 *02* 병 1일 흡연량 :　*05* 개비
만취경험(기억이 안 날 정도) : 월　*0*　회		음주관련처벌경험 :　*0*　회

12. 약물경험관련(해당사항 없으면 표시 후 13번으로 가십시오.) 없음✔

사용경험약물 : 　본드☐, 신나☐, 부탄☐, 러미날☐, 대마☐, 필로폰☐, 　엑스터시☐, 염산날부핀☐, S정☐, 코카인☐, 아티반☐, 　기타 :	시작나이 : 　만　　세	사용횟수 : 　총　　회

13. 가출관련(해당사항 없으면 표시 후 14번으로 가십시오.) 없음☐

최초가출나이 : 만 *15* 세	가출동기: 　*학교생활에 대한 부담감*	가출횟수 : *01* 회

14. 신체특징

키: *175* cm 몸무게 : *70* kg	문신여부 : 　있다☐, 없다☐ (옆에 상세 기재할 것)	 
질병 및 장애 : 없다☐, 있다☐ (자세히 기재할 것) 　*빈혈, 디스크*		
기타 외형적 특징 등 : 　*오른쪽 손위에 사마귀가 있으며,* 　*왼쪽 이마위에 수술자국이 있음.*		〈앞모습〉　　〈뒷모습〉

15. 범행관련 상세사항

공범 수 :　*02* 명	피해자와의 관계 : *모르는 사람*
동기 : *호기심*	피해배상 : 배상함✔, 배상 않음☐, 해당 없음☐
범죄경력(입건회수) : 　총 *02* 회(동일종류 범죄 *01* 회)	보호관찰경력(본건 제외) : 총 *01* 회

16. 가족(동거인 포함) ※ 친밀도 란은 신뢰 및 지원의 정도에 따라 해당란에 표시(∨)
(아주좋음 5, 좋음 4, 보통 3, 나쁨 2, 아주나쁨 1)

관계	이름	나이	학력	직업	월수입(만원)	연락처	동거여부	5	4	3	2	1	건강상태	비고
부	이양반	46	고졸	슈퍼운영	150	011-700-0007	동거□ 별거□	∨					건강함	
모	김월매	58	중졸	주부	없음	013-123-4567	동거□ 별거□	∨					건강함	
누나	이몽실	19	고졸	회사원	110	012-321-7894	동거□ 별거□	∨					건강함	
							동거□ 별거□							
							동거□ 별거□							

| 부모 사망 여부 : 부□, 모□ | 부모 이혼 여부 : 이혼□, 이혼 안함✔ | 이 혼 사 유 | | 접촉 빈도 | 월 회 |

17. 공범 ※ 친밀도 란은 친근감을 느끼는 정도에 따라 해당란에 표시(∨)
(아주 친함 5, 친함 4, 보통 3, 조금 아는 정도 2, 별로 친하지 않음 1)

관계	이름	나이	성별	학력	직업	연락처	주소	접촉빈도(월 회)	5	4	3	2	1	비고
친구	오방자	18	남	중졸	무직	013-111-2222	서울시 중구 만리동2가 81	2			∨			

18. 주변인물(친구, 선후배, 기타)
※ 친밀도 란은 친근감을 느끼는 정도에 따라 해당란에 표시(∨)
(아주 친함 5, 친함 4, 보통 3, 조금 아는 정도 2, 별로 친하지 않음 1)

관계	이름	나이	성별	학력	직업	연락처	주소	접촉빈도(월 회)	5	4	3	2	1	비고
친구	변학도	18	남	고2	학생	012-321-4102	서울시 종로구 부암동 12-3	4		∨				
이성친구	성춘향	18	여	고2	학생	015-222-9875	서울시 마포구 아현2동 11-1	2			∨			

19. 주요 경력(상벌, 취업, 군경력 등을 기재하십시오.)

기 간 (년. 월. 일 ~ 년. 월. 일)	내 용
. . .~ . . .	
. . .~ . . .	
. . .~ . . .	

20. 귀하에게 영향을 줄 수 있는 다음 항목에 대하여 귀하가 어려움을 느끼는 정도를 해당란에 표시(∨)해 주시기 바랍니다. 비고란은 보호관찰관이 작성하는 곳이므로 기재하지 마십시오.

구분	매우 문제 많음	약간 문제 있음	보통	대체로 문제 없음	전혀 문제 없음	비 고 (보호관찰관 작성란)
가족 관계				∨		
학교 생활					∨	
직장 생활					∨	
친구 관계				∨		
재정 상태					∨	
건강 상태					∨	
음주					∨	
약물					∨	

21. 약도 – 집에서 가까운 큰 건물(누구나 알 수 있는)을 중심으로 동서남북을 고려하여 그리세요.

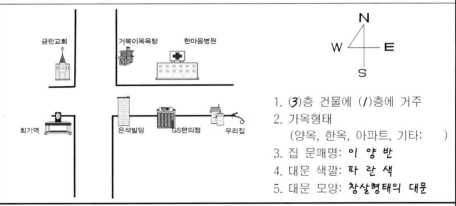

1. (3)층 건물에 (1)층에 거주
2. 가옥형태
   (양옥, 한옥, 아파트, 기타:)
3. 집 문패명: **이 양 반**
4. 대문 색깔: **파 란 색**
5. 대문 모양: **창살형태의 대문**

보호관찰등에관한법률 제29조 제2항에 의하여 위와 같이 신고하며, 거짓이 있을 경우 불이익한 처분을 당할 수 있음을 알고 서명 또는 날인합니다.

2006 년 1 월 27 일

신고인   **이 몽 룡** (서명 또는 날인)
보호자   **이 양 반** (서명 또는 날인)

보호관찰(지)소장 귀하

서 약 서

　본인은 저지른 죄가 무거움에도 불구하고 관대한 처분으로 보호관찰을 받게 된 데 대하여 깊이 감사드리며, 주어진 기간동안 준수사항을 잘 지켜 건전한 사회인이 될 것을 약속합니다.
　만약 이 서약을 위반하거나 다른 죄를 저지른 때에는 어떠한 불이익한 처분도 감수할 것을 서약합니다.

준 수 사 항

1. 주거지에 상주하고 생업에 종사하겠습니다.
2. 범죄로 이어지기 쉬운 나쁜 습관을 버리고 선행을 하며 범죄를 행할 우려가 있는 자들과 교제하거나 어울리지 아니하겠습니다.
3. 보호관찰관의 지도·감독 및 방문에 순응하겠습니다.
4. 주거를 이전하거나 1월 이상의 국내외 여행을 할 때에는 미리 보호관찰관에게 신고하겠습니다.
5. 기타 본인에게 주어진 특별준수사항을 성실히 이행하겠습니다.

2006년 1 월 27 일

신고인 이 몽 룡 ㉑
보호자 이 양 반 ㉑

보호관찰(지)소장 귀하

CHESTER COUNTY
ADULT PROBATION & PAROLE DEPARTMENT
PRE-SENTENCE INVESTIGATION UNIT
610-344-6290

PRE-SENTENCE REPORT
QUESTIONNAIRE

NAME: _____

DATE OF BIRTH: _____

CASE NUMBER: _____

DEFENSE ATTORNEY: _____

DATE: _____

PSI INVESTIGATOR: _____

<u>FAMILY HISTORY</u>

1. FATHER'S NAME: _____AGE: _____

    ADDRESS: _____

    _____OCCUPATION: _____

    DECEASED   YES___NO____   IF YES, DATE _____

    NATURE OF DEATH _____

2. MOTHER'S NAME: _____AGE: _____

    ADDRESS: _____

    _____OCCUPATION: _____

    DECEASED   YES___NO____   IF YES, DATE _____

    NATURE OF DEATH _____

3. WERE YOUR PARENTS LEGALLY MARRIED TO EACH OTHER: YES _____ NO____

4. HAVE YOUR PARENTS EVER BEEN DIVORCED: YES____ NO___

                                        SEPARATED: YES____ NO____

    IF YES: DATE OF DIVORCE/SEPARATION: _____

    WHAT WAS THE CAUSE: _____

    WHO DID YOU LIVE WITH: _____

    WHO DID YOUR SIBLINGS LIVE WITH: _____

    DID EITHER OF YOUR PARENTS REMARRY: YES_____NO _____

    IF YES: DATE OF REMARRIAGE: _____

    NAME OF STEP-PARENT(S): _____

    _____

5. WERE YOU EVER ABUSED OR NEGLECTED AS A CHILD? YES_____NO _____

    IF YES, EXPLAIN _____

    _____

    _____

6. SIBLINGS: LIST OLDEST TO YOUNGEST:

    NAME: _____ AGE _____ OCCUPATION _____

    ADDRESS: _____

NAME: _____ AGE _____ OCCUPATION _____

ADDRESS: _____

NAME: _____ AGE _____ OCCUPATION _____

ADDRESS: _____

NAME: _____ AGE _____ OCCUPATION _____

ADDRESS: _____

NAME: _____ AGE _____ OCCUPATION _____

ADDRESS: _____

7.   DO YOU HAVE A FAMILY HISTORY OF MENTAL ILLNESS OR SUBSTANCE ABUSE?

     YES ___ NO____   IF YES, EXPLAIN _____

_____

_____

MARITAL HISTORY

1.   MARITAL STATUS: SINGLE_____ MARRIED _____ SEPARATED _____

     COMMON LAW _____ DIVORCED _____ WIDOWED _____ ENGAGED _____

2.   IF MARRIED/SEPARATED/DIVORCED/WIDOWED:

     SPOUSE'S NAME (MAIDEN) _____

     AGE _____ ADDRESS _____

     OCCUPATION _____ INCOME _____

     DATE/PLACE OF MARRIAGE _____

     DATE OF SEPARATION/DIVORCE _____

     REASON _____

     DATE OF DEATH/ CAUSE _____

3.   IF ENGAGED OR INVOLVED IN A RELATIONSHIP,

     NAME OF PARTNER _____ AGE_____

     HOW LONG HAVE YOU KNOWN THIS PERSON? _____

     WHAT IS THE NATURE OF THIS RELATIONSHIP (ENGAGED, CASUAL, ETC.)____

     _____

3

4. DO YOU HAVE ANY CHILDREN? YES _____ NO _____

    LIST NAME, AGE, ADDRESS AND MOTHER/FATHER OF EACH CHILD

    NAME _____AGE____ ADDRESS_____

    MOTHER/FATHER _____

    NAME _____AGE____ ADDRESS_____

    MOTHER/FATHER _____

    NAME _____AGE____ ADDRESS_____

    MOTHER/FATHER _____

    NAME _____AGE____ ADDRESS_____

    MOTHER/FATHER _____

    NAME _____AGE____ ADDRESS_____

    MOTHER/FATHER _____

    NAME _____AGE____ ADDRESS_____

    MOTHER/FATHER _____

    NAME _____AGE____ ADDRESS_____

    MOTHER/FATHER _____

5. ARE YOU PAYING CHILD SUPPORT?   YES ___ NO____

    IF YES: AMOUNT _____ HOW OFTEN _____

    IS THIS COURT ORDERED?   YES ___ NO____

6. WHEN WAS THE LAST TIME YOU SAW YOUR CHILDREN? _____

7. DO ANY OF YOUR CHILDREN HAVE ANY MEDICAL, PHYSICAL OR PSYCHOLOGICAL

    PROBLEMS? YES _____ NO____ IF YES, EXPLAIN _____

    _____

    _____

8. HAVE ANY OF YOUR CHILDREN BEEN INVOLVED IN THE LEGAL SYSTEM?

    YES ___ NO ____ IF YES, EXPLAIN _____

    _____

부록

9. ARE THERE ANY EXISTING PROBLEMS WITH YOUR CHILDREN OR RELATIONSHIPS AT THIS TIME? YES _____ NO _____ IF YES, EXPLAIN _____

_____

HAS THIS OFFENSE CAUSED ANY ISSUES IN YOUR RELATIONSHIPS? YES _____NO_____
IF YES, EXPLAIN _____

_____

10. HAVE THERE EVER BEEN ANY INCIDENTS OF DOMESTIC VIOLENCE IN YOUR MARRIAGE AND/OR RELATIONSHIPS? YES _____ NO_____ IF YES, EXPLAIN _____

_____

_____

10. ARE YOU A UNITED STATES CITIZEN? YES_____ NO _____ IF NO, WHAT IS YOUR LEGAL STATUS IN THE COUNTRY (PLEASE INCLUDE A#)_____

HOME AND NEIGHBORHOOD

1. HOUSE _____ RENT _____ MORTGAGE _____ AMOUNT _____
APARTMENT _____ AMOUNT OF RENT _____

2. CURRENT ADDRESS _____

_____

PHONE # _____HOW LONG _____

WHO ELSE LIVES THERE _____

_____

3. LIST ALL ADDRESSES FOR THE PAST 5 YEARS

_____

_____

_____

_____

_____

EDUCATION

1. HIGHEST GRADE AND YEAR COMPLETED _____

2. NAME OF SCHOOL _____

3. WHAT WAS YOUR MAIN AREA OF STUDY OR DEGREE? _____

4.	LIST ANY SPORTS, CLUBS, HONORS, ACHIEVEMENTS RECEIVED IN HIGH SCHOOL AND/OR COLLEGE, SPECIFY WHAT YEAR:

_____

_____

5.	IF YOU DID NOT GRADUATE FROM HIGH SCHOOL, HAVE YOU RECEIVED YOUR GED? YES ___ NO ____ IF YES, YEAR _____ WHERE_____

6.	IF YOU DID NOT GRADUATE FROM HIGH SCHOOL, WHY? (SPECIFY: DISCIPLINARY, LEARNING DISABILITIES, ETC.) _____

_____

7.	DO YOU HAVE ANY LEARNING DISABILITIES? YES ___NO____ IF YES, EXPLAIN:

_____

8.	DO YOU HAVE PLANS TO FURTHER YOUR EDUCATION? YES _____ NO _____ IF YES, EXPLAIN _____

9.	DO YOU BELONG TO ANY CLUBS, GROUPS, ORGANIZATIONS, GANG? YES _____ NO _____ IF YES, STATE NAME, LENGTH INVOLVED AND ANY POSITION HELD _____

_____

EMPLOYMENT

1.	ARE YOU PRESENTLY EMPLOYED? YES_____ NO_____

IF YES: NAME OF EMPLOYER _____

ADDRESS _____

PHONE # _____ SUPERVISOR'S NAME _____

WAGE/SALARY _____ WORK HOURS _____

LENGTH EMPLOYED _____

IS YOUR EMPLOYER AWARE OF THIS ARREST? YES _____ NO_____

IF NO, WHAT HAVE YOU NOT TOLD THEM? _____

_____

2.   GIVE YOUR EMPLOYMENT HISTORY FOR THE PAST 5 YEARS:

DATE FROM _____ TO _____ EMPLOYER _____

REASON LEFT _____

DATE FROM _____ TO _____ EMPLOYER _____

REASON LEFT _____

DATE FROM _____ TO _____ EMPLOYER _____

REASON LEFT _____

DATE FROM _____ TO _____ EMPLOYER _____

REASON LEFT _____

DATE FROM _____ TO _____ EMPLOYER _____

REASON LEFT _____

3.   IF NOT EMPLOYED, WHAT IS YOUR SOURCE OF INCOME:

PUBLIC ASSISTANCE _____ UNEMPLOYMENT _____

SOCIAL SECURITY _____ OTHER (SPECIFY) _____

AMOUNT _____

LENGTH OF TIME RECEIVING THIS INCOME _____

FINANCIAL CONDITION:

ASSETS:

1.   DO YOU OWN A HOME(S)? YES _____ NO _____ IF YES, LIST ADDRESS AND VALUE:

_____   VALUE _____

_____   VALUE _____

2.   DO YOU OWN A CAR(S)?   YES _____ NO _____ IF YES, LIST YEAR, MODEL &

VALUE: _____   VALUE _____

_____   VALUE _____

3. DO YOU HAVE ANY BANK ACCOUNTS, INVESTMENTS, RETIREMENT ACCOUNTS?

YES _____ NO _____ IF YES, PLEASE LIST BANK, TYPE & AMOUNT:

_____   AMOUNT _____

_____   AMOUNT _____

_____   AMOUNT _____

_____   AMOUNT _____

4. ARE YOUR RECEIVING CHILD SUPPORT? YES___ , AMOUNT _____ NO___

LIABILITIES:

1. DO YOU PAY CHILD SUPPORT? YES _____ NO _____ IF YES, LIST CHILDREN &

AMOUNTS: _____

_____

_____

_____

2. PLEASE LIST THE AMOUNTS FOR THE FOLLOWING:

RENT _____ TO WHOM _____

MORTGAGE _____ TO WHOM_____

LOANS _____ TO WHOM _____

CREDIT CARDS _____ COMPANY _____

_____   _____

_____   _____

_____   _____

3. PLEASE LIST ANY OTHER EXPENSES _____

_____

_____

HEALTH

1. HEIGHT _____ WEIGHT _____ EYE COLOR _____ HAIR COLOR _____

2. WHAT IS YOUR DATE OF BIRTH? _____

3. LIST ANY SCARS, MARKS, TATTOOS (DESCRIBE) AND LOCATION OF: _____

_____

_____

4. LIST ANY MAJOR OR UNUSUAL CHILDHOOD ILLNESSES/DISEASES/SURGERIES:

    _____

    _____

    HAVE ANY OF THESE CREATED A PRESENT HANDICAP? SPECIFY _____

    _____

5. ARE YOU CURRENTLY SUFFERING FROM AN ILLNESS OR DISEASE? YES ___ NO___

    IF YES: LIST ILLNESS/DISEASE _____

    _____

    HISTORY OF PROBLEM _____

    _____

    ANY SPECIAL MEDICAL ATTENTION NECESSARY _____

    _____

    PLEASE LIST ANY MEDICATIONS YOU ARE TAKING, DOSAGE AND REASON:

    MEDICATION _____   DOSAGE _____

    REASON _____

    MEDICATION _____   DOSAGE _____

    REASON _____

    MEDICATION _____   DOSAGE _____

    REASON _____

    MEDICATION _____   DOSAGE _____

    REASON _____

    MEDICATION _____   DOSAGE _____

    REASON _____

6. PLEASE LIST THE NAME AND ADDRESS OF TREATING/PRESCRIBING DOCTOR(S):

    _____

    _____

    _____

    _____

7. DATE OF LAST APPOINTMENT _____

PSYCHO-SOCIAL HEALTH/ALCOHOL:

1.   HAVE YOU EVER CONSUMED ALCOHOL? YES _____ NO_____

2.   AT WHAT AGE DID YOU FIRST DRINK ALCOHOL? _____

3.   TYPE OF ALCOHOL CONSUMED _____ AMOUNT _____

       FREQUENCY _____

4.   DATE OF LAST USE OF ALCOHOL _____

5.   HAVE YOU EVER EXPERIENCED BLACK-OUTS, DELIRIUM OR TREMORS?

       YES _____ NO_____

6.   DO YOU HAVE A HISTORY OF ALCOHOL ABUSE IN YOUR FAMILY? YES____NO____

       IF YES, EXPLAIN _____

       _____

7.   DO YOU FEEL YOUR ALCOHOL USE IS A PROBLEM? YES _____ NO _____ IF YES,

       EXPLAIN _____

       _____

8.   DO YOU FEEL YOU NEED TREATMENT? YES _____ NO _____

11.   HAVE YOU EVER BEEN EVALUATED AND/OR PLACED IN TREATMENT FOR ALCOHOL

       ABUSE? YES _____ NO _____ IF YES, LIST FACILITY, DATES, & TYPE OF

       DISCHARGE:

       FACILITY _____ DATES_____DISCHARGE_____

       FACILITY _____ DATES_____DISCHARGE_____

       FACILITY _____ DATES_____DISCHARGE_____

       FACILITY _____ DATES_____DISCHARGE_____

       FACILITY _____ DATES_____DISCHARGE_____

       FACILITY _____ DATES_____DISCHARGE_____

       FACILITY _____ DATES_____DISCHARGE_____

       FACILITY _____ DATES_____DISCHARGE_____

       FACILITY _____ DATES_____DISCHARGE_____

       FACILITY _____ DATES_____DISCHARGE_____

       FACILITY _____ DATES_____DISCHARGE_____

       FACILITY _____ DATES_____DISCHARGE_____

PSYCHO-SOCIAL HEALTH/DRUG

1. HAVE YOU EXPERIMENTED WITH DRUGS? YES _____ NO_____

2. AT WHAT AGE DID YOU FIRST USE DRUGS? _____

3. LIST TYPE, AMOUNTS, FREQUENCY & AGE USE BEGAN :

    DRUG _____AMOUNT_____FREQUENCY_____AGE_____

    DRUG _____AMOUNT_____FREQUENCY_____AGE_____

    DRUG _____AMOUNT_____FREQUENCY_____AGE_____

    DRUG _____AMOUNT_____FREQUENCY_____AGE_____

    DRUG _____AMOUNT_____FREQUENCY_____AGE_____

4. DATE OF LAST USE & SUBSTANCE_____

5. HAVE YOU EVER OVERDOSED? YES _____ NO_____ IF YES, EXPLAIN _____
    _____

6. DO YOU HAVE A HISTORY OF SUBSTANCE ABUSE IN YOUR FAMILY? YES____NO____
    IF YES, EXPLAIN _____
    _____

7. DO YOU FEEL YOUR DRUG USE IS A PROBLEM? YES _____ NO _____ IF YES,
    EXPLAIN _____
    _____

8. DO YOU FEEL YOU NEED TREATMENT? YES _____ NO _____

12. HAVE YOU EVER BEEN EVALUATED AND/OR PLACED IN TREATMENT FOR SUBSTANCE
    ABUSE? YES _____ NO _____ IF YES, LIST FACILITY, DATES, & TYPE OF
    DISCHARGE:

    FACILITY _____ DATES_____DISCHARGE_____

    FACILITY _____ DATES_____DISCHARGE_____

    FACILITY _____ DATES_____DISCHARGE_____

    FACILITY _____ DATES_____DISCHARGE_____

    FACILITY _____ DATES_____DISCHARGE_____

    FACILITY _____ DATES_____DISCHARGE_____

    FACILITY _____ DATES_____DISCHARGE_____

    FACILITY _____ DATES_____DISCHARGE_____

FACILITY _____ DATES_____DISCHARGE_____

FACILITY _____ DATES_____DISCHARGE_____

FACILITY _____ DATES_____DISCHARGE_____

FACILITY _____ DATES_____DISCHARGE_____

PSYCHO-SOCIAL HEALTH/MENTAL

1.   DO YOU HAVE A HISTORY OF OR ARE YOU CURRENTLY SUFFERING FROM MENTAL,

EMOTIONAL OR PSYCHOLOGICAL PROBLEMS?

YES _____ NO _____ IF YES, LIST DATE, DIAGNOSIS & TREATING DOCTOR:

DIAGNOSIS _____ DATE _____ DR. _____

DIAGNOSIS _____ DATE _____ DR. _____

DIAGNOSIS _____ DATE _____ DR. _____

DIAGNOSIS _____ DATE _____ DR. _____

DIAGNOSIS _____ DATE _____ DR. _____

2.   PLEASE LIST ANY TREATMENT YOU HAVE RECEIVED:

FACILITY _____ DATES_____DISCHARGE_____

FACILITY _____ DATES_____DISCHARGE_____

FACILITY _____ DATES_____DISCHARGE_____

FACILITY _____ DATES_____DISCHARGE_____

FACILITY _____ DATES_____DISCHARGE_____

FACILITY _____ DATES_____DISCHARGE_____

3.   PLEASE LIST ANY MEDICATIONS YOU HAVE TAKEN OR ARE CURRENTLY TAKING:

MEDICATION _____   DOSAGE _____

DOCTOR _____

MEDICATION _____   DOSAGE _____

DOCTOR _____

MEDICATION _____   DOSAGE _____

DOCTOR _____

MEDICATION _____   DOSAGE _____

DOCTOR _____

4. HOW DO YOU VIEW YOUR MENTAL HEALTH? _____

    _____

5. DO YOU FEEL YOU CURRENTLY NEED TREATMENT OR MEDICATION? YES ___ NO___

    IF YES, EXPLAIN _____

    _____

6. DO YOU HAVE A FAMILY HISTORY OF MENTAL, EMOTIONAL OR PSYCHOLOGICAL

    PROBLEMS? YES _____ NO_____ IF YES, EXPLAIN _____

    _____

RELIGION

1. WHAT IS YOUR RELIGIOUS AFFILIATION IF ANY? _____

2. DO YOU ATTEND SERVICES? YES _____ NO_____ IF YES, WHERE AND HOW OFTEN

    DO YOU ATTEND _____

MILITARY SERVICE

1. HAVE YOU EVER SERVED IN THE MILITARY? YES_____ NO_____

    IF YES, LIST THE FOLLOWING:

    BRANCH _____ DATES_____ DISCHARGE_____

    HIGHEST GRADE OR RANK _____

2. DO YOU HAVE A COPY OF YOUR DD-214? YES _____ NO_____ IF YES, PLEASE

    BRING COPY TO INTERVIEW.

3. DID YOU RECEIVE ANY SPECIAL TRAINING DURING YOUR SERVICE? YES ___ NO___

    IF YES, EXPLAIN _____

    _____

CRIMINAL HISTORY

1. WERE YOU EVER ARRESTED AS A JUVENILE? YES _____ NO_____

    IF YES:

    AGE _____ CHARGES_____

    PROBATION- YES____ NO____ HOW LONG _____

    WHERE _____

PLACEMENT/DETENTION- YES _____ NO_____

HOW LONG? _____ WHERE _____

AGE _____ CHARGES_____

PROBATION- YES_____ NO_____ HOW LONG _____

WHERE _____

PLACEMENT/DETENTION- YES _____ NO_____

HOW LONG? _____ WHERE _____

AGE _____ CHARGES_____

PROBATION- YES_____ NO_____ HOW LONG _____

WHERE _____

PLACEMENT/DETENTION- YES _____ NO_____

HOW LONG? _____ WHERE _____

AGE _____ CHARGES_____

PROBATION- YES_____ NO_____ HOW LONG _____

WHERE _____

PLACEMENT/DETENTION- YES _____ NO_____

HOW LONG? _____ WHERE _____

AGE _____ CHARGES_____

PROBATION- YES_____ NO_____ HOW LONG _____

WHERE _____

PLACEMENT/DETENTION- YES _____ NO_____

HOW LONG? _____ WHERE _____

ADULT

1.   HAVE YOU EVER BEEN ARRESTED AS AN ADULT? YES _____ NO _____

IF YES:

DATE _____ CHARGES_____

CONVICTED-YES ____ NO____ JURISDICTION _____

SENTENCE _____

DATE _____ CHARGES_____

CONVICTED-YES ____ NO____ JURISDICTION _____

SENTENCE _____

DATE _____ CHARGES_____

CONVICTED-YES ____ NO____ JURISDICTION _____

SENTENCE _____

DATE _____ CHARGES_____

CONVICTED-YES ____ NO____ JURISDICTION _____

SENTENCE _____

DATE _____ CHARGES_____

CONVICTED-YES ____ NO____ JURISDICTION _____

SENTENCE _____

DATE _____ CHARGES_____

CONVICTED-YES ____ NO____ JURISDICTION _____

SENTENCE _____

DATE _____ CHARGES_____

CONVICTED-YES ____ NO____ JURISDICTION _____

SENTENCE _____

DATE _____ CHARGES_____

CONVICTED-YES ____ NO____ JURISDICTION _____

SENTENCE _____

DATE _____ CHARGES_____

CONVICTED-YES ____ NO____ JURISDICTION _____

SENTENCE _____

2.   HAVE YOU EVER HAD YOUR PROBATION AND/OR PAROLE REVOKED? YES ____NO____

IF YES, PROVIDE DATE, REASON & SENTENCE _____

_____

_____

_____

_____

3. PLEASE PROVIDE THE FOLLOWING FOR ANY PERIODS OF INCARCERATION:

INSTITUTION _____ LENGTH _____ YEAR _____

PROGRAMS _____

INSTITUTION _____ LENGTH _____ YEAR _____

PROGRAMS _____

INSTITUTION _____ LENGTH _____ YEAR _____

PROGRAMS _____

INSTITUTION _____ LENGTH _____ YEAR _____

PROGRAMS _____

INSTITUTION _____ LENGTH _____ YEAR _____

PROGRAMS _____

4. ARE YOU CURRENTLY PENDING ANY OTHER CHARGES? YES _____ NO _____ IF YES

EXPLAIN _____

5. ARE YOU CURRENTLY ON PROBATION OR PAROLE? YES _____ NO _____ IF YES,

SPECIFY WHERE, WHAT CHARGES & IF A VOP IS PENDING _____

_____

_____   _____
SIGNATURE OF DEFENDANT   DATE

_____
NAME OF PERSON COMPLETING FORM IF OTHER THAN DEFENDANT

찾아보기

저자 약력

고려대학교 사회학과 학사, 석사, 박사
한국형사정책연구원 연구원, 선임연구원, 부연구위원
5급, 7급, 9급 공무원 시험 출제위원
University of Cincinnati, Visiting Scholar
제1회 한국피해자학회 범집학술상 수상(2013)
동의대 지방자치연구소 소장
동의대 인문사회과학대학 학장
현 대한범죄학회 회장
현 동의대학교 경찰행정학과 교수

학위논문

빈곤의 세대간 재생산과정에 관한 경험적 연구: 서울시 거주 30·40대 가구주를 중심으로(석사)
범죄경력의 발전에 관한 연구: 경찰 및 교정기록을 통한 종단적 연구(박사)

저 역 서

시민권과 자본주의(일신, 1997, 공역)
한국사회의 갈등구조(한국형사정책연구원, 2005)
범죄경력의 발전과 합리성의 성장(한국학술정보, 2006)
청소년비행론(청목, 2009, 2010, 2013 공저)
현대사회와 범죄(청목, 2008, 2010, 2013 공저)
범죄학연구방법론(센게이지러닝, 2009 공역)
범죄예방론(그린, 2011, 2018 공역)
Vold의 이론범죄학(그린, 2012, 공역)
범죄학이론: 사회적 배경과 결과물(박영사, 2015, 공역)
피해자학(청목, 2016, 공저)
교정학개론(박영사, 2020, 공역)
사회문제론(박영사, 5판, 2021)
기타 논문 다수

지역사회교정론

초판 발행   2023년 5월 31일
지은이   박철현
펴낸이   안종만 · 안상준

편 집   배근하
기획/마케팅   정성혁
표지디자인   BEN STORY
제 작   고철민 · 조영환

펴낸곳   (주) 박영사
              서울특별시 금천구 가산디지털2로 53, 210호(가산동, 한라시그마밸리)
              등록 1959. 3. 11. 제300-1959-1호(倫)
전 화   02)733-6771
f a x   02)736-4818
e-mail   pys@pybook.co.kr
homepage   www.pybook.co.kr
ISBN   979-11-303-1762-5   93350

정 가   22,000원